创见 VIEWPOINTS

大变局与开新局

杨宏伟◎主编

上海社会科学院出版社
SHANGHAI ACADEMY OF SOCIAL SCIENCES PRESS

主　编：杨宏伟

编　委：高　平　丁国杰　芮晔平　唐丽珠　虞　阳

成　员：李光辉　蒋英杰　任柯柯　张舒恺　朱加乐

刘彩云　许倩茹　韩　庆　熊晓琪　张铠斌

刘梦琳　王　珏　龙彦霖　刘汝斌　陈　婷

序言

1840年的鸦片战争，开启了中国千年未有之大变局，东西方的世界主导权开始易手。中国这片农业文明发展到极致的土地，逐渐沦为西方工业文明的殖民地；而在此前一百年欧洲爆发工业革命时，这个大变局的按钮就已经被启动了。鸦片战争180年后，时间来到2020年，世界正经历百年未有之大变局，此时的中国已基本完成工业文明的世界同步，也已经完成信息文明的世界同步，并开始在新的文明中重现领导者的姿态；同样，在1949年中华人民共和国成立时，这个百年大变局就注定要到来。

今天，我们正处在人类走向未来的一个关键历史节点。国际力量对比深刻调整，百年大变局让我们目不暇接，强烈冲击着我们的固有思维。新一轮科技革命和产业变革正在加速展开，一个数字化、智能化的新时代正在向我们走来；新冠肺炎疫情全球大流行，影响广泛深远；经济全球化遭遇逆流，世界进入动荡变革期，单边主义、保护主义、霸权主义对世界和平与发展构成威胁。同时，中华民族伟大复兴不断向前，国家治理体系和治理能力现代化加快推进，中国共产党的领导和我国社会主义制度的优势进一步彰显，经济实力、科技实力、综合国力跃上新的大台阶，社会主义中国以更加雄伟的身姿屹立于世界东方。

伟大时代实现伟大梦想，需要这个时代的每一个人亲身参与并为之奋斗，特别是需要一大批现代化的新型智库深入观察、研究和思考这个时代所面对的一切，提出我们国家和每个区域、每个城市在变局中开新局的对策建议和政策呼声。在这样的时代背景下，作为立足上海、服务长三角、面向全国的产业创新专业智库，上海中创产业创新研究中心应运而生。这是一群有理想、有抱负、有专业能力的研究者坚守初心、努力奋斗的平台。中创研究将与世界科技产业潮流同步，以科学技术创新、产业发展创新、区域协同创新、城市治理创新等为主要研究方向，为政府、社会和企业提供高品质决策咨询服务和研究产品，为上海、长三角乃至国家高质量发展贡献专业智慧和微薄力量。

“上海中创研究”是“中创研究”的微信公众号，经过一年多的建设，发表了大量高品质、有深度、有洞察力、有操作性建议的原创文章，已经成为上海及长三角政产学研各界领导、专家、学者关注科技创新和产业进步、进行思想汇聚交流的平台，中创研究团队在这个平台上毫无保留地与大家分享所思所想、所感所悟，和大家一起观察、思考和融入这个大时代。

本书主要收录了中创研究团队在“上海中创研究”公众号上公开发表的部分原创文章，也包括多篇最初发表于澎湃、上观等主流媒体的中创研究员的文章，既有合伙人和资深研究员功力深厚的深度思考，也有年轻研究员崭新视角的事件观察，文章主题涉及改革开放、科技创新、高端产业、城市发展、长三角一体化、疫后经济恢复等焦点领域，其中部分文章的核心观点和主要内容以多种方式为上海市及长三角部分城市领导提供了参考。

2021 年是“十四五”的开局之年，我国将坚持创新在现代化建设全局中的核心地位，坚持把发展经济着力点放在实体经济上，坚持扩大内需这个战略基点，加快构建以国内大循环为主体、国内国际双循环相互促进的新发展格局。上海将着力强化“四大功能”，深化“五个中心”建设，推动城市数字化转型，提升城市能级和核心竞争力，加快打造国内大循环的中心节点、国内国际双循环的战略链接。面对百年未有之大变局和时代发展新格局，中创研究全体同仁将坚守社会主义新型智库定位，继续坚持全球视野和穿透历史的眼光，一方面仰望星空，深入研究大变局、新格局中的重大问题；一方面俯身耕耘，为各级政府、社会和企业主体提供规划政策研究服务，为上海建设社会主义现代化国际大都市、为长三角高质量一体化发展、为我国全面建设社会主义现代化国家做出自己的专业贡献。

杨宏伟

目录

第七章　抗疫与建设疫后新世界

第一章

加快构建发展新格局

从十九届五中全会预见 2025：未来五年我国经济社会最显著的三大变化

引　言

刚刚闭幕的十九届五中全会审议通过了《中共中央关于制定国民经济和社会发展第十四个五年规划和二〇三五年远景目标的建议》(以下简称《建议》)，而上一次提出十五年的远景目标还是 1996 年的《国民经济和社会发展"九五"计划和 2010 年远景目标纲要》，由此可见"十四五"规划的不一般。

在全球百年未有之大变局、我国进入高质量发展新阶段大背景下，十九届五中全会通过的《建议》，为全体中国人民和全世界描绘了一个前景更加光明的中国。同时，在《建议》中我们也可以发现，未来五年我国经济社会将发生全方位的深刻变化，其中最显著的三大变化尤其值得关注。

一、 把科技创新摆在核心位置

全会提出，未来五年要坚持创新在我国现代化建设全局中的核心地位，把科技自立自强作为国家发展的战略支撑。

当今世界，科技水平是决定一个国家实力和地位的关键。中国作为后发国家，科技存量水平与发达国家相比总体处于劣势，需要持续的科技进步。科技进步主要有两个来源，一个是技术引进，一个是自主创新。改革开放以来，我国科技进步也是坚持"两条腿"走路，能市场化引进的技术就加快引进，不能市场化引进的技术，如国防、航天等领域，就自主研发。

但"十三五"期间，形势发生了根本性变化。随着中国科技水平与发达国家迅速逼近，美国为首的发达国家难以接受这一事实，非常恐惧失去科技优势。因此，从"中兴事件"开始，美国通过一系列事件对中国发起技术压制，乃至公开挑起"科技战"。

“十三五”时期，由于中美对抗已经进入“科技战”阶段，中国技术引进的道路在未来相当长的一个时期内将被限制乃至封闭，不管愿不愿意，是不是最优路径，未来中国只能更多依靠自主创新来实现关键核心技术的进步。当然，这不是说中国要关起门来搞创新，更不是说所有领域都要搞自主创新。全球化是对大家都好的一种发展模式，中国科技水平已经实现了重大提升，从价值链低端迈向中高端是一种必然，这就需要我们在一部分领域实现技术突破和引领，这样才能和发达国家技术领先的商品进行对等交换，跨越用“衬衫换飞机”的发展阶段。

可以预见，“十四五”时期，中国的科技创新热度会更加高涨，越来越多的企业将通过技术创新实现盈利和发展，依靠低成本优势的道路会越来越难走。当然，技术创新不都是大飞机和光刻机，实际上，绝大多数产业领域主要是通过持续不断的技术微创新，实现新品上市、品质提升、成本下降和绿色发展。

二、 国内经济将形成闭合的大循环

十九届五中全会提出，要形成强大国内市场，构建新发展格局，畅通国内大循环，促进国内国际双循环，全面促进消费，拓展投资空间。

国内大循环是中央在全球百年未有之大变局背景下提出的长期战略方向，不是权宜之计。从宏观经济学和国际经济学的基础理论出发，就可以知道没有任何一个全球排得上号的经济大国可以主要依靠外循环，因为这样的经济循环一定是不可持续的，最终会导致整个全球经济体系崩溃。

为什么中国曾经可以实现以国际循环为主的格局？主要是因为改革开放之后，中国一方面抓住了国际制造业转移的机遇，一方面由于当时的经济体量比较小，可以采取全面融入国际大循环的发展路径，通过发挥低成本优势，专攻全球分工系统中的加工制造环节，从而实现了经济的快速增长。但这种外循环发展模式也带来一个严重的问题，就是国内各省级行政区之间行政壁垒严重，大家都是融入跨国公司的产业链，与国际经济形成循环，而国内各行政区之间是一种招商引资竞争关系，不是功能互补关系，所以国内经济无法形成大循环。

中央 2020 年提出国内大循环，不是说我国的经济之前不循环，而是要求循环的方式必须发生重大调整，因为中国和全球都已经发展到不同的阶段了。五中全会有一句话讲得非常到位：国际力量对比深刻调整！“十四五”时期，中央将通过构建强大国内市场、推动要素配置市场化改革、区域一体化发展等重大战略手段，推动我国的经济循环从外循环转向内循环，从开环转向闭环。当然，闭环不是封闭，而是开放的闭环，这就是中央说的国内国际双循环相互促进。

中国要从经济大国转变为经济强国，就一定要进入这个发展阶段，要构建形成国内经济的大循环。只有大循环，中国才能真正实现创新驱动，因为大循环要求不同城市和地区发挥不同的作用，科技基础好的城市和地区将成为国内的科技创新策源地，类似于国际上美国的地位和作用。同时，只有中国实现国内大循环为主，才能构建更加稳定可持续的国际大循环，从而与各国实现新型经贸投资关系。

可以预见，“十四五”时期，我国的经济发展空间格局，以及各省、各城市在全国经济大循环中的功能和地位都将发生深刻改变，北京、上海、深圳以及合肥、武汉、广州等已提前调整好城市功能定位的城市，将进一步向全球城市和国际城市迈进，中国经济的区域极化和分化将更加明显。未来城市发展，需要更加依赖战略谋划，而不仅仅是在营商环境和招商引资这个层次上努力。

三、 应对老龄化上升为国家战略

十九届五中全会提出，实施积极应对人口老龄化国家战略。虽然只有一句话，却有着非常深刻的内涵。之前我国也高度重视人口老龄化问题，但这一次中央明确提出将应对老龄化作为国家战略，反映出这个问题已经迫在眉睫，而且是一个非常难解的问题，难到不能依靠各地自己解决，只能通过国家战略来应对。

如果从国家战略高度来应对老龄化，那么可以预见，国家必将出台一系列重大举措，比如全面放开生育限制、继续延迟法定退休年龄、将更多资源向社会领域配置，等等。

这里面可以延伸出一点，随着国内大循环的建立，以及老龄化程度的加深，我国未来一个时期的经济增速仍将逐渐降档。从全会提出的“十四五”经济增长目标来看，只是要求“经济发展取得新成效，实现经济持续健康发展，增长潜力充分发挥”。这个提法实际上已是含蓄的表达，未来经济增速只要达到经济的潜在增长率就可以了。同时，全会在提出 2035 年的远景目标时，提出的经济目标是“经济总量和城乡居民人均收入将再迈上新的大台阶”。请注意，什么是“新的大台阶”？再往前看，五中全会在总结“十三五”成就时，讲到“经济实力、科技实力和综合国力跃上新的大台阶”。请再次注意，“新的大台阶”，两个地方用了完全相同的表述。“十三五”新的大台阶是指什么？是指预计2020年国内生产总值突破100万亿元。所以，可以推断，中央提出的到2035年经济迈上新的大台阶，很可能是希望届时我国的经济总量可以突破200万亿元，用15年的时间再实现翻一番。这也就意味着，未来15年我国的年均增速大概在5%左右。综合考虑我国的城镇化水平、技术进步潜力、区域一体化发展潜力和国际经贸空间，我国未来一个时期的经济潜在增长率大概就是在5%左右。

而这就又出现一个新的问题：如果随着技术进步我们的全要素生产率可以实现提高，那么经济增速下滑必然导致劳动用工总量减少，再加上员工延迟退休、每年新增的大量毕业生，这些新增的劳动力如何配置？

答案只有一个，就是大力发展服务业，特别是生活性服务业、数字服务业，以及弥补教育、卫生、养老、托幼等领域基本公共服务的短板。我国目前每万人口的医生、护士、教师等数量都大幅低于发达国家平均水平，因为之前我们把大量劳动力资源都配置在经济产业领域，才实现了经济高速增长。

“十四五”时期，可以预见我国人力资源将加速向公共服务领域和现代服务业领域转移，服务业比重也将实现大幅上升，基本实现工业化，开始向后工业化迈进。各地应做好“十四五”时期的服务业发展规划，并做好支持现代服务业和公共服务领域发展的政策储备。

以上三个变化只是“十四五”时期，我国经济社会领域可能出现的最显著的变化，除此之外，还有全方位的深刻变化值得期待，当然也有国家安全等新的挑战需要警惕。

作者：杨宏伟

参考文献：

①《中国共产党第十九届中央委员会第五次全体会议公报》，新华网，2020年10月29日，http://www.xinhuanet.com/2020-10/29/c_1126674147.htm。

②《中共中央关于制定国民经济和社会发展第十四个五年规划和二〇三五年远景目标的建议》，新华网，2020年11月3日，http://www.xinhuanet.com/politics/2020-11/03/c_1126693341.htm。

③ 习近平：《关于〈中共中央关于制定国民经济和社会发展第十四个五年规划和二〇三五年远景目标的建议〉的说明》，中国共产党新闻网，2020年11月5日，http://cpc.people.com.cn/n1/2020/1104/c64094-31917783.html。

轮廓已然清晰，变局加速来临：对国家发改委《2020年新型城镇化建设重点任务》的解读

2020年4月9日，国家发改委印发《2020年新型城镇化建设和城乡融合发展重点任务》（以下简称《重点任务》），虽然仅是本年度的任务计划，但对照前两年的重点任务，并结合同日公开发布的中共中央国务院《关于构建更加完善的要素市场化配置体制机制的意见》，可以明显地感觉到，在前期经验问题总结和对未来复杂态势判断的基础上，国家新型城镇化战略经过优化调整，已经进入新的阶段，2020年正是新的起点。2020年的重点任务主要涉及农业转移人口市民化、城镇化空间格局、城市综合承载能力、城乡融合发展四个方面，下面我们将部分核心内容及其关键要点做一些梳理：

一、农业转移人口市民化：速度和质量并重

在过去两年的重点任务中，都采用了“加快农业转移人口市民化”的提法，而2020年的重点任务则首次强调了“提高农业转移人口市民化质量”，体现出促进人的城镇化为核心、提高质量为导向的战略方向。在具体任务上，速度和质量并重将成为2020年以及下阶段农业转移人口市民化的两大关键词。

以加快户籍制度改革进程为重点提速。为落实1亿非户籍人口在城市落户的目标，国家正加大力度推动放宽大城市落户条件。过去几年，城区常住人口在100万以下的城市已经基本取消落户限制；2020年的重点进一步聚焦到100万至300万人口城市（Ⅱ型大城市）落户放开上，并强调“督促”全面取消落户限制。同时，对300万以上城市（部分超大城市和Ⅰ型大城市），《重点任务》也提出基本取消农村学生升学和参军进城的人口等重点人群落户限制。

以提高基本公共服务和就业能力提质。一方面，推动城镇基本公共服务覆盖未落户常住人口，出台国家基本公共服务标准，在医疗、教育、养老、社保等方面给予充分保障；另一方面，提升农业转移人口就业能力，尤其强调加强

新生代农民工等群体的职业技能培训，确保进得来、留得下、过得好。

二、城镇化空间格局：优势地区引擎带动、收缩城市稳妥调整

《重点任务》贯彻落实了党的十九届四中全会确立的发展理念，就核心来说，就是充分发挥各地比较优势，在继续促进大中小城市和小城镇协调发展的同时，更加明确优势地区（主要是重点城市群和中心城市）在国家和区域发展中的引擎带动作用。同时，边境城市、收缩城市等地区的新型城镇化方向也得到明确。

四大重点城市群是重中之重。城市群是新型城镇化的主体形态，也是代表国家参与国际竞争合作的核心区域。2014 年国家新型城镇化规划颁布以来，国务院先后批复了十多个城市群发展规划，但城市群之间发展水平参差不齐的情况比较突出。近年来，京津冀协同发展、粤港澳大湾区建设、长三角一体化发展相继上升为国家战略，再加上呼之欲出的成渝地区双城经济圈，未来我国发展四大重点城市群引领的格局已经十分清晰。

中心城市重在解决发展空间不足问题。中心城市在区域乃至国家发展中发挥重要作用，但不少直辖市、省会城市、计划单列市、重要节点城市都面临着不同形式、不同程度的发展空间不足问题。有的城市行政区域面积过小，发展空间局促（如深圳、厦门）；有的城市市辖区空间格局畸大畸小、犬牙交错（如大连）；更加普遍的现象是，大批中心城市面临建设用地天花板，开发建设成本不断升高。因此，2020 年的《重点任务》在"提升中心城市能级和核心竞争力"中，主要围绕解决发展空间问题展开。

边境地区城镇化格局清晰。边境地区新型城镇化既涉及国家开放，也关乎国家安全，在人口向发达地区和大城市转移的背景下，边境地区城镇化既要兴边富民，也要促进稳边固边。近年来，通过壮大边境省会中心城市、边疆口岸地区和新疆生产建设兵团区域设市，边境地区城镇化水平稳步提升。2020 年的重点任务进一步描绘出了边境地区未来的城镇图景，即"打造以内陆邻近的大中城市为辐射源、边境县级市及地级市市辖区为枢纽、边境口岸和小城镇为节点、边境特色小镇为散点的边境一线城镇廊带"。

收缩城市瘦身强体受到关注。城市是一个生命体，随着人口迁移与产业迁移，一些城市会相对"收缩"，这是城市发展的客观规律。但由于以往缺少针对收缩城市的调整路径，一些建制市、市辖区的常住人口大量减少，一些市辖

区常住人口仅数千人，却仍然以原来的行政区划运行，造成行政成本过高、公共设施布局效率偏低、资源配置与人口实际布局不匹配等问题。2020年的重点任务将收缩城市的发展问题提上日程，明确了“稳妥调减收缩型城市市辖区，审慎研究调整收缩型县（市）”的方向。

三、提升城市综合承载能力：健康化、品质化、智慧化、社区化

提升城市综合承载能力，关键在于增强城市人口经济承载和资源优化配置等核心功能，提升发展质量。与发达国家相比，我国城镇化发展重点社会民生、公共服务领域的投资相对偏低，随着2019年新冠疫情爆发，健康、教育、养老等领域投资将进一步加大；同时，新基建涉及的智慧城市、5G基础设施等也是构成城市综合承载能力的重要组成。《重点任务》在公共卫生、城市公用设施、新型智慧城市建设、加快城市更新、建设用地计划管理方式改革、城市投融资机制改革和改进城市治理方式上提出了具体的任务要求。

一是健康化。2019年新冠疫情暴露出我国城市疾病预防控制体系、公共卫生重大风险处置、公共卫生设施布局、城市环境卫生管理等方面存在的诸多短板。《重点任务》在城市综合承载能力部分首先强调了补齐公共卫生短板的重要性。实际上，除了与公共卫生直接相关的领域外，健康化应当是新型城镇化的重要主题，渗透城市规划、建设、管理各个环节，覆盖城市生态、生产、生活的各个方面。**二是品质化**。一方面，强调“改善城市公用设施”，继续完善城市交通、市政、健康以及便民等设施；另一方面，提出“加快推进城市更新”，明确了老旧小区、老旧厂区、老旧街区、城中村等“四个一批”的改造方向。**三是智慧化**。提出了“实施新型智慧城市行动”，强调完善数字城市平台和感知系统，打通各领域信息系统和数据资源，深化政务服务“一网通办”和城市运行“一网统管”等内容。**四是社区化**。在“改进城市治理方式”中，重点强调了加强社区赋能，“配套资源向街道社区下沉”。加强和创新社区治理，“引导社会组织、社会工作者和志愿者等参与，大幅提高城市社区综合服务设施覆盖率”。

四、推进城乡融合发展：土地入市、资本入乡

推动城乡融合发展是实施新型城镇化的重要内容，从2020年的《重点任务》来看，以城带乡、以工促农的抓手更加明确，即促进农村集体经营性建设用

地入市,同时引导城市工商资本入乡,促进城乡生产要素双向自由流动和公共资源合理配置。

全面推开农村集体经营性建设用地直接入市。2020年的《重点任务》提出,将允许农民集体妥善处理产权和补偿关系后,依法收回农民自愿退出的闲置宅基地、废弃的集体公益性建设用地使用权,按照国土空间规划确定的经营性用途入市。

加快引导工商资本入乡发展。工商资本是城乡融合、以城带乡的重要力量,2020年的《重点任务》提出,将开展工商资本入乡发展试点,发挥中央预算内投资和国家城乡融合发展基金作用,支持引导工商资本和金融资本入乡发展。同时,允许符合条件的入乡就业创业人员在原籍地或就业创业地落户并依法享有相关权益。

作者:虞　阳

参考文献:

① 唐韶葵:《建设用地接近天花板——上海城市更新背后的需求逻辑》,21世纪经济报道,2017年6月24日,https://www.sohu.com/a/151597623_119689。

② 陈宪:《中国的都市圈时代正在到来》,南风窗,2019年12月17日,https://baijiahao.baidu.com/s?id=1653141025653790878&wfr=spider&for=pc。

③ 张姝欣:《发改委:提升农业转移人口市民化质量　完成1亿人落户》,新京报,2020年1月6日,https://baijiahao.baidu.com/s?id=1656127634082450602&wfr=spider&for=pc。

大力发展创新型经济，打造国内大循环的创新强引擎

习近平总书记11月12日在浦东开发开放30周年庆祝大会上的讲话中，对浦东未来发展提出了殷切期望，其中第一条就是，全力做强创新引擎，打造自主创新新高地。总书记要求浦东面向世界科技前沿、面向经济主战场、面向国家重大需求、面向人民生命健康，加强基础研究和应用基础研究，打好关键核心技术攻坚战，加速科技成果向现实生产力转化，提升产业链水平，为确保全国产业链、供应链稳定多做新贡献。总书记对浦东的要求，也是对上海的要求。上海未来必须在建设全球科技创新中心和强化科技创新策源功能上下狠功夫、用笨功夫、花大功夫。

近期召开的上海市委季度工作会议指出，要在把握上海经济特征中不断增创发展优势，大力发展创新型经济、服务型经济、开放型经济、总部型经济、流量型经济。其中，大力发展创新型经济摆在"五型经济"首位，是对中央五中全会提出的"坚持创新在我国现代化建设全局中的核心地位，把科技自立自强作为国家发展的战略支撑"要求的贯彻落实，也是上海强化"四大功能"、深化"五个中心"建设的必然要求。

一、上海提出"五型经济"的背景

市委提出上海要大力发展"五型经济"有三大主要背景：

一是新一轮科技革命和产业变革深入展开。以数字和智能为内核的新一轮科技产业革命，会从根本上颠覆产业的传统形态，也会催生许多新产业、新模式、新业态。**二是产业融合发展趋势加速形成**。在新一轮科技产业革命的推动下，传统产业边界被打破，新的体系和系统纷纷新建或重构，已经无法再用传统的产业概念来描述新的产业融合形态。**三是我国加快构建国内大循环**。国内大循环意味着各地要进行功能分工，具体到产业上就是改变过去各

地自己融入全球产业链的方式，而是在国内构建完整而开放的产业链，各地要在产业链上找到适合自己的位置。

在这样几个背景下，上海产业该如何发展？三大主导产业、六大支柱产业，这是从产业方向的角度看；而从产业链、价值链和创新链的视角，由于产业形态和结构已经发生了重大变化，原有的话语体系已经不能准确指导未来，上海产业发展该围绕哪些环节？而市委“五型经济”的提出，为上海未来产业发展指明了方向，根据上海的经济地位、资源禀赋，依托上海“五个中心”、强化“四大功能”，上海未来就应该大力发展创新型经济、服务型经济、总部型经济、开放型经济和流量型经济。

二、 创新型经济的内涵

与“创新型经济”相关的一个概念是“创新经济”，前者是一个小概念，后者是一个大概念。

“创新经济”概念最早出现在由美国马萨诸塞州（简称为麻州）科技合作组织发布的《麻州创新经济指数》报告（*Index of the Massachusetts Innovation Economy*，1997年开始年度发布）。该报告提出创新经济的核心内涵为：经济各要素在各个层面上开展的创新活动构成经济发展的根本动力，经济增长主要依靠知识创造、技术创新和企业家才能的发挥。由此可以看出，创新经济是农业经济、工业经济、服务经济之后的一种新的经济形态或经济发展模式。随后，创新经济开始出现在一些权威机构的咨询报告中。相关专家学者归纳出创新经济主要标志为：高比例的知识资本投资、高频度的创业活动、高劳动生产率和全要素生产率。创新经济是与互联网数字时代相伴而生的，并将伴随数字网络技术的发展及其与所有领域的深度融合而持续深化。

市委提出的创新型经济，作为“五型经济”中的一个，显然不是指创新经济这个大概念，尽管上海正在加快从服务经济转向创新经济。上海要发展的创新型经济有两个基本特征：一个是具有引领策源作用，一个是具有指数级增长潜力。

首先，具有引领策源作用的领域主要指哪些？ 当前，新一轮科技革命和产业变革正在向纵深发展，这一轮科技革命和产业变革的科学理论上并没有颠覆性突破，仍然是20世纪前叶的相对论和量子理论，所以总体上属于技术革命，而引领技术革命的主要是数字技术、智能技术。以数字和智能技术为核心的新一代信息技术向生物、材料、能源等基础领域广泛渗透，并共同带动社会所有领域，将发生新一轮以智能、泛在、绿色为特征的群体性技术革命。在新一轮科技革命推动下，未来的社会将是全数字、全智能的社会。因此，能够具有引领策源作用的领域，主要是数字和智能领域，以及与数字智能技术紧密结合的生命、新材料、新能源等基础领域。

第二，具有指数增长潜力的领域主要指哪些？ 埃里克·布莱恩约弗森和安德鲁·麦卡菲在其著作《第二次机器革命》中，将人工智能机器时代的技术革命描述为"指数级的增长、数字化的进步和组合式的创新"。所谓"指数级增长"，是指第二次机器革命时代的技术增长不是蒸汽机时代的线性增长（每隔70年其性能才会翻一番），而是符合"数字化计算能力每两年疯狂成倍增长的摩尔定律"，布莱恩约弗森将其形象地类比于"我们正处于棋盘的另一半"（如果国际象棋64格棋盘第一格放一粒米，第二格放两粒，每一格都是前一格的翻倍，进入到棋盘另一半即32格之后，数量开始恐怖增长，要填满棋盘的另一半，将需要 $18\times1\ 000\ 000^3$ 的数量）。而在"互联网＋"时代，摩尔定律与梅特卡夫定律两个指数型增长效应叠加，将释放出巨大能量。从人类社会发展趋势看，可以实现指数级增长的领域，主要是数字领域，即在网络中按照指数增长的数据，以及与数据相关的计算力、存储力、传输力的增长。

由此可以看出，市委提出的创新型经济，如果两个特征中满足一个特征即可，则主要指向是数字智能领域和相关的生命、材料、能源领域。其中在数字智能领域，与"流量型经济"的边界有较大重叠，这也说明"五型经济"不是严谨的学术概念，而是指导产业和创新的实践概念。如果两个特征必须同时具备才行，那么创新型经济就应该聚焦数字智能领域。

三、上海"十四五"大力发展创新型经济的建议

（一）适当扩大创新型经济的范围

建议上海采用大口径，既包括数字智能领域，也应包括生命健康、新材料和新能源等具有创新策源作用的基础产业领域。数字智能领域作为创新型经济的核心，上海有集成电路和人工智能的支撑，是"十四五"时期发展创新型经济的主攻方向；生命健康领域上海有雄厚的基础研究实力和生物医药产业发展优势，"十四五"应重点发展；新材料和新能源领域，上海有较好的研究基础和产业基础，是未来可进一步凝练发展的重点方向。

（二）在基础研究上加大资源投入

创新型经济是新一轮科技革命和产业变革的引领策源领域，属于时代的最新科技和最高技术领域，对基础研究和应用基础研究的需求很大。对于企业而言，除了实力雄厚的领军企业，一般企业是很难开展这类基础研究的，只能在应用方面发挥作用。因此，需要上海市政府相关部门紧密合作，瞄准数字、人工智能、生命科学、材料、能源等领域，组织大学、研究机构和有能力的企业，在基础研究方面多投入资源，并以解决问题为导向，面向全球揭榜挂帅，开展项目化研究。对上海这些领域的科技领军企业，需要基础研究支持的，市政府有关部门应组织大学、研究机构乃至国家实验室等国家战略科技力量，对有需求的科技领军企业给予基础研究支撑。

（三）发挥好政府和市场的合力

由于创新型经济对基础研究的要求很高，因此这个领域政府的深度介入是必然的，没有政府组织的基础研究的支撑，上海创新型经济的发展是很难的。但同时，必须发挥好市场作用，对于企业为主体的技术研发和产品创新阶段，政府更多地要提供重资产的公共研发服务，解决中小企业和初创型科技企业缺少技术研发、检测、仿真等设备装备资源的难题，并对企业最新技术、产品的研发和首发给予支持。需要指出的是，在当前的发展阶段，这种支持不应该再是撒胡椒面式的，应该是具有较强的针对性，集中优势资源培育一批根植于上海的科技领军企业，再通过领军科技企业培育更好的创新生态。

作者：杨宏伟、丁国杰

参考文献：

①《习近平：在浦东开发开放 30 周年庆祝大会上的讲话》，新华网，2020 年 11 月 12 日，http://cpc.people.com.cn/n1/2020/1112/c64094-31929134.html。

②《收官冲刺谋篇开局，李强书记谈上海经济鲜明特征和显著优势》，澎湃新闻，2020 年 10 月 9 日，https://baijiahao.baidu.com/s?id=1680087663910788507&wfr=spider&for=pc。

③ 冯虎：《美国地方州培育创新经济的经验与做法——以马萨诸塞州技术协作机构为例》，搜狐网，2019 年 7 月 12 日，https://www.sohu.com/a/326443759_468720。

④［美］埃里克·布莱恩约弗森、安德鲁·麦卡菲：《第二次机器革命》，蒋永军译，中信出版社 2014 年版。

依托“五个重要”，把新片区打造为上海“四大功能”核心承载区

习近平总书记第二届进博会在上海考察期间，要求上海强化“四大功能”，并对临港新片区提出“五个重要”的明确要求。通过践行“五个重要”来强化上海“四大功能”、促进上海经济高质量发展，是新片区承载的重大使命。因此，需要深刻认识和理解新片区“五个重要”与上海强化“四大功能”的内涵和逻辑关系，明确新片区在上海“四大功能”中的定位与坐标，真正把新片区打造为上海“四大功能”的核心承载区和高质量发展的核心引擎。

一、新片区“五个重要”和上海“四大功能”的内涵标志

（一）新片区“五个重要”

1. 集聚海内外人才开展国际创新协同的重要基地

新片区这一定位高度契合了国际人才流动的新特点和全球科技创新进一步趋于国际协同的新趋势。集聚海内外人才开展国际协同创新的重要基地需要体现四个方面的特征：一是通过人员自由进出的便利制度，吸引集聚海外高端顶尖科技人才；二是成为链接整合全球科技人才网络的枢纽，实现“不为所有为我所用”，成为顶尖科技人才，尤其是科学家流动服务的枢纽；三是能够有效协同国际顶尖人才联合开展科研攻关、实施国际科学计划等；四是成为国际高科技公司海外孵化创业的重要基地。

2. 统筹发展在岸业务和离岸业务的重要枢纽

新片区这一定位高度契合了我国从大国走向强国增强全球资源配置能力，同时又依托广阔的国内市场腹地的特征和优势。其主要标志在于：一是拥有机场综合保税区、洋山特殊综合保税区、机场口岸等特殊监管区域的“空间载体”优势和“一线放开、二线管住”、拓展离岸业务的制度优势；二是集聚大批

跨国公司贸易总部、国内企业的海外业务总部，集聚跨国企业订单中心、资金结算中心、利润中心、供应链管理中心等功能性机构，强化资源配置功能和开展离岸业务的主体集聚；三是打通离岸与在岸联动的通道，能够通过离岸业务创新和贸易便利化，带动新兴产业和实体经济发展，覆盖国内广阔的市场需求，并非是“纯离岸循环”，而是国内国际相互促进的双循环。

3. 企业走出去发展壮大的重要跳板

伴随着我国参与全球化进程的深入、境外投资的增长以及国内企业的发展壮大，国内企业参与国际市场竞争不断提升国际竞争力的要求显得更加迫切，新片区需要发挥开放优势，为国内企业搭建走出去的平台，助力国内企业去积极开拓国际市场。主要标志在于：一是拥有相对完善的对外投资服务体系，拥有一批专业服务机构，为企业跨境投资、走出去提供融资、保险、海外投资风险评估、海外投资营销策划、海外投资指引等各类服务；二是拥有对外走出去便利化的条件，在海外投资收益税收、境外收益回流、资金结算、贸易便利方面给予支持；三是形成“国内企业海外总部或国际总部的集聚区”，拥有一大批国内企业的海外业务总部。

4. 更好利用两个市场、两种资源的重要通道

这一定位是新片区发挥全球资源配置功能的重要体现，新片区要成为整合国际国内资源、链接国际国内市场的重要通道。其主要标志在于：一是成为国际货物、商品、资本、技术、人才、信息、数据等各类要素高度集聚的区域，集聚仍然是发挥通道功能的重要基础，成为各类资源要素顺畅流通、链接的平台；二是成为国际企业了解中国、走向中国市场的平台，要在集聚外资总部、机构和要素方面实现突破；三是成为中国企业走向国际市场的平台，成为展示中国企业、中国产品、中国服务的窗口；四是成为各国国际交流密集频繁的活跃地，形成“超级国际朋友圈”，建立中国与世界更加广泛和紧密的链接，成为促进国内与国际循环的链接点。

5. 参与国际经济治理的重要试验田

这一定位是新片区在新一轮对外开放标杆意义的重要体现，就是要对标国际最高标准的经贸规则开展压力测试，并积极探索在某些领域对规则的主导权和引领地位，以适应我国从大国走向强国、积极参与乃至主导国际经济治理规则的客观要求。主要标志在于：一是进行适应国际经贸格局变化下新规则的压力测试，在准入清单、国企竞争中立、国家安全审查、强制性技术转让、知识产权保护等各个方面探索试验，积极发挥中国积极参与乃至引导国际经

贸投资规则的试验田作用。二是在集聚国际组织、承办重量级国际会议、举办重大国际赛事活动、发起重大国际倡议、开展国际各领域合作交流方面要增强显示度，不断提升影响力和话语权。尤其在当前世界百年未有之大变局加快变革的趋势下，新片区如何探索、参与国际经贸规则，促进我国与日韩等国的自由贸易，对于我国应对复杂严峻的国际形势、引领国际经贸新规则具有重要意义。

（二）上海“四大功能”

1. 全球资源配置功能

全球资源配置功能是对全球资源要素的集聚、整合、控制能力，总体表现为全球产业链、供应链、价值链的链条整合能力、各类要素的交易配置功能和规则主导能力，包括对全球要素资源的整合力、控制力、定价权和话语权，突出“集聚、链接、辐射和支配”功能。全球资源配置功能是城市能级与核心竞争力最高层次的体现，也是上海跻身全球城市的重要标志，在我国从大国迈向强国的过程中，需要上海这类城市积极争取在全球资源配置格局中的地位。按照商品、资本、数据、信息等要素细分，全球资源配置功能一般可通过跨国公司总部数量、金融要素市场、离岸贸易水平、航运服务功能、权威定价指数、全球权威资讯媒体等来反映。

2. 科技创新策源功能

科技创新策源功能，是一个城市创新能力的重要体现，也是上海建设全球影响力科技创新中心的重要支撑。科技创新策源能力不同于一般的创新能力，关键词体现为“策源”，策源的具体内涵包括了引领、标志、示范和开放，总体上，科技创新策源功能主要表现为：一是在原始创新领域形成大量积淀和突破，引领前沿技术创新，也就是在“0—1”的创新方面有所突破；二是基础性、应用性研发活动和创新能够具有首展、首发效应；三是能够吸引全球顶尖的科学家、创新者和发明家集聚起来并发挥科学创新、研究开发的辐射和带动效应；四是能够在国家创新驱动发展中率先突破卡脖子技术，最终引领全球科创发展新趋势，科技创新策源从根本上讲，就是要充分体现“学术新思想、科学新发现、技术新发明、产业新方向”。

3. 高端产业引领功能

高端产业引领功能是城市产业竞争力的重要体现，也是上海高质量发展的必然要求，上海必须要提升产业链、价值链在全国乃至全球的地位，代表中国参与国际竞争。高端产业引领，一方面在于产业高端化突破，另一方面也体现主动引领发展，具体包括了基础能力、精尖制造、数字制造、龙头企业、品牌标准的多重引领。高端产业引领功能主要表现为：一是高技术、高附加值产业占据较高比重，即从产业结构来讲，高端产业要占到较高比重；二是形成若干国内外领先的高端产业集群，有一些产业领域要体现在国际竞争中的集聚度和显示度；三是拥有一批掌握核心技术和品牌的行业领军企业，企业是高端产业引领的落脚点和主体；四是具有较强的产业创新策源基础与引领能力，包括品牌、标准、规则等。

4. 开放枢纽门户功能

开放枢纽门户是城市开放程度和开放地位的重要体现，也是上海在全国开放格局和全球开放体系中地位的重要标志，开放枢纽门户重点突出"开放窗口、枢纽节点、门户联通"三大关键词。开放枢纽门户功能主要表现为：一是城市具有较强的开放链接度，能够吸引和集聚全球的优质资源，强大的境外资源汇聚力是开放枢纽门户的标志之一；二是港口、机场、铁路等各种交通枢纽地位达到了世界级的水准，成为全球流量要素大进大出的关键节点，这是开放枢纽门户的基本特征和硬件基础；三是拥有高能级的开放平台，成为链接全球、融通全球、影响全球的重要载体，能够代表国家参与国际竞争，包括增强参与全球经济治理的话语权，从而发挥开放前沿和门户的功能。

二、新片区在上海"四大功能"中的战略定位

"五个重要"与"四大功能"高度契合："国际协同创新重要基地"是科技创新策源的有效路径；"在岸离岸重要枢纽、两个市场两种资源"是全球资源配置的关键抓手；"企业走出去的重要跳板"既体现了高端产业引领功能，也体现了开放枢纽门户功能；"参与全球经济治理的重要试验田"体现了"四大功能"的制度保障，充分体现了制度创新要服务于功能创新的要求；"五个重要"都体现了开放枢纽门户功能。基于此，我们认为，新片区在上海"四大功能"中的定位可以凝练概括为：

（一）全球资源配置的战略枢纽

在上海全球资源配置功能的总体格局中，新片区应成为"战略枢纽"，这是由新片区独特的区位优势、开放优势和制度创新所决定的，一方面体现"战

略”，即战略资源的集聚、链接，战略通道的掌控；另一方面，要体现“枢纽”，成为大进大出的流量通道。具体来讲，要吸引汇聚全球高端要素，着力突破跨境金融、离岸贸易、高端航运、跨境数据流动、总部经济等高端功能，实现货物流、商务流、资金流、信息流、数据流、人流等各类要素高度自由流动的磁力场和辐射源，成为配置全球各类高端要素资源的核心载体，并成为上海跻身全球城市的重要标签与核心助力，未来努力形成“全球资源配置看临港”的格局。这既是新片区发挥国内资源配置功能，增强内循环发展能力的重要体现，也是支撑上海提升城市能级与核心竞争力，更高层次参与国际竞争、国际大循环的重要支撑。

（二）国际协同创新的重要节点

在上海科技创新策源的功能格局中，新片区的特色在于“国际协同创新”，这既与新片区的开放优势有关，也与新片区的产业优势有关。国际协同创新，一方面在于集聚、利用好国际人才、开展国际合作，另一方面结合产业优势开展协同创新，促进产业链与创新链的深度融合。具体来讲，要充分发挥新片区在集聚国际人才、数据、信息、技术方面的开放优势，推动国际合作创新、网络协同创新、跨境集成创新、离岸整合创新等开放协同创新体系建设，并联动协同长三角融入全球创新链，成为上海参与全球国际协同创新的重要节点，提升上海科技创新中心在全球创新链中的地位和国际影响力。这既是新片区率先引领供给侧结构性改革、增强创新驱动发展能力，促进国内大循环的重要支撑，也是新片区积极融入全球创新网络、构筑参与国际大循环竞争新优势的重要举措。

（三）承载大国重器的国家名片

在上海高端产业引领的功能格局中，新片区的特色和优势在于，承载着大国重器和前沿创新的产业领域，具有较好的基础，如大飞机、海洋工程装备、电气、汽车等，而集成电路、生物医药新兴产业领域也在发力，因此，新片区可以把“承载大国重器”作为发挥高端产业引领功能的核心担当，力争做成“国家级名片”，成为上海高端产业引领的创新高峰。具体来讲，在集成电路、人工智能、生物医药、高端装备等产业领域，推动核心芯片、工作母机、关键设备、基础材料、基本算法、尖端工艺的创新攻关，打造若干掌握硬核科技、具有国际竞争力的世界级产业集群，成为摘取先进制造“皇冠明珠”、承载大国重器、参与全球竞争的“国家名片”，形成“中国高端制造在临港的全球共识”，引领和带动上海乃至全国的产业链地位提升，这既是新片区通过高端产品和服务供给引领国内大循环、激活和扩大内需的重要举措，也是新片区提升全球产业链地位、提升参与国际大循环优势的重要支撑。

(四) 开放枢纽门户的前沿窗口

在上海开放枢纽门户的功能格局中，新片区的特色和优势是其他任何区域无法比拟的，新片区拥有世界级的立体交通体系网络、具有开放度最高的制度优势，因此，可以成为上海开放枢纽门户的前沿窗口。具体来讲，要以投资自由、贸易自由、资金自由、运输自由、人员从业自由等为重点，努力成为统筹国际业务的重要枢纽，在推动企业走出去发展壮大中，构筑高水平的开放型经济，成为更深层次、更宽领域、更大力度全方位高水平开放的前沿载体，成为“改革开放排头兵”中的“排头兵”，上海前沿中的“前沿”，在全球的开放格局体系中，塑造更多的“临港标签”、发出更多的“临港声音”，这也是新片区支撑上海更好发挥上海链接世界、中国链接世界、积极融入全球大循环的重要支撑。

三、依托新片区强化上海四大功能的战略路径

(一) 筑牢“产业之基”，聚焦高端促发展

坚持实体经济为要，聚焦高端装备、海洋工程、航空航天、集成电路、生物医药等战略产业，强化精准招商、落实土地保障，深度挖掘新兴产业发展过程中的体制机制障碍，落实一批产业制度创新，加快实施企业所得税和个人所得税等突破性政策，集聚一批世界一流企业，布局一批重大项目工程，培育一批创新引擎企业、打造一批功能平台、汇聚一批高端人才、集聚一批企业外向发展的功能要素，成为高端产业发展的标杆。

(二) 彰显“功能之新”，离岸突破提能级

坚持功能创新为重，围绕功能创新深化制度创新，着力在离岸业务和跨境功能方面聚焦攻坚、实现突破，弥补上海“四个中心”的功能短板。围绕人民币国际化，吸引国内外金融机构在临港设立离岸业务平台，开展跨境金融和离岸金融业务，与陆家嘴金融城联动，打造在岸、离岸相统筹的人民币交易中心。

加快推动跨境资金收付便利化，拓展离岸金融服务范围。加快制定出台适应境外投资和离岸业务发展的税收政策，吸引全球知名对冲基金、风险投资、私人银行等金融企业落户临港，集聚一批跨国公司资金中心、结算中心、供应链中心等功能性机构，推动离岸贸易、数字贸易、离岸研发、离岸物流等新业态新模式的发展。

（三）践行“创新之先”，协同联动优生态

坚持科技创新为源，着力在全球顶尖科技人才和国际创新协同方面发力，形成独具新片区特色的创新生态，推动上海全方位、深层次、宽领域融入全球科技创新网络，依托高端产业集群，实施一批国际协同创新计划，促进创新链与产业链的协同，在极端制造、集成电路关键材料、航空发动机等前沿领域掌握一批关键核心技术。与张江科学城联动，支持企业开展基础研究；打造国际顶尖科学家社区，继续办好世界顶尖科学家论坛，布局国家实验室和高能级创新平台，吸引全球高水平研究机构和科学家落户临港。

（四）体现“制度之特”，先行先试探路径

坚持制度创新为本，用好国家、市两级层面赋予的自主改革创新优势，打造“中国营商环境最优范本”，通过制度创新优化营商环境、降低制度性交易成本、破解制度性瓶颈问题，以制度创新为持续强化“四大功能”注入新动能。赋予新片区最大限度的自主权，探索管委会向法定机构的改革。

（五）引领“开放之风”，充分自由树标杆

坚持扩大开放为魂，对标国际上竞争力最强的自由贸易区，围绕六大自由创新突破，以更大力度的开放为“四大功能”提供强力支撑，成为上海深度融入经济全球化的重要载体，为引领全市乃至长三角更高层次的开放、为中国增强国际经贸规则及经济治理的话语权发挥引领和示范作用。推出放宽外资准入、跨境资金流动的举措，不断缩短负面清单，加快制定国际组织机构落户的操作办法，加快构建国际互联网数据专用通道，聚焦关键领域逐步开展数据跨境流动，加快新基建布局，建设全球领先的智能城市。

作者：丁国杰、高　平

参考文献：

① 孟群舒：《陈鸣波谈上海自贸新片区有啥与众不同？要打造这“三高”》，上观新闻，2019 年 3 月 4 日，https://web.shobserver.com/news/detail?id=136353。

② 孙元欣：《上海自贸试验区增设新片区，主要对接哪些国家需求？如何对接？》，上观新闻，2019 年 3 月 5 日，https://web.shobserver.com/news/detail?id=135638。

③《中国(上海)自由贸易试验区新片区总体方案》，国新网，2019 年 8 月 6 日，http://www.gov.cn/zhengce/content/2019-08/06/content_5419154.htm。

④ 陈雯：《上海自贸区新片区：自由与监管并重》，第一财经，2019 年 8 月 12 日，https://www.yicai.com/news/100292455.html。

⑤ 舒抒、王志彦：《王战：从四个层面认识临港新片区，上海就不会跑偏》，上观新闻，2019 年 8 月 22 日，https://web.shobserver.com/news/detail?id=170957。

从复工复产到复商复市:如何激发被抑制的消费需求?

新冠肺炎疫情爆发以来,国内消费遭受重创,尤其是占到GDP近40%的交通运输仓储、批发零售、餐饮、旅游、住宿、线下娱乐、农林牧渔等行业受到罕见的极大冲击。根据国家统计局的数据,我国2020年1—2月份社会消费品零售总额同比下降20.5%,比2019年同期减少1.4万亿元。从细分领域来看,作为消费顶梁柱的汽车消费(限额以上单位汽车类商品零售额占社会零售总额的10%左右),1—2月份销量为223.8万辆,同比下降42%,其中2月销售31万辆,下降79.1%;旅游市场是又一受到重创的行业,截止到3月25日,全国已有11 268家旅游类企业注销、吊销经营;餐饮收入大幅下降43.1%……影院、体育健身、线下培训等迟迟未完全复工,成为冲击最为明显的领域。

2019年我国消费市场达到1.6万亿美元,全年最终消费支出对国内生产总值增长的贡献率为57.8%,居民消费已经担当起"经济压舱石"的重任,消费需求的下降不仅直接影响经济增长,也会传导到供给侧对经济增长带来间接影响,因此,在疫情得到缓解、制造业基本全面复工复产之后,加速"复商复市",恢复消费显得至关重要。

2020年2月28日,国家23个部门联合印发《关于促进消费扩容提质加快形成强大国内市场的实施意见》,各地也纷纷出台促消费政策,并推动各类促消费活动以期快速恢复消费,而疫情期间出现的直播带货、生鲜电商、线上云游、无接触配送等线上线下相融合的"新商业模式"也成为新消费亮点,各类生活服务平台发挥了对商业模式创新和商业变革的重要引领作用。

如何解读国家层面和各地出台的消费促进政策,其中蕴含了哪些深意和新意?各地各类促消费活动又带来哪些成效?疫情期间出现的线下转线上的"新消费"是一时的战术自救,还是会演变为新的商业发展趋势,并引领"新商业革命"的到来?政府、商家、线上平台,多方又如何形成合力共同促进"疫后消费”，持续扩大消费需求、引导消费持续健康发展，这些问题都值得深入研究和思考。

一、 复商复市：促消费政策要点解读

2019 年最终消费支出对经济增长的贡献率接近 60%，中长期看，我国人均 GDP 迈过 1 万美元大关，消费占 GDP 比重将持续上升，将长期充当我国经济发展“压舱石”的作用。新冠肺炎疫情爆发以来，2020 年 1—2 月社会消费品零售总额同比名义下降 20.5%，直接影响我国 2020 年经济增速。习近平总书记多次强调扩大消费是对冲疫情影响的重要着力点之一，中央和地方出台了《关于促进消费扩容提质加快形成强大国内市场的实施意见》等抗疫促消费政策，力求把因疫情被抑制、被冻结的消费释放出来，把在疫情防控中催生的新型消费、升级消费培育壮大起来，加快促进国民消费转型升级，提高其抗风险能力。从国家和各地政策来看，有五个方面值得重点关注：

（一）大力拓展消费领域

文旅等聚集性消费是此次疫情冲击最为严重的领域，帮助文化产业和旅游产业渡过难关、有序恢复营业，成为政策重点，各类政策从丰富特色文化旅游产品、改善入境旅游与购物环境、创新文化旅游宣传推广模式三个方面发力，帮助文旅产业疫后脱困。“国潮”“国货”受到新一代消费者追捧，各地政策大力支持扩大老字号、新国货消费，鼓励开设旗舰店、体验店、集成店、快闪店等，培育老字号新零售集聚区。跨境进口成为消费升级的爆发点，政策纷纷探索跨境商民生消费品零售进口新模式，完善进口关税政策，支持中心城市做强“首店经济”和“首发经济”。

（二）强化消费方式创新

以网络购物为代表的消费新业态、新模式在这次疫情中展示出强劲的发展潜力，成为中央和地方政策重点关注对象。结合“新基建”布局，建设“智慧商店”“智慧街区”“智慧商圈”，进一步促进“云消费”蓬勃发展。秒杀、抽奖、直播带货、线上首发、网上搭配等“云逛街”“云购物”等新型购物模式将成为行业潮流。疫情导致服务消费纷纷上云，政策也强调要大力发展“互联网 + 社会服

务”消费模式,促进教育培训、医疗保健、文化娱乐等服务消费线上线下融合发展,成为未来服务消费新增长点。

(三)培育区域消费中心

国家政策强调要从推动都市圈建设的高度,认识区域消费中心的地位。通过不断提升都市圈内公共服务共建共享和基础设施互联互通水平,加快推进成熟商圈上档升级,形成若干区域消费中心。结合近期习近平总书记对优势地区发展的重视,强调增强中心城市和城市群等经济发展优势区域的经济和人口承载能力。未来随着我国都市圈和城市群的发展成熟,一批消费中心将顺势崛起,其中北京、上海、广州、深圳将向国际消费中心迈进,重庆、成都、武汉、郑州、青岛、西安、沈阳等城市作为所在城市圈、城市群的消费中心的地位将进一步强化,其蕴含的市场机遇和红利将进一步显现。

(四)补强社区消费功能

此次疫情暴露了我国很多社区在提供基本消费特别是食品、药品购买以及基本社会服务方面的短板,消费设施不完善,防疫工作不到位,为居民生活带来较大不便甚至风险。促进社区生活服务业发展,将成为保障社区安全性和便利性的重要一环,大力发展便利店、社区菜店等社区商业,拓宽物业服务,加快15分钟社区便民商圈建设,受到中央及各地方的广泛重视,政策引导让更多的消费服务运用新的强大商业力量推动消费模式向社区下沉。疫情期间,主打“最后一公里”的社区商业迎来发展契机,苏宁数据显示,2020年2月苏宁菜场销售环比增长7倍。

(五)注重优化消费环境

消费环境建设是保障消费者权益,提升消费信心的重要举措。各项政策主要集中在:加强反不正当竞争执法;严厉打击各类侵犯知识产权和制售伪劣商品违法犯罪活动;加强进口产品追溯体系建设;完善个人信息保护制度和消费后评价制度;建立健全企业和相关人员信用记录,加强12315行政执法体系建设;实施产品监测和预防干预,严格落实网络购买商品七日无理由退货制度;鼓励线下实体店自主承诺无理由退货等。

二、丰富消费形式：多管齐下激发释放消费需求

(一) 消费券

激发线下消费热情。虽然疫情结束之后，我国的消费会有所回弹，但至多是恢复性消费。消费券作为一种短期刺激消费政策，能在短期内加速恢复性消费增长。从目前来看，现有的消费券更多集中于文旅、餐饮、体育等受疫情打击较大的领域，这类领域消费体验主要集中于线下，如南京发放的3.18亿元消费券主要集中于图书、餐饮、体育、信息四类；宁波发放的1亿元消费券主要为文化旅游领域。同时，各地发放的消费券倾向选择与支付宝、微信等第三方支付平台合作，以电子化的方式线上领取和使用。各地政府通过发放消费券，在一定程度上确实有助于带动消费活力。根据南京市政府消息，在3月18日至22日的5天时间里，全市共使用电子消费券34 522张，总消费金额942.93万元，除去电子消费券抵减金额外，带动消费金额613.16万元。

(二) 线上直播

商业活动的数字营销尝试。抖音直播、微信小程序、网上商城App、微信购物群等，成为应用范围广、受众接纳度高的几种商场"云逛街"模式。"成都云逛街·一起欢乐购"活动整合成都各大购物中心、专业市场、商场超市和品牌餐饮等实体商场，以商场为单位开设抖音小店，进而实现购买力转化。一些重要消费活动，同样采用"云上直播""VR互动"等新颖方式，开展低频次化的线上直播，同时与网商平台进行合作，短时间内实现流量转销量，收到比较好的效果。

(三) 促销活动

举办各类消费节。宁波计划于2020年5月1日开始，举办消费月活动，主要包括加油充值送礼品，商超推出消费返券、满额减价、充值满送等"折扣季"让利活动，婚庆摄影预约优惠活动，家政服务折扣优惠活动，品牌餐饮让利促销活动等。郑州日用百货、家居生活、汽车消费、特色美食、文化旅游等行业举办"郑好豫见"欢享乐购季活动。深圳组织近千家企业在8个主要电商平台开展为期3个月的线上促销活动("2020深圳线上购物节")，以线上促销推动

市场恢复繁荣。长沙市雨花区举办2020春季购物消费节,包括“万商联动、5 000万元大让利”、名花名车联展、爆款产品购物狂欢夜、网红直播带你去云购等六大活动。

(四)行业补贴

针对商家和消费者双向支持。上海对住宿餐饮、文体娱乐、交通运输、旅游(指旅行社及相关服务、游览景区管理两类)四类受疫情影响较大行业给予稳就业补贴,标准为每人800元,每户企业上限500万元。南昌对2020年度销售额增速超过全市平均增速的限上商贸企业,在2019年该企业销售额基础上,每增加1 000万元销售额给予1万元奖励,单个企业20万元封顶。佛山、广州、湘潭、珠海、长沙、杭州、南昌等多个城市公布了相应的汽车消费刺激政策,给予每辆新购置的“国六”标准的汽车2 000—5 000元不等的补贴;广州将对个人消费者购买新能源汽车给予每辆车1万元综合性补贴。

三、平台促消费:新消费模式的主力军

(一)加快数字化赋能,满足消费需求

疫情的突然到来使得很多人改变原有的消费习惯,当线上消费成为唯一的可能,那么对商家的数字化赋能的重要性不言而喻。饿了么、美团、京东生鲜等生活平台纷纷数字化赋能商家,尤其是高端餐饮品牌和小型超市,以此扩大消费的多样性。

(二)加快线下社区商业布局,提高消费可达性

消费零售正逐渐围绕着数字化和社区化进行转型,社区商业在整个消费体系中的价值进一步凸显。相比过去的超级大卖场,覆盖更精细、市场更下沉、模式更简单的小业态零售提供性价比更高的产品,更能够贴近人们日常生活,如生鲜、日常消费品等,能够有效补充大卖场在选址以及用户触达方面的空缺。

(三)加大线下线上优惠力度,激活被抑制的需求

面对受疫情影响而被压抑的消费需求,平台分别从线上和线下两个渠道

开展促消费活动。平台企业线下促消费活动主要是对本地生活服务商家进行优惠，基于对本地布局再造一个消费节，力求激发原有被抑制的消费需求。

(四) 缓解商家运营成本，保障消费供给侧能力

除了面向消费需求侧运用多元化手段、多渠道折扣激发消费者需求，平台企业还针对供给侧商家给予低息贷款、免收佣金、绿色通道、账期延长等一系列实质性帮助，力求最大限度缓解商家运营成本的压力。

(五) 依托技术创新举措，保障消费安全

为了让消费者“敢消费”，平台企业凭借技术手段的创新，保障消费安全。

四、主要启示与建议

(一) 针对不同类型消费，政策的促进作用是有差异的

对于汽车等大额消费，疫情期间被抑制的消费需求，后期依靠政策支持可以得到有效释放和弥补。原来有购车意愿的刚性需求将在疫情得到控制后释放出来，并且可以在消费刺激政策下激发一部分消费者的潜在需求，因此，刺激汽车消费的政策将会取得较好的效果。而旅游市场因为消费时间的不可逆性，2020 年一季度失去的消费损失将无法得到有效弥补，尽管疫情完全消除后会出现强劲反弹，但是受到旅游市场容量、消费者假期锁定等因素影响，几乎不可能把损失弥补回来。对于生活消费需求，线上平台发挥了重要支撑作用，生活必需品的消费并未受到较大影响。而影院、酒吧、KTV、健身房、线下教育培训机构等“与时间呈线性关系的体验式消费”，其损失将无法弥补，消费券在这些领域的应用会起到一定的促进作用，但是并不会因此带来消费的报复性或爆发性增长。

(二) 相比消费券和补贴，通过减税等增加居民收入可能是刺激消费更有效的方式

促进消费政策的效果，从某种程度上说，还取决于消费者的消费意愿，也就是边际消费倾向，消费政策在一定程度上会激发消费者的消费需求，但是从根本上来说，如果消费者的收入下降或者预期收入下降，那么将会从根本上抑

制消费,尤其是大额消费。因此,从这个角度来讲,减税可能是比促消费政策更有效的支持方式。对于企业来讲,国家已经出台减免企业所得税、增值税的政策。下一步建议出台个税减免的措施,时间可以确定为 3 个月的周期,作用在于短期刺激消费,以增强经济恢复的信心。

(三) 线上新型消费是战术自救还是商业模式变革,有待时间检验

疫情期间出现了很多线上新型消费,原本线下为主的高端餐饮、书店、商场、博物馆、文化馆等搬到了线上,“网红直播”“达人直播”“云逛街”“云游”等方式成为新型营销方式。这种方式在疫情期间发挥了重要作用,但是疫情过后,这些线下体验更好的领域的线上黏性将有待时间检验,最理想的状态是线下得到有效恢复,而原来线上服务依然保持,并实现线上与线下的融合。其中,“宅文化”可能在青年消费群体盛行,以视频、直播、游戏为代表的娱乐业态会进一步崛起;高端餐饮、书店、博物馆等很大程度上会保持较高比例的线上消费;而“云逛街”“云旅游”更大程度上属于短期战术自救,消费者还是会更倾向于线下体验消费。因此,对于平台来讲,进入到“敏捷竞争”的新阶段,需要不断的创新迭代,一方面要给予这些新加入平台的“新商户”以政策支持,并叠加 5G、AI 技术赋能构建新的消费场景;另一方面要协同商户举办特色促消费活动,增强消费者体验,引导消费者培育线上消费习惯。

(四) 线下消费注重内容建设、文化内涵和体验式沉浸的商业趋势不会改变,主动变革、先破后立、边破边立也是应对竞争的不二法则

消费持续升级是经济高质量发展的题中应有之意,不管是疫情期间线下消费搬到线上,还是直播、云消费等新模式,最终都要以消费者认可作为商业模式变革或是趋势形成的最终判断。从本质来讲,平台、线下商户之间的竞争将会促进消费产品和服务的升级。尤其对于本次受到较大冲击的线下消费,从长远来讲,还要更加注重品牌文化式体验,形成一种沉浸式、社群式的文化体验;同时,业主方、品牌方与第三方资源的跨界整合、互相扶持将成为常态;无接触配送、智能储运等新型配送方式将会得到大众认可成为新的消费习惯。

(五) 平台依托大数据挖掘,可在宏观监测、行业监督和消费维权方面实现更大作为,成为维护消费环境的主力军

平台掌握着大数据信息,对于行业消费动态监测的实时性和样本有效性

远远超出了传统的统计手段。疫情期间，多个平台发布复工复苏指数，为决策提供参考。建议政府部门主动联合平台，以购买服务的方式，开发新的大数据决策支持产品，定期发布消费信心指数、消费繁荣景气指数等，纳入监测体系。同时，消费服务将更加倾向于小规模、多样化、个性化，需要让更多中小企业融入，通过更高的服务带动全社会商品的流动和消费，因此，各类生活服务平台的作用更加突出。平台可联合行业协会发布年度信誉商户、品质商户，延续安心码、健康码等做法，在消费环节透明、消费环境优化、消费维权、消费监督方面发挥更大作用，为提高平台消费服务品质、营造良好消费环境、促进消费健康可持续发展作出更大贡献。

（六）对于上海而言，要着力在促进汽车住房消费、免税、网络新消费、夜间经济、首发首店经济方面聚焦发力

重点出台支持汽车消费的政策，确保大额消费；适度降低二套房首付比例，释放住房改善型需求；围绕落实国家意见，依托新片区、虹桥开放枢纽等，加快落实免税店突破；加快推进智慧商圈，重点在于为可穿戴设备、移动智能终端、智能家居、4K 视频终端等搭建展示平台；支持直播零售、无人零售、无接触配送等新消费模式快速发展，发展互联网 + 医疗、互联网 + 教育，以及数字内容等信息消费；大力发展夜间经济，打造夜间经济的地标区域，融入文化内涵体验；围绕中心城区商圈建设，在各区商业结构调整政策中重点突出对“首发”“首店”的支持，简化全球新品发布审批程序，坚持引领消费风尚，保持消费活力，推动国际消费中心城市建设。在个税减免、带薪休假方面出台突破性政策，引导鼓励市民消费。

作者：丁国杰、张舒恺、任柯柯

参考文献：

① 张鑫、唐璐璐：《南京发放超 3 亿元消费券，刺激消费加快经济复苏》，新华日报，2020 年 3 月 16 日，http://js.people.com.cn/n2/2020/0316/c360301-33877993.html。

② 段琼蕾：《提振消费宁波放大招！发放亿元消费券　各种促销乐不停》，浙江新闻，2020 年 3 月 13 日，https://zj.zjol.com.cn/news/1410946.html。

③ 陈育柱、胡苇杭：《深圳首个线上购物节将于 3 月 8 日正式启动》，人民网，2020 年 3 月 5 日，http://sz.people.com.cn/GB/n2/2020/0305/c202846-33852509.html。

④ 魏文欣：《政府＋商家激活消费，并为“逆行者”提供多重优惠》，央广网，2020 年 3 月 21 日，http://www.cnr.cn/hunan/xxtt/20200321/t20200321_525024964.shtml。

⑤ 康世甫：《夜品、夜购、夜赏、夜游，郑州打造“夜郑州”消费地标！》，大河网，2020 年 3 月 23 日，https://baijiahao.baidu.com/s?id=1661944071057759892&wfr=spider&for=pc。

⑥ 张平：《疫情期间购买新车，按每辆千元标准补贴购车人》，《南昌日报》2020 年 3 月 26 日。

⑦ 李燕华：《上海将补贴重点企业每人 1 500 元，补贴困难行业企业每人 800 元》，第一财经，2020 年 3 月 19 日，https://www.yicai.com/brief/100556305.html。

央企加码上海后，下一步如何布局

一、上海成为央企新一轮布局的首选地

央企与上海的合作正陡然升温。2020 年 9 月 5 日，国务院国资委与上海市政府在沪签署“深化合作共同推进落实国家战略”合作框架协议，会议共集聚了百余位央企负责人参加，在会上，上海市政府一次性与 10 家中央企业签署战略合作框架协议。

实际上，近几年央企加码上海的趋势已经十分明显，上海也以更加积极主动的姿态迎接央企。2017 年，国务院国资委与上海市政府签订《共同推进上海加快建设具有全球影响力的科技创新中心战略合作协议》，20 个有代表性的央企重大项目签约落地。

央企与上海的携手在空间上以更加震撼的形式呈现出来，上海世博片区央企集聚区投入使用，一举成为全国央企总部最集中的区域，其中 B 片区集中了 13 家央企的 28 幢总部，建筑面积达 60 万平方米，汇集了中国商飞、中铝、中化、中信、国电、招商局集团等 13 家央企。

可以预见，央企与上海规模庞大的合作仍然仅仅是序曲，随着上海自贸试验区新片区、设立科创板、长三角一体化新三大任务实质性举措的相继落地，“十四五”期间，央企与上海的互动还将擦出更多火花，在国家大力推动央企聚焦主业、实现高质量发展的形势下，上海作为央企面向未来优化布局首选地的趋势已经清晰呈现。

二、国家重大战略是央企与上海合作的交汇点

上海历来央企集聚，截至 2016 年年末，在沪中央企业及以办事处或窗口公司形式设立的分支机构已达到 3 226 家，资产总额 18.67 万亿元。十八大后，伴随上海经济的快速发展以及上海建设自贸试验区、科创中心等重大机

遇，央企在上海加快布局、数量快速增长。

随着央地合作的深入推进，在沪央企对上海经济发展支撑作用日益增强，在GDP、税收、就业、工业总产值、重点产业发展等方面起到了关键作用，其中在沪央企生产总值约占全市GDP总量的1/4。从税收贡献来看，在沪央企税收约占全市总税收的1/4。在上海工业企业纳税“百强”榜上，在沪央企逾四分之一（占26家），排名普遍靠前，前“十强”中央企占6席。

与此同时，作为科技创新的国家队、主力军，央企在科技创新中的关键性和战略性作用日益凸显，涌现出一大批具有世界先进水平的标志性重大科技成果。数据显示，中央企业研发投入超过了全国研发投入总额的1/4；在国家科技奖励中，中央企业获得科技奖项占获奖总数的1/3以上。

表1　在沪央企部分科技创新重大突破状况

领　域	主　体	创　新　举　措
航天航空	中国商飞	C919大型客机试飞取得成功，ARJ21-700新支线客机投入商业运营，中俄远程宽体客机项目启动研制。
	上海航天局	圆满完成以新一代运载火箭长征五号首飞为代表的10次发射任务，将15颗卫星送入预定轨道，圆满完成天宫二号、神舟十一号发射并成功实施载人交会对接。
海洋工程	外高桥造船公司	开工建造国内第一艘13万吨级豪华邮轮、20 000TEU超大型集装箱船。
	江南造船	成功交付世界最大容量的3.75万立方米LEG船。
	沪东中华	交付了首艘自动匹配双燃料电力推进大型LNG船。
	振华重工	12 000吨单臂起重船再次刷新世界纪录。
轨道交通	上海航天局	列车预警防撞系统全面覆盖国内轨交领域市场。
	卡斯柯信号公司	为伊朗地铁1、2号线全线提供了ATS系统，成为我国第一套出口海外的国产ATS系统。技术中心成为国家认定的国家级企业技术中心。
先进钢铁材料	宝武集团	高磁感取向硅钢、超高强连续油管用钢、冷轧铁素体轻质钢等4个牌号产品实现全球首发。
军民融合创新	上海宇航系统工程研究所、国核电站运行服务技术有限公司	以机器人技术自主化发展为主攻方向合作研发。
产学研合作	中国商飞	联合36所高等院校参与大型客机项目700余项科研合作，打造我国民机技术创新体系。
	中航商用航空发动机有限公司	与相关高校、科研单位密切合作，共同打造商用航空发动机产业协同创新平台和基地。

续表

领　域	主　体	创　新　举　措
产学研合作	上海航天局	与国内外著名企业、高校联手合作，共建上海市产学研合作创新示范基地。
	中国电子科技集团公司第三十二研究所	与众多国内著名高校合作，完成了世界首台拟态计算机 PRCA 原理验证硬件平台，突破了传统计算机的“应用服从”架构。
	华东电力设计院、国家电网	联手开展超、特高压同塔四回路杆塔、输变电钢管塔架焊缝连接等设计研究。
	联芯科技	与上海交通大学、复旦大学和同济大学建立长期合作平台和机制。
	宝武集团	与高校、研究机构，以及上下游用户等合作伙伴建立产学研战略合作伙伴关系、共建实验室、合作组建产业技术创新联盟，已与东北大学、北科大、上海交通大学等 8 大院校建立了战略合作伙伴关系。

显然，大批原本总部位于北京或其他城市的央企纷纷将第二总部、区域总部、研发总部等落子上海，除了上海本身的市场空间和资源禀赋以外，背后最核心的逻辑在于承担国家重大战略是央企与上海的共同使命，推进更高质量发展是央企与上海的共同方向，两者战略定位深度契合、战略方向高度趋同。

三、深耕上海共同提升的三大关键：先进制造＋科技创新＋现代服务

在央企新一轮布局中，国务院国资委明确要求聚焦做强主业，对标上海全力推进的建设“五个中心”，打响“四大品牌”，承担新“三大任务”，央企深耕上海可以把握以下两个关键：

其一是先进制造。央企在我国实体经济中的地位非同一般，央企的使命不是简单意义上的盈利，而是着力突破和掌握关键技术，解决在战略性新兴产业领域存在的空白和不足，从根本上解决核心技术受制于人的问题。

央企在上海先进制造业上已经有大量布局，目前众多央企已经积极参与到打响上海制造品牌行动之中。未来央企和上海在先进制造的合作可以按照“三个一批”的布局推进：一是“巩固一批”，包括巩固深化航空航天、海洋工程装备、智慧能源装备等高端装备领域优势；二是“突破一批”，聚焦力量重点突破以集成电路等为代表的新一代信息技术和以装备应用材料为核心的新材料等领域；三是“储备一批”，积极推动储备智能制造装备、生物医药与高端医疗

器械、新能源与智能网联汽车、节能环保等新兴领域；四是“升级一批”，在钢铁、化工、船舶行业等传统行业技术改造，推动效益提升、模式变革，推动军民融合创新。

其二是科技创新。央企集聚了大批国家级的科技领军人才、国家实验室等创新资源。在上海建设全球科创中心的过程中，央企的参与程度不断加深，据统计，全国超过三分之一国家高水平科技奖项花落上海，而上海市科技奖励中超过五分之一由在沪央企获得，央企将成为上海提升科技创新策源能力的重要引擎。

根据央企和上海的特点，围绕科技创新的合作可以分两个层面展开：一是以平台共享和联合攻关为突破，推动央地产业创新资源优势互补，包括央企在沪建设研发总部，央企独自设立或联合高校、民企等主体组建研究院所、实验室、新型研发机构、技术创新联盟等各类研发机构和组织，加强跨领域创新合作，打造产业技术协同创新平台等；二是以产学研合作和应用示范为牵引，提升央地科技创新合作的实际成效，包括围绕战略新兴产业领域，组织实施重大科技攻关和重点项目示范，牵头联合高校、民企等主体争取国家科技创新重大项目落户，推动产学研用对新兴产业共性关键技术联合攻关等。

其三是现代服务。除了先进制造和科技创新之外，现代服务业也是央企与上海加强合作的重点领域。目前，在航运、金融、贸易、人力资源等领域，都分布有具有实力的在沪央企。在新一轮合作中，围绕现代服务业的合作将有更加广阔的空间。

以金融领域为例，可以充分依托金融类中央企业资源，围绕金融＋产业、金融＋科技、金融＋跨境贸易、金融＋城市更新等领域，共同探索建立综合金融服务体系，提供跨境贸易及供应链金融、全球项目融资以及定制化金融服务。

四、 立足上海再出发的两个扇面：新片区＋示范区

近期，上海自贸试验区新片区落地，长三角生态绿色一体化发展示范区即将启动，两大区域分别是辐射国际和国内的两个扇面，央企布局上海不仅要深耕上海、壮大自身，更要立足上海，扩大对国际国内两个市场的有效辐射。

其一是对接自贸区新片区。中央企业作为代表国家参与国际竞争的重要力量，日益重视充分利用国际国内两个市场、两种资源，加快形成国际经济合作和竞争新优势。近年，中央企业积极响应服务国家战略，参与“一带一路”建

设，加快推动基础设施互联互通等项目落地，加强国际产能合作，推动高铁、核电、建筑施工等优势产业走出去。同时，根据国家要求，中央企业更加注重提升全球竞争力。通过对外投资并购获得关键技术、优化全球布局、打造国际品牌，在优势行业和关键领域向价值链高端迈进。

依托上海自贸区新片区在投资经营、货物自由进出、资金便利流动、运输高度开放等方面的优势，同时，根据中央赋予上海"一带一路"桥头堡的战略定位，上海在贸易投资便利化、金融开放合作、增强互联互通功能、科技创新合作等领域也具有与央企深化合作的基础。央企将海外业务板块、投资板块落子新片区，更有利于企业承担好对外"走出去"、服务"一带一路"建设的使命。

其二是对接一体化示范区。长三角一体化发展上升为国家战略，上海作为龙头城市，在牵引带动区域发展中的责任明确。近期，长三角绿色发展一体化示范区即将正式设立，长三角一体化的发展更进一步。

一大批央企瞄准这一机遇，在上海建立区域总部。在本次签约中，就已经有多家企业抢先布局，释放出立足上海、辐射长三角的强烈信号。例如，中国中车集团宣布，将与上海联手共同推进"以上海为中心的新一代高速磁悬浮交通网"建设，促进长三角区域一体化发展。目前，我国高铁最高运营速度为每小时 350 千米，飞机为每小时 800 至 900 千米，而时速 600 千米的高速磁浮则可以填补高铁和航空运输之间的速度空白。中国交通建设集团在上海设立第二总部，实现北京上海双核驱动，打造中国交建服务长三角一体化战略以及深度融入上海城市发展的"指挥部"，引导优势产业不断向上海集聚。

五、深化合作中需要关注的两个要点

央企与上海深度携手前景广阔，但也需要明确方向侧重、有的放矢，从而让合作更加具有可持续性。至少有以下两个方面要点需要关注：

第一是优势互补、分类分工。央企和上海应当寻找优势领域的契合点，做应当做、擅长做的事。央企在方向清晰、路径可见、需大量投入的产业领域具有相对优势，上海在高端要素配置、国际化和法治化营商环境、丰富的应用场景等方面具有综合优势。因此，要针对不同领域、不同产业的实际特点，有所区别地定位各方角色分工，分类分层、互有侧重地推进战略合作。

第二是创新模式、深化融合。双方的合作不能浅尝辄止，更不能停留在表面功夫，而要始终着眼于深度融合，促进央企与上海市不同所有制、不同规模、不同领域机构的对接合作，加强央企与上海各地区和园区以及长三角城市间的协同互动，协助央企扩大在沪的“朋友圈”，帮助央企更好地扎根上海。需要重点指出的是，要重点发挥好“自贸区央地融合发展平台”的功能，以资本、项目、产业等为纽带，积极探索央地合作模式创新。

作者：虞　阳

参考文献：

①《国资委、上海市签订共同推进上海加快建设科创中心合作协议》，搜狐网，2017 年 8 月 28 日，https://www.sohu.com/a/167895539_260616。

② 张晓鸣：《中车集团——推进以上海为中心的新一代高速磁浮交通网建设》，搜狐网，2019 年 9 月 5 日，https://www.sohu.com/a/339112192_763498。

③ 倪珺：《聚焦国家战略，布局未来产业，一批重大项目将落地上海》，《解放日报》2019 年 9 月 6 日。

“优”无止境　勇当标杆:上海优化营商环境3.0版方案解读

2020年第一个工作日,上海市召开了优化营商环境暨投资促进大会。市委书记李强在会上强调,要深入贯彻落实习近平总书记考察上海重要讲话精神,坚定不移把优化营商环境向纵深推进,全力打造更具国际竞争力的投资发展环境,加快形成优环境、抓投资、促发展的强大合力,奋力创造新时代上海发展新奇迹。这是上海连续第3年工作开局之际就突出抓优化营商环境工作。上海市委、市政府专门研究制定了上海营商环境改革3.0版方案和加强投资促进32条举措。回顾近年来上海优化营商环境三个升级版的工作推进历程,可以说成效显著、收获满满。

一、北京、上海齐头并进,中国营商环境排名大幅提升

世界银行营商环境报告把上海和北京作为样本城市,其中上海权重为55%,北京为45%。近年来,上海、北京两座城市对标全球最高标准、最好水平,打造国际一流营商环境,进行了一系列大刀阔斧的改革,为优化营商环境树立了标杆。2019年9月,国务院办公厅就做好优化营商环境改革举措复制推广借鉴工作发出通知,要求在全国复制推广借鉴京沪两地优化营商环境改革举措,打造市场化、法治化、国际化营商环境,持续释放改革红利,进一步激发市场主体活力和社会创造力。

伴随营商环境不断优化,中国已连续多年成为世界各国企业最为青睐的投资目的地之一。根据世界银行发表《2020营商环境报告》,中国营商环境排名由2015年的90位上升到31位,提升59位,连续两年入列全球优化营商环境改善幅度最大的十大经济体,超过法国、瑞士、葡萄牙、荷兰、比利时等部分欧盟国家和经合组织成员国水平。

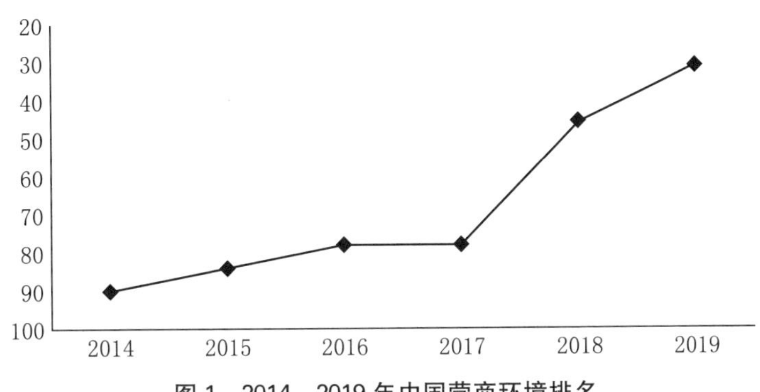

图1　2014—2019年中国营商环境排名

报告显示，中国在多项分指标领域已处在世界最佳水平，尤其是在开办企业、获得施工许可、获得电力、登记财产指标方面，实现了跨越式的前进。2019年，中国有9个指标领域的改革举措获世行认定，其中8项指标排名上升。中国办理建筑许可指标全球排名从2019年的121位跃升至33位，获该指标质量指数满分15分，高于东亚地区132天和9.4分的平均水平；保护中小投资者指标全球排名比去年提升36位至第28位；办理破产排名提升10位至第51位；跨境贸易排名提升9位至第56位；纳税排名提升9位至第105位；获得电力提升2位至第12位；执行合同排名提升1位至第5位；开办企业排名提升1位至第27位。

在第二届中国国际进口博览会上，习近平总书记在开幕式主旨演讲上强调，中国将不断完善市场化、法治化、国际化的营商环境，放宽外资市场准入，继续缩减负面清单，完善投资促进和保护、信息报告等制度，完善知识产权保护法律体系。随着2020年1月1日《优化营商环境条例》《中华人民共和国外商投资法》同步落地实施，我国已经形成了“一个条例”（《优化营商环境条例》），“一套指标”（中国营商环境评价指标体系）、“一个法规”（《外商投资法》），“一个意见”（《关于营造更好发展环境支持民营企业改革发展的意见》）的总体工作要求，将进一步创新体制机制、强化协同联动、完善法治保障，对标国际先进水平，为各类市场主体投资兴业营造稳定、公平、透明、可预期的良好环境。

二、瞄准最高标准、最好水平，上海优化营商环境工作持续发力

按照习近平总书记关于上海等特大城市要率先加大营商环境改革力度的

重要指示，2017 年以来，本市先后制定实施了优化营商环境的 1.0 版和 2.0 版改革方案。经过全市上下 2 年多的努力，本市优化营商环境工作取得了积极成效，在世界银行营商环境评价中进步显著，相关目标任务已基本实现。

(一) 上海优化营商环境 1.0 版：精准突破

2017 年底，上海正式印发了《上海市着力优化营商环境加快构建开放型经济新体制行动方案》，推出上海优化营商环境改革 1.0 版，拉开了 2018 年上海营商环境改革年的序幕。《方案》从投资贸易便利化自由化、市场运行秩序、创新创业环境、政府经济治理水平、法制保障等 5 个方面提出了 24 项改革任务，并明确到 2020 年，上海各领域营商环境便利度要全面进入国际先进行列。《方案》重点聚焦企业在沪投资兴业遇到的难点、痛点、堵点问题，系统实施具有较强针对性的改革举措。随后，上海又相继出台了扩大开放“100 条”和促进民营经济健康发展“27 条”，制定了市场准入、施工许可、跨境贸易等 10 个方面的专项行动计划，全面细化落实方案改革举措。

表 1　上海优化营商环境 1.0 版方案的重点改革工作

重点方面	具 体 改 革 事 项
投资贸易便利化自由化	全面实行准入前国民待遇加负面清单的外资准入制度，在加强监管中提高金融开放水平，实施市场准入负面清单制度，促进跨境贸易便利实施积极的进口政策。
市场运行秩序	弘扬履行责任、敢于担当、服务社会的营商文化，深化商事制度改革，加快社会信用体系建设，促进各类企业公平参与政府采购，清理涉企收费，降低企业成本，用公平的监管维护市场公平秩序。
创新创业环境	深化开放创新的科技体制机制，健全人才培养和引进的便利化服务机制，优化“四新”经济发展环境，加强知识产权保护和运用。
政府经济治理水平	以“证照分离”改革为抓手，加快转变政府职能，进一步优化建设项目投资管理，建设优质便捷的税收现代化服务体系，提高行政决策公众参与度和权力运行透明度，加强管理与服务协调。
法治保障	加强营商环境法制建设，建立多元化商事纠纷解决机制，加大产权保护力度，推进破产制度体系建设。

(二) 上海优化营商环境 2.0 版：全面提升

2019 年年初，上海印发了《上海市进一步优化营商环境实施计划》，推出了上海优化营商环境改革的 2.0 版，包含开办企业、施工许可办理、获得电力等

25个方面的内容，提出要持续深入推进“放管服”改革，持续提升营商环境改革质量，不断提高企业对营商环境的满意度，进一步提升上海在世界银行营商环境评价中的表现，力争在国家营商环境评价中继续保持前列。相比较于营商环境1.0版本的突出重点，抓突出问题和最难问题，营商环境2.0版是突出坚持系统施策，多维度、立体化、全方位地推动营商环境持续优化，实现营商环境质量的全面提升、全面进步。

表2　上海优化营商环境1.0版和2.0版方案的比较

指　标	1.0版	2.0版
开办企业	环节将由之前的7个环节调整为5个，办理时间从原来22天缩减到6天内办结。	环节由4个减少到3个，办理时间由9天减少到3—5天。
办理施工许可	审批时间从原来的105天缩短到分别不超过工业项目15个、小型项目35个、其他社会项目48个工作日。	环节由19个减少到14个，办理时间由169.5天减少到97天。
获得电力	办理手续将从原来的5项，缩减为用电申请和竣工装表2项。平均用时从原来的145天缩减到平均不超过25个工作日。取消低压非居民用户的外线工程费用，小微用户取得电力接入的成本由原来的近20万元降为0。	环节由3个缩减为2个，获得电力平均时间压缩至不超过20天。
财产登记	办理时限从原来28天缩减为抵押权、地役权等6个事项当日办结，其他事项5个工作日办结。	环节由4个减少到2个，办理时间由9天减少到5天，质量指数争取由23.5提升至24.5。
跨境贸易	并联开展口岸作业，实施报检报关、物流作业同步操作，推广进口集装箱“从货物抵港至提离港区”时间压缩三分之一压缩单证时间，实行出口原产地证网上申请自主打印4小时办结地方商务部门审批的机电类产品进口许可证出证1天内办结。	进口方面，边境合规时间保持在48小时以内，边境合规费用从335美元降为316美元；单证合规时间从24小时降为8—10小时，单证合规费用从120美元降为70美元。出口方面，边境合规时间将从23小时降为16—20小时，边境合规费用从305美元降为293美元；单证合规时间从8小时降为6—8小时，单证合规费用保持在70美元以内。
纳　　税	未涉及。	总税率及社会缴费降低到65%左右，纳税时间减少到130小时，保持其他指标表现并争取有所提升。

经过全市上下2年多的努力，上海优化营商环境工作取得了积极成效，在世界银行营商环境评价中进步显著，相关目标任务已基本实现。但是上

海营商环境与国际前沿水平仍有差距，企业感受度的提升仍有较大空间，营商环境适应市场创新的能力还不够强，法治保障力度还不够。为此，上海市委书记李强在会议上强调，要把优化营商环境作为推动高质量发展的关键一招，作为当前抓经济工作最确定的事之一，以优化营商环境、强化制度供给、做好各项工作的确定性，有效对冲外部的不确定性，为经济逆势飞扬创造更好条件。

三、“优”无止境，上海优化营商环境 3.0 版全面启动

为了以更高标准、更高水平推进营商环境持续优化，上海在对标国际国内先进规则和最佳实践，广泛调研、征求社会各界意见的基础上，研究形成了《上海市全面深化国际一流营商环境建设实施方案》，也就是 3.0 版改革方案。

3.0 版方案提出了“1 + 2 + X”的框架设计体系：“1”就是“一网通办”，“2”就是提升上海在世行和国家 2 个营商环境评价中的表现，“X”就是围绕加强、保护和激发市场主体活力提供的一揽子制度供给。

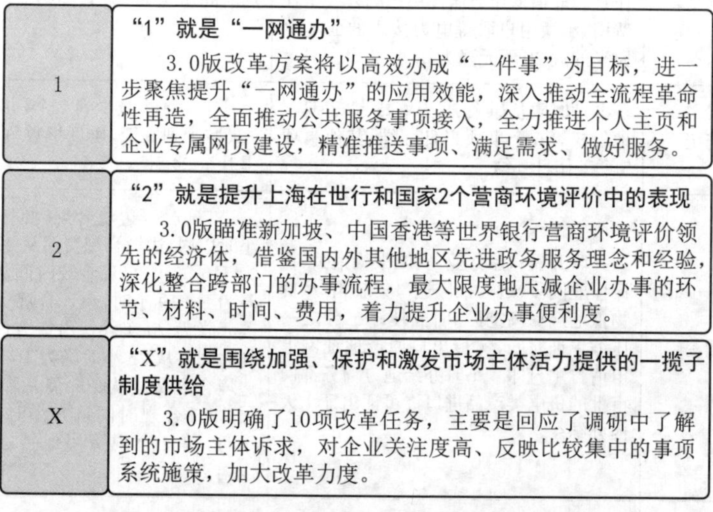

图 2　上海优化营商环境 3.0 版改革方案的框架体系

3.0 版方案对标世界银行和国家营商环境评价体系，明确了一系列深化改革的创新举措，同时提出要抓住“三个关键”、当好“三个表率”，全面完成 3.0 版改革方案明确的各项目标任务。

表3　上海优化营商环境3.0版方案的部分创新举措

指　　标	3.0版方案的创新举措
办理施工许可	借鉴香港特区“一站式中心”的模式经验，通过社会投资项目审批审查中心一个窗口提供申请、审批、检查、验收等建设项目全流程服务，努力做到5个环节24天。
获得电力	获得电力接入工程项目行政审批制度改革从低压用户扩展到10KV的高压用户，并且在用水、用气、用网等公共服务领域也要采用“一窗受理、一网通办、在线办理、限时办结”，提高市政设施接入效率。
执行合同	通过完善送达制度和鉴定机构管理制度等措施，力争时间从485天减少至345天。
包容审慎监管	研究出台市场轻微违法违规经营行为免罚清单2.0版，并在食品药品、质量安全、文化执法、劳动监察等领域，实施信用报告代替无违法违规证明，降低企业办事成本。
政策透明度	对惠企政策归口汇总机制明确了更高的服务标准，搭建政企沟通制度化平台，畅通企业诉求和权益保护的反映渠道，建立健全企业家参与涉企政策制定机制等。
外国人来华工作便利度	针对在沪外籍人士反映的办理外国人工作许可证程序较多、耗时偏长等问题，上海将在市、区两级设立外国人工作、居留单一窗口，提供一窗受理、一并发证、一门式服务，限时7个工作日办结。
跨区域服务协同	在长三角区域大力推进政务服务“同事同标”，探索以跨省办成一件事为目标的跨省主题式套餐服务，统一办事指南核心要素，实现线上申报、受理、办理等深度对接，无感办理跨省业务等。针对企业跨区迁移、企业注销、惠企政策办理等方面的诉求，从申诉协调、平台改造、流程优化等方面系统设计了更有针对性的改革举措。

市委书记李强指出：“营商环境没有最好、只有更好，没有完成时、只有进行时；优化营商环境就像逆水行舟，不进则退，慢进也是退。”我们认为，3.0版方案的实施只是上海优化营商环境迈出的坚定一步，随着长三角生态绿色一体化发展示范区、上海自贸试验区新片区以及虹桥商务区国际开放枢纽建设的加快推进，随着上海全球资源配置、科技创新策源、高端产业引领、开放枢纽门户四大功能的持续提升，上海将加快形成充满活力、富有效率、更加开放的法制化、国际化、便利化营商环境，全面进入国际先进行列，为国内其他地区提供可复制、可推广的宝贵经验，为提升我国营商环境的整体水平贡献上海智慧、上海方案。

作者：李光辉、蒋英杰、高　平

参考文献：

① 于新东：《2020年首个工作日，上海召开优化营商环境大会释放出怎样的重要信号》，上观新闻，2020年1月24日，https://web.shobserver.com/news/detail?id=198532。

② 李思默、焦莹：《世界银行发布〈全球营商环境报告 2020〉我国营商环境排名跃居全球第 31 位》，搜狐网，2019 年 10 月 25 日，https://www.sohu.com/a/349423838_362042。

③《全球营商环境报告 2020：中国营商环境排名跃升至第 31 位》，搜狐网，2019 年 10 月 25 日，https://www.sohu.com/a/349423470_124719。

④ 陈伊萍：《从“三级跳”看上海营商环境改革的进阶》，澎湃新闻，2020 年 1 月 2 日，https://www.thepaper.cn/newsDetail_forward_5410119。

第二章

打造科技创新策源地

激发我国创新主体动力活力的若干建议

激发创新主体动力活力是全面提升国家创新能力的“牛鼻子”。改革开放以来,我国对创新主体的支持逐步从体制内向体制外覆盖,从单个环节向整个创新链拓展,从公共科研机构为中心向以企业为中心转变。在日益完善的政策支撑下,我国创新主体的体系结构发生了根本性转变,从以体制内数量庞大的科研机构为绝对主导,向以高科技企业为主、多类型主体协同转变,也出现了深圳南山、北京中关村和上海张江等科技型企业主体大量集聚、创新创业活跃的典型区域,但总体上我国创新主体的动力活力还不够强,未来进一步激活创新主体的动力活力,还需要持续突破一系列体制机制的制约。

一、 问题与根源:正视我国科技创新的“五重五轻”

据统计,我国大中型企业目前有研发机构的只占25%,只有30%的企业开展研发活动,科研成果转化率仍在10%左右的水平,创新主体的动力活力还面临很多瓶颈和制约。突出表现在:

(一) 科技管理体制:重管控、轻效率

传统科研管理体制设计的初衷是为了有效配置国家极其有限的创新资源,服务国家战略,因此重在创新资源的管控。而在创新驱动阶段,这种以管控为主的科技管理体制成为束缚我国创新主体动力活力的首要因素,突出表现在:体制外部的市场主体参与不足,科技创新服务市场需求的效率不高。

(二) 科技成果转化:重管理、轻服务

在传统科技管理体制的管控下,大学和科研院所的科技成果转化更加注重合法合规性,科研管理部门以管理为主,相对缺少对成果转化的主动性,也缺乏专业的服务能力,市场化的专业科技成果转化服务机构稀缺,科技成果市

场化评价机制不健全，新产品新技术走向市场的渠道不畅。

（三）创新成果应用：重支持、轻保护

由于发展阶段、地方保护等原因，当前总体上我国对科技创新成果更多侧重的是支持，而对知识产权和创新权益的保护力度不够，知识产权侵权成本低，剽窃侵权行为没有受到相应惩罚；知识产权维权成本高，存在周期长、赔偿低、效果差、举证难等问题，创新主体研发投入与成果转化应用的价值获得不匹配，在很大程度上了抑制了创新主体的积极性。

（四）创新创业政策：重硬件、轻实效

从我国目前实践来看，创新创业服务还没有真正触及创新主体的"痛点"。各地普遍追求反映政绩的"量"、忽略服务的"质"，如关注建立了多少孵化基地、设立了多少公共服务平台、给予了多少资金支持等可量化的方面，但对实际效果缺乏评估与关注，导致一些创新资源沦为摆设、服务效率不高、创新效果不佳。

（五）创新人才激励：重形式、轻落实

目前有的地方创新人才激励"行政手段多、市场手段少""务虚多、务实少""喊的多、落实的少"。大多数体制内机构对科研人员的市场化激励机制运用不足，尽管顶层已经有了相关政策，但由于缺少操作细则，给予个人的股权激励、现金奖励等创新收益无法有效兑现。

归结来看，影响我国创新主体动力活力的还有一些深层次的原因：一是尚未形成科学、技术、产业"三位一体"的创新经济模式，创新"小循环"与经济"大循环"没有完全打通；二是没有建立起与科技强国要求相适应的科技管理体制，创新决策脱离市场需求；三是区划分割的行政管理体制抑制创新要素流动，创新资源的配置和使用效率整体较低；四是科学精神还没有成为时代精神，整个社会缺少尊重创新、宽容失败的文化氛围和价值取向。

二、经验与启示：发达国家产学研合作创新的探索实践

美国、德国、以色列、瑞士等创新型国家在降低企业创新风险和成本、推进科研成果有效转化、促进产学研协同创新、激发科研人才创新积极性等方面具

有不少成功经验,可以为我们提供启示和借鉴。

(一)通过财税与金融支持降低企业创新成本和风险

例如,为激励企业加大研发投入,2018年我国将企业研发费用税前加计扣除的比例从50%提高到75%。而新加坡对符合生产力及创新优惠计划的企业加计扣除,最高按照原值的400%进行税前扣除(包括100%的原值扣除和300%的加计扣除)。再如,美国硅谷构建了先进成熟的科技金融生态圈,不仅有发达的风险投资,还有硅谷银行为企业创新提供金融服务。2017年硅谷(包括旧金山)的风险投资占加州风险投资总额的78.3%,占美国的38.9%。

表1　新加坡生产力及创新优惠计划的税收激励

优惠期间	内　　容
2011—2018年	中小企业中符合条件的成本费用支出在40万新元上限内按照原值的400%进行税前扣除(包括100%的原值扣除和300%的加计扣除),超过上限的符合要求的成本余额按原值100%扣除,不再加计扣除。
2019—2025年	中小企业中在最高10万新元以内符合条件的成本费用按原值的200%进行税前扣除(包括100%的原值扣除和100%的加计扣除),超过上限的部分按原值100%税前扣除。

(二)商业化组织新模式推动高校科研成果高效转化

例如,美国斯坦福大学首创了设立技术许可办公室的知识产权管理经典模式,对技术转化的全生命周期进行管理。美国研究型大学纷纷成立概念验证中心(Proof of Concept Centers, PoCCs)这一新的组织模式,通过提供种子资金、商业顾问、创业教育对成果转化活动进行个性化支持。

表2　美国部分研究型大学成立的概念验证中心

中心名称	建立年份	初始经费	挂靠大学	服务类型
冯·李比希创业中心	2001	李比希基金会捐助的1 000万美元	加大圣迭戈分校Jacobs工学院	提供种子资金,咨询服务,教育计划,技术加速计划
圣路易斯 Bio-Generator	2003	多家基金会捐助	华盛顿大学、圣路易斯大学、密苏里大学	提供种子资金前的资金支持和种子资金,专业服务和管理支持
波士顿大学—弗朗霍夫学会医疗器件、仪器与诊断术联盟	2007	双方共同投入500万美元,为期5年	波士顿大学	双方共同开发医疗仪器,希望吸引到风险投资

续表

中心名称	建立年份	初始经费	挂靠大学	服务类型
QED 概念验证计划	2009	宾夕法尼亚富兰克林技术开发局提供 30 万美元，基金会捐助 30 万美元，大学城科学中心及参与机构提供 180 万美元	特拉华大学等 15 所大学	征集生命科学研发项目，选择最有前景的技术，给予经费支持
马里兰概念验证联盟	2010	联邦政府支持的 510 万美元	马里兰大学	识别有前景的技术并给以经费支持
绿色化学中试放大概念验证中心	2011	EDA 支持 58 万美元，密歇根经济发展集团提供 50 万美元，辉瑞公司提供中试设备	密歇根州立大学生物经济研究所	管理支持服务、绿色技术孵化、帮助企业获得农业部的 BioPreferred 认证
路易斯安那技术概念验证中心	2011	EDA 提供的 110 万美元	路易斯安那工学院	为现场测试与原型开发提供支持，等等
加利福尼亚大学概念验证计划	2011	加大 2011 年投入 270 万美元，2012 年投入 260 万美元	加大系统	支持商业化不到 1 年的技术项目

(三) 产学研协同共生实现创新链与产业链精准对接

例如，从 20 世纪 90 年代中期开始，德国无论从联邦政府层级还是州政府层级都开始重视集群的发展，出台相应政策促进高校与企业的精准合作，在政府引导下围绕某一主题、某一区域，由相关高校、科研机构、商会、制造商、供应商和服务商等不同主体构建创新网络集群。其中，不少项目的影响延续至今，培育了一批具有影响力的创新集群。

(四) 建立多元化评价体系健全创新人才评价标准

例如，法国对国家科研中心及研究人员评价考核时，虽然也采取一些期刊论文数量等定量评价，但更注重定性评价，包括科研产出和科研工作与当前科研背景及政策导向的适应性、国内外的学术辐射影响力、科研活动活跃度和价值化程度等，具体可分为科研产出能力、学术影响能力、团队协作与沟通能力、科研与行政管理能力、培训与教学能力等。

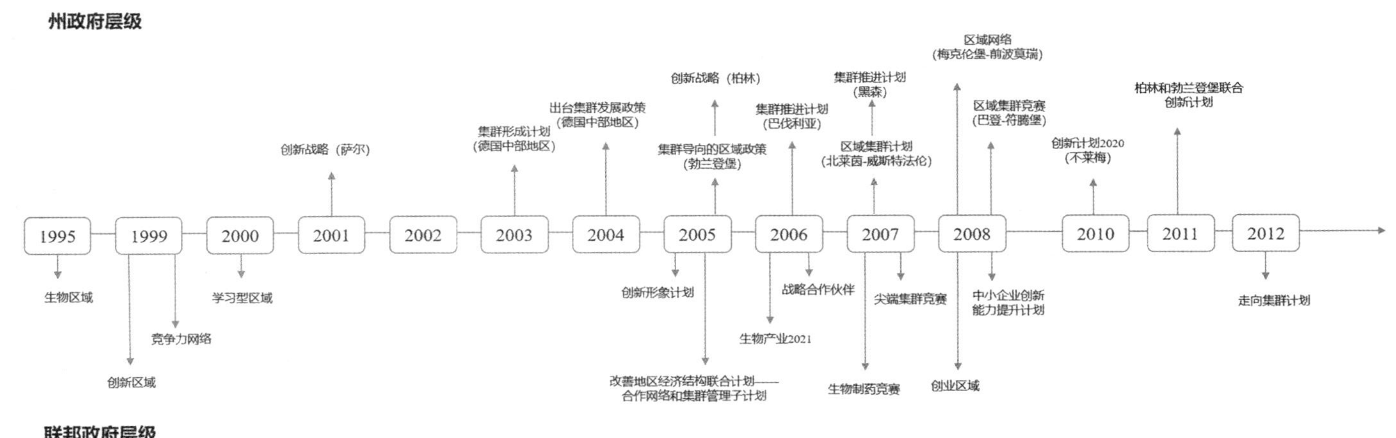

图 1　德国推进集群发展行动大事记

资料来源:《德国推进创新集群发展的战略、政策与评估》,中国科协创新战略研究院,2016 年。

表 3　法国 CoNRS 对科研人员的评价指标体系

一级指标	二级指标
科研产出能力	● 期刊/会议论文的数量、类型、级别(国际期刊/国内期刊/国际会议/国内会议/地区会议) ● 程序/软件开发与应用的原创度、简易度、市场传播与推广度 ● 专利的申请量、授权量、影响力、专利权转让收益、专利成果转化为产品和服务的收益
学术影响能力	● 受邀或主动发起国际/国内专题学术会议、专家研讨会、大学交流会的次数 ● 受邀作为项目、期刊杂志评审委员会评审专家的次数 ● 受邀作为博士学位论文答辩评委会评审专家的次数 ● 获得国际/国家/地方学术奖的次数
团队协作与沟通能力	● 联合发表期刊/会议论文的数量、参与度或贡献度 ● 联合出版专题领域系列丛书的数量、扮演角色 ● 参与多学科、跨领域、跨部门项目的数量、扮演角色
科研与行政管理能力	● 进入国际/国家知名学术委员会、专业协会、科研机构、研究单元、重点实验室行政管理层、学术管理层的个数 ● 作为跨学科、跨领域、跨部门联合项目总负责人、执行负责人、子课题负责人的次数
培训与教学能力	● 学科类别(自然科学/人文科学/艺术学) ● 总课时量 ● 服务人群类别(专业人员/青年学生/社会公众)

(五) 明确的产权归属和利益分配机制激发创新动力

美国早在 1980 年出台的《拜杜法案》允许大学和其他非盈利组织获得政府资助项目的发明专利,对科研成果转化起了非常大的作用。以斯坦福大学为例,该校技术授权办公室(OTL)享有全校知识产权独占经营权,师生的职务科技成果必须向 OTL 披露。OTL 经过评估后对其中有商业价值的科技成果进行培育增值、专利质量管理,并在市场分析基础上对科技成果进行选择性推广。在专利许可收益分配上,OTL 所得比例为 15%,其余 85%的 1/3 给发明人、1/3 给发明人所在系、1/3 给所在学院。

(六) 以开放式创新在全球配置高端创新资源

例如,新加坡经济发展委员会与人力资源部共同设立"联系新加坡"(Contact Singapore)网络,下设工业劳动部、市场传播部、新加坡迎接中心和全球运营中心。其中,全球运营中心共有 12 个分支机构,除新加坡总部外设有北美分部(旧金山、纽约、波士顿)、悉尼分部、印度分部(孟买、钦奈)、欧洲分部(法兰克福、伦敦)、首尔分部、中国分部(北京、上海)等区域分部,形成了覆盖全球的引才网络。通过游学、研讨会、求职宣讲会和博览会等形式,"联系新加坡"既扮演了"宣传窗口"的角色,又发挥了充实人才库、构建人才网络的作用。

三、思路与方向:抓好五个突破口和六大战略举措

"十四五"是我国迎难而上,加快建设世界科技强国的关键时期,迫切需要以建立科学、技术、产业"三位一体"的创新经济体制为统领,完善科学发现体系、基础研究体系、成果转化体系和技术创新体系,构建符合社会主义市场经济发展规律、适合我国基本国情、有助于激发创新主体动力活力的科技体制及运行机制,真正激发创新策源能力和提升科技产业综合实力。重点要争取在以下五个方面实现"新突破":

一是在赋予科研机构更大自主权上取得新突破。改革科研管理机制,建立以自主治理为导向的科研管理机制,进一步深化高校、科研院所的科研体制改革,赋予科研机构和科研人员更大自主权,增强科研机构服务经济社会发展的能力。

二是在建立全链条协同创新机制上取得新突破。打破企业、高校、院所等创新主体间的制度壁垒,打通科技成果转移转化的前、后一公里和中梗阻,建立产学研用的全链条、网络化协同创新机制,推动各类创新要素有机融合、优质资源充分共享。

三是在降低企业创新成本和风险上取得新突破。消除制约创新的政策束缚、降低企业的创新成本,进一步加大研发费用加计扣除等企业创新普惠性政策支持力度,完善国有企业创新考核激励,支持民营科技企业发展,放大外资研发机构溢出效应。

四是在积极融入全球创新网络上取得新突破。把握全球科技进步大趋势,加强科技开放合作,进一步开展全方位、多层次、高水平的科技国际合作,提高科研人员参与国际合作交流的便利性,促进创新资源双向开放和流动。

五是在建立创新试错容错机制上取得新突破。营造开放包容、追求卓越的创新生态,进一步完善相关法律法规和政策措施,加强科研诚信体系建设,加强知识产权保护,建立科研创新容错纠错机制,营造尊重人才、鼓励创新、宽容失败的文化环境。

同时,聚焦科技创新的关键主体、关键环节、关键政策,实施六大战略举措,

进一步激发创新效能创造活力，加快向建设世界科技强国的伟大目标奋勇前进。

一是实施尖刀战略，支持建设一批顶级大学和领袖型企业。参照世界顶级大学科研创新标准，建设一批国际一流的研究型大学；支持行业领袖企业创新突破，培育世界一流的创新型龙头企业；加大政策支持力度，集聚全球高端创新人才。

二是实施培优工程，培育一批新型研发机构、专精特新企业。建设一批国家级新型研发机构，打造新型研发机构的“国家队”，推动部分科研事业单位改革运营管理机制；加大对专精特新企业政策支持力度，培育行业隐形冠军和独角兽企业。

三是实施赛马机制，鼓励地方政府因地制宜开展创新试点。建立激励机制和免责机制，鼓励各地政府结合自身优势和实际需要开展科技体制改革；支持创新策源城市开展科技创新制度与政策突破，支持创新政策率先在都市圈、城市群内推广。

四是实施破壁计划，全面深化科研管理体制改革与创新。加大科技领域“放管服”改革力度，完善科研管理方式，承认科研人员智力投入的主体贡献；实施知识价值导向的科研人员收入分配机制，更加注重政策细节设计和政策细则落地。

五是实施融链工程，推动科技成果转移转化的有效实施。围绕产业集群，优化行业类科研院所和重大科技基础设施空间布局，推动科技链与产业链深度融合；组建科技银行，支持早期基金、天使投资和风险投资，推动资金链服务科技链。

六是实施新苗计划，建立面向未来的创新人才培养体系。优化人才培养、使用和评价制度，建立体制内外创新人才流动的“旋转门”；推动高校围绕科技产业发展趋势，优化学科体系、课程设置和研究方向，培育面向未来的青年科技人才。

作者：杨宏伟、高　平、丁国杰、芮晔平

参考文献：

①《科技型中小企业的研发费用加计扣除比例提高到75%》，国家税务总局官网，2018年1月16日，http://www.chinatax.gov.cn/n810219/n810744/n3213637/n3213679/c3214479/content.html。

② 李文卉:《OTL 模式的魅力——来自斯坦福大学的科技转化经验》,支点财经,2017 年 11 月 10 日,http://www.ipivot.cn/Cover/150/4487.aspx。

③ 程刚:《全国两万多家大中型国企仅 25%有研发机构》,中国青年报,2006 年 6 月 29 日,http://zqb.cyol.com/content/2006-06/29/content_1431771.htm。

全国“双创周”活动：以“鼎新”推动“革故”，助力双创主体破浪前行

自国务院总理李克强在2014年夏季达沃斯论坛上提出“大众创业、万众创新”后，“双创”工作受到广泛关注，并吸引了社会各方积极参与。2015年政府工作报告明确提出，要将“大众创业、万众创新”打造成中国经济发展的“双引擎”之一。为进一步营造良好社会氛围，在更大范围、更高层次、更深程度上推进双创，中国国务院决定从2015年起设立“全国大众创业万众创新活动周”，定于每年10月举行。通过搭建双创展示平台，推动形成新一轮创业创新热潮，为实现创新驱动发展汇聚智慧和力量。“后双创周”效应也在历届活动的主办地得到充分放大，人才配套保障政策体系逐步稳固，双创平台载体加快建设集聚，营商环境与服务更加便捷。在目前国家双循环、创新驱动、高质量发展的背景下，“双创周”活动更显示出独特的价值与意义，鼓励双创是驱动经济增长、实现高质量发展的重要动力，是应对国际不确定性因素与全球经济下行冲击压力的重要途径，也是推动产业结构调整、提高就业水平的促进力量。本文解锁2020年第六届双创周活动各地的亮点和特色，并回顾与分析以往五届活动对各主办地带来的“后双创周”效应，以期为更好地推动双创发展提供启示和借鉴。

表1 2015—2019年五届双创周活动回顾

时 间	主 办 地	主 题	主会场参观人次（万）	展示项目数（个）
2015年	北京中关村国家自主创新示范区	创业创新——汇聚发展新动能	—	—
2016年	深圳市南山区深圳湾创业广场	发展新经济，培育新动能	50	461
2017年	上海市杨浦区长阳创谷	双创促升级，壮大新动能	15	150多
2018年	四川成都高新区菁蓉汇	高水平双创，高质量发展	20	—
2019年	浙江省杭州梦想小镇	汇聚双创活力，澎湃发展动力	—	170多

一、2020年双创活动周的亮点和特点:“新科技、新业态、新模式、新基建、新职业”的集体大阅兵

2020年第六届双创周以“创新引领创业,创业带动就业”为主题,于10月15日至21日举办,采用线上线下相结合的方式,于北京启动并在全国同步展开。连日来,全国联动、广泛参与,高规格、全方位、多渠道、立体式创新呈现的多场双创活动将活动周氛围推向高潮。

李克强总理在2020年的“双创周”云上启动仪式中发表讲话,他将大量的新增双创主体比喻成“市场经济”大海中的一艘艘小船,需要政策予以扶持,使他们不仅能够顺利出航,而且能够应对逆境,破浪前行。2020年在疫情和世界经济衰退冲击下,中国经济能够稳住基本盘、较快实现恢复性增长,上亿市场主体的强大韧性发挥了基础支撑作用。李克强认为,双创培育了接续有力的新动能,中小微企业蓬勃发展,很多大企业通过双创汇聚各方资源加速升级。双创以鼎新推动革故,促进了“放管服”等改革,成为提升创新效率和能力的重要抓手。

(一)亮点之一:各地既结合地方实际凸显主题特色,又共同反映了鲜明的时代特征

1. 北京分会场——“四大云上展厅”

北京分会场设置新基建新应用赋能、科创中心创新引领、双创带动就业升级、精准助力“战疫”四大展厅,集中展示100余家创新创业典型企业和项目。参展项目覆盖了高精尖产业,云计算、大数据等新兴领域以及智慧教育、智慧医疗等创新业态。与往届不同的是,2020年双创周北京分会场还准备了北京双创数字档案馆,设置历届特色、影像图库、参展项目、规划文件等板块,对六年来双创工作及成效等有关情况进行呈现。

2. 上海分会场——“创新创业,一沪百应”

上海分会场的主题为“创新创业,一沪百应”,将进一步营造上海创新创业良好氛围,提升创新创业意识和能力,激发和培育优秀企业家精神,推动创业政策、创业服务与创业个人、团队和企业更有效对接。上海分会场云上展示平台包括活动、短视频、项目等6大板块,收集遴选的项目超过500个。

3. 江苏分会场——“苏聚时代,创育新机”

活动周期间,江苏省各设区市、各部门、双创示范基地和各企业、高校、社

会组织将通过创客交流、论坛对接、双创成果展示、文化传播、创业竞赛、就业对接等形式，举办创业带动就业成效宣传、政策解读交流发布会等各类主题突出、特色鲜明的活动近150场。

4. 浙江分会场——“云上双创周”

浙江分会场活动在杭州钱塘新区江东芯谷启动，双创活动周浙江分会场将举办双创主题展、企业家进课堂、高端创业论坛、双创训练营、创新创业大赛等40余场重点活动，其中杭州湾全球数字技术大会、长三角创新创业云高峰论坛两个活动入选全国双创活动周重点专区活动。

5. 深圳宝安分会场——“智创宝安湾　双创新征程”

宝安以“1+N”的形式，在中粮创芯研发中心设主会场，在科技创新园、众创空间设置7个分会场，并设立1个线上分会场，举办15项活动。活动邀请了24家创新型科技企业参展，展示产品涵盖机器人、5G、无人机、医疗健康等众多领域，集中展示宝安科技创新落地成果。

6. 重庆分会场——“汇渝众智，齐创众业”

重庆市云上展馆包括“双创带动就业、双创示范基地、发展新业态新模式、关键领域技术创新、疫情期间的新亮点”5个领域。重点展示了24家重庆创新“弄潮儿”的双创成果，为广大创客和市民带来伴随式、沉浸式体验。

7. 湖南分会场——“创新赋能湖湘论见”

在2020年全国双创周湖南省分会场，围绕当前经济社会发展情况，深入就业潜力大、社会急需的社会服务领域，聚焦“互联网+创业单元”，分享学界前瞻性观点与业界实践经验，省、市相关部门代表及院士、专家等200余人参会。

(二) 亮点之二：首次采用“线上+线下”结合的举办形式，显示各种数字技术应用愈发成熟

与往年不同，考虑到疫情的影响以及在线新技术更加成熟的应用，2020年全国双创周设置了云上活动周线上平台，部署“序厅+五大主题展区”的云展览，同时设立各省市分会场，集中展示举办的各类特色活动。北京云上展厅采用3D虚拟显示技术集中展示100余个创新创业项目，让大家足不出户就可以“云逛展”，随时随地享受伴随式、沉浸式的观展体验。陕西西安云平台通过360°VR全景技术，还原线下活动场景，演讲者和嘉宾足不出户，即使远隔千里也能实时参与到活动现场，同时实现多个城市亿万人共同参与的会议体验。

据国家发改委初步统计,活动周期间,全国各地举办了 1 100 多场活动,线上线下有 5 000 多万人参加。从 2020 年 6 月开始,各地就按照统筹疫情防控和经济社会发展的总体要求,围绕创业带动就业举办丰富多彩的双创活动周预热活动。企业云上招聘、外国专家云签约、直播带岗、“百校联动”网上招聘、退役军人创业大赛等活动,有效解决重点群体创新创业难题。

(三) 亮点之三:抗击疫情涌现的新科技应用得到充分展示,将推动硬核新科技发展

北京精准助力“战疫”展厅围绕在京各类双创主体在新冠肺炎疫情阻击战中的实践,集中展示具有强大科技创新支撑、保障和扩大就业空间、积极扩大国内有效需求的新技术、新产品、新业态、新生态、新模式,凸显北京市针对疫情的快速反应、迅速联动和支撑保障能力。展厅设计以北京方舱医院作为大门轮廓,用战疫相关照片做成战疫“长廊”,代表北京各行各业“同心战疫”,集中展示联合益康高速口罩机、推想科技肺部计算机辅助诊断软件项目等 30 余个展项。湖北云展厅特设双创“抗疫”展区,展示了武汉联影、人福药业、远大医药、明德生物、高德红外等一批为“六稳”“六保”作出突出贡献的企业。还集中展示了无接触配送、在线教育、远程医疗、智慧旅游、在线文娱等线上新业态,等等。

(四) 亮点之四:关注了返乡创业这一新趋势,体现了双创助力“灵活就业”

10 月 17 日,“推动返乡入乡创业高质量发展”主题论坛在北京隆重举行。论坛期间,阿里巴巴、百度、滴滴出行、京东集团、美团、腾讯、58 同城、智联招聘等 8 家互联网平台企业联合发起支持灵活就业倡议,旨在进一步增强企业社会责任感,为劳动者创造更多灵活就业机会。支持农民工、高校毕业生、退役军人等人员返乡入乡创业是党中央、国务院的重要决策部署,是一项“民生工程”“德政工程”和“民心工程”。近年来,返乡入乡创业蔚然成风,取得显著的发展效应,创业人数越来越多、领域越来越宽、起点越来越高、带动就业增收能力越来越强,培育了一大批县乡特色产业集群,加快了乡村振兴步伐,加速了新型城镇化建设,促进了城乡融合发展,助推了脱贫攻坚。返乡入乡创业成为推动广大中西部地区加快发展的重要力量,成为我们国家新的经济和就业增长点,具有重要的时代意义和广阔的发展前景。

二、历届双创周各主办地后续双创效应：打造了一批品牌双创基地，推动了创新创业企业发展，不断丰富完善创新创业生态

（一）2015 年第一届（北京中关村国家自主创新示范区）：推动人才、资金、技术等要素持续改革创新

北京中关村国家自主创新示范区作为我国最具吸引力的创新创业中心之一，在双创周的持续影响带动下，2019 年，新技术企业总收入达到 6.6 万亿元，较 2015 年增长 59%；大学本科及以上学历人员 168.1 万人，占从业人员比重较 2015 年增长 7 个百分点。

中关村在人才、资金、技术等要素改革方面持续创新，陆续出台“国际人才 20 条”、《关于优化人才服务促进科技创新推动高精尖产业发展的若干措施》，深化建设“一站式”外籍人才服务平台、中关村外籍人才服务窗口、中关村海外人才创业园和中关村高端人才创业基地，不断优化有利于人才集聚和发展的创新创业生态系统，集聚了一批国际领先的创新团队。深化中关村国家科技金融创新中心建设，2019 年中关村股权投资机构数超过 1 800 家，创业投资金额超过 2 400 亿元，占全国的 35.5%，较 2015 年增长近 11 个百分点，是全球风险投资最为活跃的区域之一。

（二）2016 年第二届（深圳市南山区深圳湾创业广场）：强化创意、资本和转化等双创孵化链条搭建

深圳湾借助双创周带来的创客活力实现升级发展，吸引了全球的高端孵化机构、金融资本、创新人才等创新创业要素集聚。截至目前，入驻深圳湾的基地孵化和创业服务机构已经超过 80 家，比双创周举办前增加了 160%，引入包括腾讯众创空间等一流孵化服务机构，形成深圳湾“超级孵化器”；在深圳湾创业广场获得融资的创业团队超过 300 家，比双创周举办前增加了 200%，其中近 80 个项目团队取得 A 轮或 A+ 轮融资。

深圳湾创业广场通过强化“专业孵化 + 创业投融资 + 种子交易市场”三大核心功能，打造创新创业资源的“聚宝盆”，处于孵化期的创客团队和初创企业入驻深圳湾创业广场，无须奔波就可获得来自全国甚至世界各国的源源不断的创意和技术资源。目前，深圳湾产业园区已引进高新技术企业 658 家，包括

8 家世界 500 强企业子公司、47 家上市公司以及一批行业领军企业。其中顺丰科技等 16 家企业在入驻深圳湾园区后成功上市。

(三) 2017 年第三届(上海市杨浦区长阳创谷)：扩大双创品牌辐射效应，吸引国际资源、技术和服务等平台集聚

杨浦区长阳创谷作为城市更新的典型标杆案例，持续发挥双创周后续效应，不断探索创新创业发展道路，打造长阳创谷品牌，努力实现新旧动能转换，为区域经济发展和创新创业氛围营造探索“创谷模式”。2018 年 4 月，李克强总理视察长阳创谷，要求以“长阳创谷”为标杆建设“世界级创谷”。长阳创谷入驻企业从 2016 年的 50 余家发展到 2019 年 300 余家，杨浦区每万人专利发明拥有量从 2016 年的 55 件提高到 2019 年的 86 件。

举办双创周主会场活动得到了各级媒体的高度关注和深入报道，进一步提升了长阳创谷的创新品牌效应。长阳创谷趁势而上，积极打造“永不落幕的双创周”，不断扩大“双创周”辐射效应。双创周后园区参观人数井喷式增长，累计超过 2 300 批次。长阳创谷举办“中经杨浦论坛”、GEW 全球双创周中国站等各类世界级双创活动 100 余场，成为促进国际合作交流、吸引全球技术、服务和创新资源向杨浦区辐射集聚的重要平台。2019 年 7 月，哥伦比亚总统到访参观，与园区企业进行深度交流。

《2019 年杨浦区双创示范基地创新创业指数报告》显示，杨浦区双创各个分项指数均衡增长，创新创业提质增效，双创要素、双创环境、双创成果、双创影响力四个一级指标均实现了稳步增长，尤其是双创影响力分项指标表现突出，相对 2017 年同比增长 22.6%。

2018 年杨浦区创新型企业认定数为 736 家，比 2017 年增加了 136 家，增幅达到 22.7%，高于 2013—2018 年年平均增长率 18.2%。每万人有效发明专利拥有量约为 80 件，居中心城区第一，超过上海市平均水平(47.5 件)的 68.4%。

(四) 2018 年第四届(四川成都高新区菁蓉汇)：打造大中小融通双创众创孵化社区

成都高新区菁蓉汇目前拥有估值过亿企业达 20 家，比双创周举办前增加了 122%，获得知识产权 2 207 项，比双创周举办前增加了 85%。推出“菁蓉汇主题活动”“创业夜市”“创业集市”“创业学堂”“创业旅游”等五大品牌系列活动，持续推进各类双创活动，重点搭建创新创业企业交流、展示以及交易平台。

2019年以来，举办各类创新创业活动400余场，参与人次逾20万，招引项目100余个，基本实现“月月有主题、周周有特色、天天有活动”的双创活动氛围。

成都高新区以菁蓉汇为核心，辐射周边3平方公里建设成都创孵社区，打造大中小企业融通创孵社区。截至目前，已汇聚孵化器和众创空间42个、孵化面积超过100万平方米、服务创客45 000余人，累计培育种子期雏鹰企业123家、瞪羚企业38家和平台生态型龙头企业1家。

(五) 2019年第五届(浙江省杭州梦想小镇)：借助长三角一体化机遇实现跨区域品牌模式输出

杭州梦想小镇2019年注册企业数同比增长53.85%；企业营收和税收分别增长24.9%和6.5%；国家高新技术企业和省级研发中心、技术中心申报成功数分别增长68.46%和75.56%；企业专利申请和获得专利授权数分别增长15.58%和24.18%。在品牌打造、理念提升、资源集聚等方面有了长足的发展，创新高地和生态圈已然成形。

双创周活动期间，梦想小镇被央视、《人民日报》等媒体密集报道，小镇的品牌影响力得到了极大提升，“我负责阳光雨露，你负责茁壮成长”的特色品牌与服务理念不断深化。借助长三角一体化发展机遇，先后在上海设立梦想小镇沪杭创新中心、与合肥共同打造合杭梦想小镇，成功实现品牌模式输出。各类全国性、国际性活动争相在梦想小镇召开，进一步营造双创活动氛围，双周活动周举办以来，首届中国长三角数字经济大会、中国(杭州)人工智能产业发展论坛、中国青年创新创业大赛、2020全球人工智能技术大会等大型活动相继在活动周主场馆举办。

三、双创周带来了多重效应，充分激活了创新创业的“源头活水”

一是带动了一批品牌“双创基地”的发展。上海杨浦长阳创谷、杭州梦想小镇、成都高新区等全国双创活动举办地通过各类创新创业活动的举办，已经形成全国知名的“双创基地”，形成了广泛的品牌影响力，品牌效应带动了更多创业者与创业项目的集聚。**二是成长起一批创新企业**。通过举办各种项目展示、双创大赛、企业路演、双创沙龙、双创基金论坛，充分展现了当地的创新创业成果，涌现了一批人才、团队、企业、好项目，创新创业成果在这里迸发，被风投发现、被政府推动、被市场应用，从而成长起一批创新创业企业，也带动了新增市场主体、初创企业的大幅增长。**三是有力促进了创新带动就业**。这也是双创活动周活动的初衷所在，重点是推动了量大面广的中小企业成长对就业的带动，也包括大学生创业就业、各种灵活就业等。**四是营造了全社会良好的创新创业生态**。各地通过举办活动为各类资源的对接搭建了交流平台，创业基金、众创空间、技术共享平台等要素促进形成了良好的双创生态圈，双创周活动尽管是短时间的活动，但是却保持了“长期的积淀和延续效应”，不断推动着全社会创新创业生态、文化以及氛围的完善。**五是双创间接推动了“放管服”改革**。通过支持、孵化在双创周涌现的众多好项目，推动新业态新模式发展，扶持中小企业发展，优化创业环境，倒逼了政府在新兴领域的准入、审批、监管以及支持创新创业政策等方面的改革，推动了营商环境的优化。

作者：韩　庆

参考文献：

①《历届双创周主会场巡览之一：双创周持续引领　北京中关村打造一流创新创业生态》，国家发展改革委官方微信，2020 年 10 月 10 日，https://mp.weixin.qq.com/s/ItUDV2zMY6beWBndrtWaXw。

②《历届双创周主会场巡览之二：双创周激发新活力　深圳湾成就“创客梦”》，国家发展改革委官方微信，2020 年 10 月 11 日，https://mp.weixin.qq.com/s/GxKYe1u_aZCvb6qbnvTXFw。

③《历届双创周主会场巡览之三：双创周打造品牌　上海长阳创谷向世界级创谷迈进》，国家发展改革委官方微信，2020 年 10 月 12 日，https://mp.weixin.qq.com/s/rExxRDsPENpQd_Ky_I1M1w。

④《历届双创周主会场巡览之四：借势双创周　成都菁蓉汇打造创新创业新高地》，国家发展改革委官方微信，2020 年 10 月 13 日，https://mp.weixin.qq.com/s/-EA6GhYEbS3awQBxYgJahQ。

⑤《历届双创周主会场巡览之五：阳光雨露双创周　映日小镇花更红》，国家发展改革委官方微信，2020 年 10 月 14 日，https://mp.weixin.qq.com/s/H28xLYWg-Si8PRakZDWDeQ。

走科技强国之路，建设世界一流的科学城

引 言

“加快打造原始创新策源地，加快突破关键核心技术，努力抢占科技制高点。”

——习近平（中国科学院建院70周年致信）

“要把原始创新能力提升摆在更加突出的位置”“要改善科技创新生态，激发创新创造活力”“大力弘扬科学家精神”。

——习近平（2020年科学家座谈会讲话）

党的十八大以来，习近平总书记就一直高度重视科技创新，多次强调要强化科技创新源头供给。2020年，新冠肺炎疫情“突袭”全球，广大科技工作者在防控、治疗、疫苗研发等领域奋力开展科研攻关，人们也更加深刻地体会到科学发展在保障生命安全和民生福祉中的重要地位。事实上，随着新一轮的科技革命和产业革新的蓬勃兴起，世界主要发达国家普遍强化基础研究战略部署，在激烈的国际竞争面前，在单边主义、保护主义上升的大背景下，提升原始创新能力的关键性和迫切性愈发显现。为提升科技创新策源能力，我国已经布局建设了北京怀柔、上海张江、安徽合肥和广东深圳四大综合性国家科学中心，在建设过程中均以科学城为核心承载区。同时，我国不少城市对于科学城这一科技创新策源地和新兴城市发展空间载体的探索和实践方兴未艾，建设“科学城”成为当今中国科技创新和城市建设的新热点。下面笔者就给大家介绍一下国内外科学城的发展现状吧。

一、 科学城概念

科学城是以提升原始创新能力为核心，集聚高端科研基础设施、多元创

新主体和创新服务等创新要素，涵盖基础研究、应用研究、产业共性关键技术创新、新产业新业态培育等功能，具有数字化形态、高端人才宜居的重要创新载体。

全球最早的科学城雏形是 20 世纪 50 年代美国的斯坦福研究园和苏联新西伯利亚科学城。我国科学城建设起步于 20 世纪 80 年代，更准确的称呼应该是“科技城”，以应用研究为主，为了实现技术与产业的融合，带动区域经济发展。随着科学城不断演进，产城融合的推进力度加大，科学城内部功能布局更趋于合理化。比较科学城和科技城可以发现，虽然两者均具有城市综合服务功能，但科学城更加注重提升创新策源能力，以基础科学研究为核心任务，发展更加依托于大科学装置、高校及科研院所、国家(重点)实验室等前端科学研究力量。一些高科技园区的发展战略要求发生变化或是具备科学要素后，开始努力“升级”为科学城，例如北京“未来科技城”更名为“未来科学城”，“张江高科技园区”在 2017 年升级成为“张江科学城”。

二、 国外知名科学城情况

(一) 美国硅谷

1. 基本概况

美国硅谷位于旧金山经圣克拉拉至圣何塞的一条狭长地带，总面积约 3 800平方千米，是美国西海岸的小型城市群。硅谷核心地带约 800 平方千米，居住人口突破 300 万，是世界上最活跃的创新创业聚集区。自 1965 年以来，美国成立的一百家最大的高科技公司中，有三分之一在硅谷落脚。目前，硅谷已形成了以微电子产业为主导，信息技术、新能源、生物医学等产业共同发展的高新技术产业集群。

2. 主要特征

以市场化机制为导向，产学研紧密合作。硅谷拥有斯坦福大学、加州大学伯克利分校和加州理工学院等多所知名的研究型高校，是输送高科技人才的“源头活水”。1951 年，斯坦福大学创立了斯坦福研究园，依托风投对创新公司进行孵化，设置“战斗基金”招引、留住“明星”教授，出台众多鼓励教授、学生创新创业的保障政策。硅谷超过 6 成的企业创办人源于斯坦福，现在由斯坦福师生和校友所创办运营的公司产值已达硅谷总产值一半以上。硅谷拥有上万家科创企业，其中上市公司 283 家，市值超过 100 亿美元的企业占比约为 21%。硅谷大量的创新研究依托企业实验室或研究中心，在市场驱动下，时代触觉极为敏锐，有效实现了“研发—生产—盈利—再研发”的正向循环。

创新要素资源整合力强，创新产业生态健康。硅谷是美国最密集的投资聚集区，风险投资始于 20 世纪 70 年代初，充裕的资金支持对大中小型公司创新创业起到了全方位的保障作用。斯坦福大学附近的沙丘路仅 5.6 英里长，却密布着 300 多家风投机构，吸引的风投资金占美国风投总量的 1/3。硅谷的专业服务产业链完整，创新生态成熟，汇聚了大量大型律师事务所、会计事务所、人力资源服务机构、技术转移服务机构、管理信息咨询服务机构和企业加速器等。

空间增长与产业更替同步，形成多核心空间模式，为区域内部营造了良性的竞争氛围。从 20 世纪 50 年代起，半导体产业围绕斯坦福大学发展，多数公司主要集中在中南部小城市。50—80 年代，随着集成电路、个人电脑行业的发展，大量企业沿硅谷南北轴线布局。80 年代至今，生物医药产业在硅谷北部的小城市群兴起，融入产业网络，逐渐形成了北至圣马特奥南至圣何塞的小城市延绵区域。这些小城市形成了许多发展核心，在地区内部营造了合作—竞争的良性氛围，不断促进人才流动、互相激发创意，保持自我更新迭代的生命力。

宜人的气候和优美的生态环境，是吸引人才和企业的强磁场。硅谷属温带海洋性气候，全年平均温度 13—24 ℃，全年日照 300 多天。户外运动场所和休闲空间丰富，区域内拥有 4 个州立公园、22 个县立公园等大型生态空间，海岸线美丽绵长，主要城市生态绿地 40%以上。在帕罗奥图的旧城区，还能体验安逸的老式郊区生活。

(二) 日本筑波科学城

1. 基本概况

筑波科学城位于东京东北约 60 千米处，总面积 284.07 平方千米，现有人口约 20 万，其中从事科学研究的总人数达 2.2 万人。汇集了日本 30%的科研机构、50%的政府科研投入，拥有 6 个诺贝尔物理学、化学奖得主。筑波是日本最大的科学中心、知识中心、高等教育与科研基地，是日本在先进科学技术方面向美国等挑战的重要国家谋略。

2. 主要特征

政府主导，法律保障和政策优惠力度大。筑波科学城由国家直接管理、日本首相直接负责。政府主导了从设计规划、选址审批到投资建设等方方面面，投入巨大财力，购买了大量的城市建设土地，出台了众多优惠政策。最为突出的一点是，日本政府还专门为科学城的发展制定了法律法规，如《筑波研究学园城市建设法》《筑波研究学园城市建设计划大纲》《高技术工业聚集地区开发促进法》等。

以“五位一体”模式构建创新创业服务生态系统。一是国家从战略规划、专项经费等方面提供诸多支持；二是地方政府制订地方创业扶持计划；三是龙头科技服务机构对风险企业对孵化和培育进行重点投入；四是社会组织——筑波全球创新推进机构（TGI），系统推进科学城高精尖成果产业化，搭建包括项目筛选、基础研究、中试、标准研制、产业孵化等各环节的孵化链条；五是创新创业服务生态系统的主导——大学和大院大所，是基础研究和原始创新之源，也是为大企业高端研发服务的供应方、协同创新平台的发起者，还是风险企业的主要孵化主体，设置有专门的产学研技术转移机构和创业孵化机构。

除此之外，苏联新西伯利亚科学城、法国萨克雷科学城、韩国大德科学城、英国苏格兰科学城等这些国外具有标杆性的先进科学城，都是值得深入“复盘”的典型案例。

三、 国内科学城情况

科学城承载着基础研究和原始创新的历史使命，是国家提升综合竞争力的关键。纵观全国科学城的建设情况，笔者认为大致分为两类。

第一类：战略地位高、发展较成熟的科学城。目前主要是北京的中关村科学城和上海的张江科学城。

（一）中关村科学城

1. 基本概况

中关村科学城早期位于海淀区知春路、学院路、中关村大街一带，总面积约75平方千米，现已拓展至海淀区全域，是中关村国家自主创新示范区核心区的核心，也是全国科技创新中心的核心区，主要承担打造科技创新出发地、原始创新策源地和自主创新主阵地的使命职责。

2. 主要特征

创新研发资源集聚。汇聚了北大、清华、人大等27所国家重点高等院校，中科院等30多家研究所，107个国家工程技术研究中心和国家级重点实验室。截至2018年年底，人才总量达140万人，占北京市的1/4；其中两院院士605人，占全国的36.27%，北京市的78.27%。汤森路透发布的“2017全球最具影响力科学家”中，北京入选的69人全部来自中关村科学城，占全国的30.4%。

创新产出高效。2018年，中关村科学城科技对经济增长的贡献率超过70%，高于北京10个百分点；人均GDP大约为18.6万元/人，是北京的1.3倍；第三产业增加值占GDP比重达89.86%，高技术制造业增加值占工业增加值比重达71.2%。2019年，发明专利授权量2.7万件，占北京市的50.4%；万人发明专利拥有量405.3件，是北京市的3.1倍，是全国平均水平的30.5倍。

“高精尖”产业领跑。中关村科学城拥有百度、联想、京东、小米、新浪等国家级高新技术企业超10 448家，约占北京的40%；拥有字节跳动、滴滴、旷视科技等独角兽企业40家，估值约占北京的60%。2019年，高新技术企业总收入超过2.6万亿元，年增长10%以上。

“创新生态雨林”不断升级。创新范式正在加速向共生式创新转变，孵化了小米、百度等平台经济企业。中关村科学城在人工智能、电子信息、轨道交通、集成电路设计、生物医药、智能制造等领域初步构建了一个以企业为主体的技术创新体系。拥有中关村海华信息技术前沿研究院、北京石墨烯研究院、碳基集成电路研究院、全球健康药物研发中心等新型研发平台，有效打通了产学研和资本的全链条通道，实现“原始创新”与“成果转化、技术应用”两手抓。现已构建起包括众创空间、孵化器、大学科技园、周边产业集聚区等多梯度创新空间，例如国家级众创空间93家(占北京55%)。拥有红杉资本、IDG资本等全球顶尖风险投资机构，Plug & Play、Trendline、微软创投等全球知名孵化器。出台“创新发展十六条”“京校十条”“京科九条”“人工智能十五条”“智能网联汽车十五条”等一揽子政策“组合拳”，形成政策创新池。

(二) 张江科学城

1. 基本概况

2017年，上海市政府正式批复《张江科学城建设规划》，张江科学城在原张江高科技园区基础上拓展，总面积约95平方千米。《上海市推进科技创新中心建设条例(草案)》进一步明确了依托张江综合性国家科学中心核心载体和张江国家自主创新示范区核心园的功能，把张江科学城建设成为科学特征明显、科技要素集聚、环境人文生态、充满创新活力的世界一流科学城。

2. 主要特征

创新要素高度集聚。张江科学城有国家、市、区级研发机构 561 家，包括上海光源、国家蛋白质设施、上海超算中心、张江药谷公共服务平台等，有上海科技大学、中医药大学、中科院高等研究院、复旦张江国际创新中心、上海交大张江科学园等近 20 家高校和科研院所。集聚大科学装置 8 个，重点实验室 13 家，工程技术研究中心 39 家，企业技术中心 74 家。汇聚科技兴人才约 38 万，集聚诺贝尔奖获得者、海外院士、中国两院院士、经认定的海外高层次人才等 450 余人。

创新生态相对丰富。张江科学城现有孵化器 86 家，拥有 5 大创新创业孵化集聚区，强生 JLAB、MIT 等国际孵化加速平台相继落户，Intel、ABB 等机构共同组建张江国际孵化创新联盟，SAP、强生等世界 500 强企业建设创新孵化中心或与本土孵化器联建。集聚银行 20 多家、科技支行 4 家、创业投资机构 150 余家，上海股权托管交易中心也设立在张江。中国(浦东)知识产权保护中心、中国合格评定国家认可委员会上海服务平台落地张江。率先试点药品和医疗器械上市许可人制度，试点集成电路全程保税监管；成立上海科创中心海关，设立全国首个移民事务服务中心。

产业集群竞争力较强。张江科学城以集成电路、生物医药、人工智能为主导产业，以上海集成电路设计产业园、张江创新药基地、张江医疗器械基地、张江总部园、张江细胞产业园区、张江人工智能岛、机器人谷等推进建设。张江科学城是我国集成电路产业最集中、产业链最完整、综合技术水平最高的区域，拥有国内芯片制造、设计水平最高的龙头企业。生物医药方面，张江形成了“四校、一所、三院、40 多个中心、近百个公共服务平台”和 600 余家创新型企业组成的研发创新产业集群。张江科学城人工智能产业以人工智能岛为示范，2018 年已汇聚国内外顶尖技术企业 90 多家，约占全市 1/4。

汇聚了一批高科技领军型企业。张江科学城汇聚企业 2.2 万家，其中跨国公司地区总部 50 家、高新技术企业 1 000 余家、上市企业 50 家。崛起了中芯国际、华虹宏力、紫光展锐、中微、上微等集成电路领军企业，以及君实生物、复旦张江、嘉和生物、华领医药、微创等行业龙头企业。

第二类：正在积极建设或规划中的科学城。主要有北京怀柔科学城、合肥滨湖科学城、深圳光明科学城、北京未来科学城、广州科学城、西部(重庆)科学城、西部(成都)科学城、松山湖科学城等。

表1 第二类科学城——重点城市科学城建设情况

城市	名称	规划面积(平方千米)	目标	定位	产业
北京	怀柔科学城	100.9	尖端创新引领的世界知名科学中心，绿色创新引领的协同发展示范区，生态文明引领的宜居城市典范。 到2035年建成世界一流的重大科技基础设施集群和国家实验室集群，涌现出一批重大原创性科学成果和国际顶尖水平的科学家，产出一批基础性、前瞻性、交叉性、融通性、颠覆性的创新研究成果。 到2050年，全面建成与国家战略需求相匹配的世界级原始创新承载区和引领世界科学方向的科学高地。	北京建设具有全球影响力的科技创新中心的核心支撑，引领全球科学发现和重大前沿技术突破的新引擎，与国家战略需要相匹配的世界级原始创新承载区。	新材料 生药医药 节能环保
北京	未来科学城	170.6	到2020年，初步形成创新要素聚集、创新活力初显的局面，初步建成绿色宜业、功能完善的城市载体。 到2025年，建成具有活力的创新之城。 到2035年，建成全球领先的技术创新高地。	成为具有世界一流水准、引领我国应用科技发展方向、代表我国相关产业应用研究技术最高水平的人才创新创业基地，成为中国乃至世界创新人才最密集、创新活动最活跃、创新成果最丰富的区域之一。	先进能源 先进制造 医药健康
合肥	滨湖科学城	491	打造高质量发展新高地，聚力建设具有国际竞争力的高端战略性新兴产业、先进制造业、现代服务业、现代农业“四个产业群”；打造成综合服务核心——以省级政务中心为主体，集聚科创、金融、商务、会展、文旅等资源要素。	是合肥综合性国家科学中心核心载体；是合肥市主城区的重要组成部分，是合肥市发挥“一带一路”、长江经济带双节点城市功能的主要平台，还是合肥市打造“具有国际影响力的创新之都”的示范窗口。	先进制造业 现代服务业 现代农业 高端战略性新兴产业
深圳	光明科学城	170.6	到2020年，初步形成创新要素聚集、创新活力初显的局面，初步建成绿色宜业、功能完善的城市载体。 到2025年，建成具有活力的创新之城。 到2035年，建成全球领先的技术创新高地。	成为具有世界一流水准、引领我国应用科技发展方向、代表我国相关产业应用研究技术最高水平的人才创新创业基地，成为中国乃至世界创新人才最密集、创新活动最活跃、创新成果最丰富的区域之一。	先进能源 先进制造 医药健康
广州	广州科学城	144.65	到2023年，打造粤港澳大湾区国际科技创新新中心重要引擎，打造国家制造业高质量发展引领区，打造与国际规则衔接的营商环境最佳实验地，打造服务“一带一路”倡议的重要支撑区。	建设成为具有国际影响力的“中国智造中心”。	新一代信息技术 人工智能 生物医药

续表

城市	名称	规划面积(平方千米)	目　标	定　位	产　业
重庆	重庆科学城	1 198	到2035年，建设具有全国影响力的科技创新中心核心区，引领区域创新发展的综合性国家科学中心，推动成渝地区双城经济圈建设的高质量发展新引擎，连接全球创新网络的改革开放先行区，人与自然和谐共生的高品质生活宜居区。	科学之城、创新高地。	新一代信息技术 大健康 高技术服务
成都	成都科学城	361.6	到2025年，将初步建成具有全国影响力的科学城。 到2035年，基本建成具有国际影响力的科学城。 到2050年，全面建成全球一流的科学城。	建设全国重要的创新驱动动力源、全国重要的高质量发展增长极、全国一流的高端创新要素集聚地、全国领先的创新创业生态典范区。	信息网络 生物医药 军民融合 国际合作 创意设计 科学研究及应用转化
东莞	松山湖科学城	90.5	逐步成为具有全球影响力的创新人才集聚地，打造具有全球影响力的科学人文宜居地，打造未来范式的科学家园，打造文化建设新中心和新高地。	重大原始创新策源地、中试验证和成果转化基地、粤港澳合作创新共同体、体制机制创新综合试验区。	新一代信息技术 集成电路 高端装备制造 新材料 新能源 人工智能 生物医药

结束语

当今世界正面临百年未有之大变局，中国的科技发展道路已经从引入发达国家的先进技术为主，转向更多地依靠自主创新。在这样的大时代背景下，我国的科学城也应运而生。面向未来，科学城的建设和发展是我国建设社会主义现代化国家和科技强国的关键支撑。但科学城是一种有着极高功能和形态要求的城市建设行为，涉及科学、技术、产业、城市、社会、生态等综合领域，要真正建设高水平的科学城，必须要坚持规划引领，有十年磨一剑的战略耐心和坚定毅力，绝不能指望一蹴而就，更不能各地一哄而上。

作者：熊晓琪
指导：杨宏伟

参考文献：

①《习近平：在北京主持召开科学家座谈会并发表重要讲话》，人民网，2020 年月 11 日，http://politics.people.com.cn/n1/2020/0911/c1024-31858740.html。

② 董旭、孙婷：《国外科学城的建设模式研究》，2019（第十四届）城市发展与规划大会论文集，2019 年 8 月 27 日。

③ 陈鑫、沈高洁、杜凤姣：《基于科技创新视角的美国硅谷地区空间布局与规划管控研究》，《上海城市规划》2015 年第 2 期。

④ 孙艳艳、张红、张敏：《日本筑波科学城创新生态系统构建模式研究》，《现代日本经济》2020 年第 3 期。

⑤ 白素霞：《中关村科学城对北京建设全国科技创新中心的贡献研究》，《中国经贸导刊》2019 年第 19 期。

⑥ 唐坚：《张江科学城打造创新策源地助力上海国际科创中心建设》，《现代经济信息》2020 年第 4 期。

“十四五”期间上海强化科技创新策源功能的主要突破口

2020年是上海建成全球科创中心基本框架的“交卷之年”。进入“十四五”，上海科创中心将从搭框架向提功能转变。2019年11月，习近平总书记在上海考察时强调：“上海要强化科技创新策源功能，努力实现科学新发现、技术新发明、产业新方向、发展新理念从无到有的跨越，成为科学规律的第一发现者、技术发明的第一创造者、创新产业的第一开拓者、创新理念的第一实践者，形成一批基础研究和应用基础研究的原创性成果，突破一批卡脖子的关键核心技术。”

“四个第一”是新时期中央对上海全球科创中心建设的新要求，也是“十四五”期间上海科创中心建设的指导方针、奋斗目标。我们围绕研究型大学、大科学设施、高科技企业、研发经费投入等创新策源的核心要素和重要突破口，通过国内外比较分析，研判上海在全球所处的坐标方位以及面临的瓶颈问题，并提出相应的发展建议。

一、 全力建设世界一流大学、一流学科

大学是现代科学的发源地，是培养科技人才的摇篮，正如斯坦福大学、加利福尼亚大学伯克利分校之于硅谷，哈佛大学、麻省理工学院之于波士顿，清华大学、北京大学之于中关村，很多世界级创新策源地本身就是围绕大学而形成。以斯坦福为例，该校每年吸引着全世界最优秀的学生前来学习深造，先后产生了众多诺贝尔奖、图灵奖、菲尔兹奖得主。

在QS、THE、ARWU等权威机构发布的世界大学排名中，前50名欧美国家大学占了绝大多数，前10名基本被美国和英国垄断。不可否认，复旦大学、交通大学、同济大学等上海的头部大学，近年来世界排名都取得了很大进步，但距离世界一流乃至顶级大学还有很大差距。

一流大学建设的关键是要有一批世界一流学科，从 ARWU 学科排名来看，2019 年上海的高校共有 10 个学科进入世界排名前十，其中，上海交大的船舶与海洋工程、同济大学的土木工程位列第一，上海交大和复旦大学的生物医学工程分列第二、第三位。在数学、物理等基础科学领域，上海还没有大学能够进入前五十；在计算机、化学、控制科学等领域，复旦大学、上海交大等排名也都在二十名开外。

缺少世界一流大学和一流学科，一个最直接的负面影响就是，长期以来上海最好的几所大学的本科毕业生，有相当大的比例都选择到国外一流大学深造。2018 年复旦、上海交大的本科毕业生出国(境)留学人数分别为 823 人和 924 人，分别占当年本科毕业人数的 36.95%和 26.32%，留学去向主要是欧美国家世界排名前 30 位的大学，这些出国留学的学生往往都是尖子生中的尖子生。

上海要建设全球科创中心，成为创新策源地，大学的作用不可或缺，未来要建设 1—2 所世界排名前列的研究型大学(目标前 20)，培育一批世界排名前十的学科。建议“十四五”期间，上海各高校要以学科建设为抓手，巩固优势学科的领先地位，重点打造一批全球领先的学科，吸引国内外最优秀的科研人才；同时，围绕上海全球科创中心建设的重点领域，引进世界级的学科带头人，尤其是华裔科学家，大力培育一批新的优势学科，并积极打通产学研关键环节。

二、加快推动大科学设施从建好向用好转变

作为支撑基础科学前沿研究和多学科交叉研究的公共平台，大科学设施是国家创新体系的重要环节，其建设和运行管理水平直接体现了基础科学研究水平的高低。通过大科学设施建设，发起大科学计划，设立国家实验室，集聚全球顶尖科学家，开展前沿科学研究，是欧美国家经常采取的做法，也形成了一批享誉全球的国家实验室。

目前上海已建成上海光源、蛋白质研究中心、上海超算中心、天马望远镜等一批大科学装置，已建和在建的大科学装置数量全国领先，以上海光源为代表的部分大科学装置在全球也属于领先水平。上海光源是世界上性能最好的第三代中能同步辐射光源，也是目前国内用户最多的大科学装置，产生了一批具有世界影响力的重大科研成果。

但总体来看,上海在大科学设施运行管理方面的经验还不足,目前还没有依托大科学设施设立的国家实验室(张江实验室尚未正式落定),也缺少能够领衔大科学计划、大科学设施的科技领军人才,这将成为制约大科学设施建设成败的关键性因素。从欧美国家的经验来看,大学在大科学实施运行过程中发挥着重要作用,国家实验室大都是依托研究型大学的专业院所设立,将国家战略研究与大学学科建设紧密结合起来,大量的诺贝尔奖获得者就是从这些研究型大学的国家实验室走出来的,正因为如此,这些研究型大学往往更能够吸引全世界优秀科研人才,从而形成良性循环。

随着新的一批大科学设施建成并投入使用,上海也将进入从建好大科学设施到用好大科学设施的阶段。建议"十四五"期间,上海要依托大科学设施前瞻谋划设立一批国家实验室或高端新型研究机构,既可以依托中科院设立,也要充分发挥在沪高校的作用,探索依托大学院所运行国家实验室;通过多方面的考察评估,从全球范围遴选顶尖科学家(尤其是华裔科学家)作为国家实验室或高端新型研究机构的带头人;作为上海可能落地的第一个国家实验室,张江实验室一定要朝着做成全球标杆的方向努力,实验室的科学带头人必须是顶级科学家,具有强大的科研资源和人才整合能力。

三、 重点培育产业链关键环节的高科技企业

上海是我国先进制造业的重要承载区,在集成电路、生物医药、高端装备等领域形成了产业集群优势,但关键领域的"卡脖子"技术问题突出。这点在芯片领域表现得尤为明显,尽管上海已经形成了芯片设计、制造、设备以及材料等全产业链条,但产业链各环节都还没有达到世界领先水平,生产芯片的关键设备和材料等都严重依赖进口。

上海面临的关键"卡脖子"技术问题,背后折射出来的是高科技企业不足以及竞争力不强等问题。企业是科技与产业融合最重要的推动力量,尤其科技龙头企业往往集聚了大量的科学家、顶尖创新人才,华为、谷歌、微软等科技巨头都有庞大的研究机构,而且引进了大量全球顶级科学家。根据对全球最具影响力的 2 000 名 AI 学者研究表明,高引学者数量排名前十的研究机构中,高校和企业数量分别为 6 家和 4 家,其中,谷歌和微软分别以 168 位和 87 位高居排行榜前两位。任正非曾公开表示,华为至少有 700 名数学家、800 多名物理学家、120 多名化学家、六七千名基础研究的专家。但上海还没有出现这

种世界级的科技龙头企业。

除了缺少世界级科技龙头企业，上海在科技企业总体发展情况不尽如人意。截至2018年年底，上海拥有国家高新技术企业不到1万家，同期深圳接近1.5万家，北京则是超过2万家，是上海的两倍有余。在德勤中国发布的第十五届“2019年中国高科技高成长50强”中，上海有5家企业上榜，低于北京的12家和深圳的6家。欧盟委员会发布的《2018年欧盟工业研发投资排名》，对全球46个国家和地区的2 500家公司在2017—2018年度的研发投入情况进行了汇总，我国有11家企业进入百强，其中，北京4家，深圳3家，上海没有企业入围。再以PCT国际申请量为例，我国有8家企业跻身全球前五十，其中华为排名全球第一，但上海没有企业入围。

“十四五”期间，上海要围绕蓝天梦、中国芯、创新药、智能造、未来车等新兴产业领域，重点培育一批国家高新技术企业，着力培育1—2家与华为、英特尔、台积电等比肩的世界级科技龙头企业；实施国有企业与中小科技企业的“伙伴计划”，放开应用场景，鼓励新技术、新业态发展；支持企业加大研发投入，出台更有力度的研发支持政策，并进一步完善知识产权保护；通过金融与科技的结合，集聚巨量资本吸引全世界最尖端的人才，攻克最前沿的技术，从而引领世界科技产业发展趋势。

四、加大研发经费，尤其是基础研究经费投入

研发是整个创新活动的起点，研发经费投入的规模以及强度，在很大程度上决定着创新成果乃至科技实力。根据国家统计局的数据，2019年我国研发经费投入21 737亿元，是仅次于美国的全球第二研发投入大国，研发投入强度（研发经费投入占GDP比重）约2.2%，与发达国家和地区相比还有一定差距。

上海的研发投入金额并不算低，在国内城市中仅次于北京，研发投入强度也已经达到发达国家水平，但低于北京和深圳。2019年上海研发投入1 500亿元，研发投入强度为3.9%；同期北京的研发投入1 870亿元，研发强度高达5.3%；而深圳在高校、科研院所明显少于上海的情况下，凭借高科技企业的大量研发投入，2018年全社会研发投入也已经超过1 000亿元，研发投入强度达到4.2%。

在研发经费结构中，基础研究投入更能体现对科学研究和创新策源的投入力度，这也是自主创新重要的基础推动力。2018年上海的基础研究经费为

102.6 亿元，占研发经费比重为 7.7%（全国平均水平为 5.7%）；同期北京的基础研究经费为 277.8 亿元，占研发经费比重达到 14.8%，占全国基础研究经费总量的比重达 25%左右。从发达国家基础研究投入占比情况来看，2017 年英国、美国、韩国、日本、以色列基础研究投入占比分别为 18.1%、17.0%、14.5%、13.1%、11.3%，均在 10%以上，上海在这方面还有较大差距。

一直以企业技术创新为主导的深圳，近年来对基础研究的重视程度和投入力度也在不断加码，如引进中山大学深圳分校和中国科学院深圳理工大学，成立了 10 个诺贝尔奖实验室和 13 个基础研究机构。2019 年深圳基础研究投入也已超过 40 亿元，而且自 2018 年起，深圳每年将安排不少于 30%的财政科技专项经费用于基础研究。深圳在基础研究领域的布局和投入力度，彰显了其打造世界级科技创新中心的决心。

目前阶段，我们在研发投入规模上取得了一些优势，但与发达国家城市几百年的研发投入积淀相比，上海还有很长的路要走。一方面，研发投入还要继续加强，研发投入的历史欠账要逐渐补上，同时研发投入的方向要更精准，效率也要提高。另一方面，要重视基础研究投入，在保持研发投入稳步增长的基础上，还要进一步提高基础研究投入占比（十四五末争取达到 10%），提高财政科技专项中基础研究经费的比例，确保基础科研工作有序开展。

本文作者：芮晔平、蒋英杰、朱加乐、刘梦琳

参考文献：

① 钱飞鸣、王海荣：《诺奖实验室深圳大集结　目前已建起 11 家》，搜狐网，2020 年 6 月 15 日，https://www.sohu.com/a/401933607_626425。

②《2021QS 世界大学排名发布：中国大学排名再创历史新高》，搜狐网，2020 年 6 月 10 日，https://www.sohu.com/a/400936730_100085703。

③《大数据解析|上海 985 + 211 高校毕业生都去哪儿了？哪些高校深造率高?》，搜狐网，2019 年 8 月 6 日，https://www.sohu.com/a/331911325_283935。

④《任正非：华为至少有 700 名数学家，800 多名物理学家，120 多名化学家》，虎嗅网，2019 年 5 月 21 日，https://www.huxiu.com/。

⑤《全球榜|2018 全球工业研发投资百强榜发布，中国 11 家企业入榜、华为排名第……》，搜狐网，2018 年 12 月 23 日，https://www.sohu.com/a/283996393_807311。

上海科技创新中心实现新突破需要回答好三个大问题

2014年习近平总书记要求上海“加快向具有全球影响力的科技创新中心进军”以来，上海科创中心建设扎实推进，取得了明显成效。但上海不能满足已有的成绩，相反要更加清醒地认识到，上海科创中心建设还存在经济效益不高、科技产业“两张皮”、体制机制改革“玻璃门”等带有根本性的问题。同时，随着外部国际环境发生重大变化，以美国为首的发达国家实施科技封锁对上海科创中心建设的负面影响不容小觑。破解这些瓶颈问题和挑战，成为上海科创中心建设的当务之急。

在2020年5月份召开的“2019浦江创新论坛”上，上海市委书记李强强调：面向未来，上海要坚定不移走中国特色自主创新道路，全方位、多层次、宽领域加强国际科技创新合作，努力成为全球学术新思想、科学新发现、技术新发明、产业新方向重要策源地。然而，上海要真正实现“全球创新策源地”的这个宏大目标，不能只在战术层面去研究，而是要回归科创中心的本源，回归上海建设科创中心的初心和使命，在战略层面进行再思考、再定位。上海需要在五年建设的基础上，在新的时代背景下，重新回答“科技创新中心是什么、中央为什么要上海建设科创中心、上海建设科创中心关键要做什么”这三个大问题。把这三个大问题回答好，“十四五”期间上海科创中心建设才有望取得新一轮重大战略突破。

一、 科技创新中心是什么？

科技创新中心不是一个严谨的学术概念，也不是国际通行叫法，对于如何理解科技创新中心一直没有明确说法。上海目前对科创中心“是什么”有两派主流看法：

一派意见认为，科技就是技术，科技创新中心就是技术创新中心。持这派意见的主要是市场派人士和企业家。

另一派意见认为，科技是科学 + 技术，科创中心是“科学研究中心 + 技术创新中心”。持这派意见的主要是科学家和学者。

比较尴尬的是，不论用哪派意见的标准来衡量，上海科创中心建设都不乐观。用“技术创新中心”的观点来看，上海过去几年科创中心建设的效果不如深圳，甚至被杭州超过；用“科学研究中心 + 技术创新中心”的观点来看，上海科学研究中心离北京差距很大，技术创新中心离深圳差距很远，前景也不美好。

从过去几年上海科创中心的奋斗目标和建设路径来看，基本是按照第二派意见推进的，而且更加侧重在科学端发力，试图以重大科学设施落地和全球高层次科学家集聚来体现上海科创中心的集中度和显示度。这背后有深刻的原因：**第一个原因是政府在科学研究领域资源动员和配置能力很强**，尽管也要突破不少现行的体制机制瓶颈，但总的来说政府在提升科学研究能力方面可以有所作为，比从企业端发力见效较快。**第二个原因是上海在企业技术创新方面难以发力**，按照增加值估算，上海经济结构中央企占 25%，地方国企占 25%，国企的第一目标是保值增值，而创新的风险意味着创新与保值增值有矛盾；上海外资企业占 25%，外企对技术进步具有明显提升效果，但技术进步与科技创新是两回事，落户上海的外企作为跨国公司的功能单元，即使是外资的研发中心，也只是存在一些溢出效应，整体与上海创新体系融合度不高；上海民营企业仅占 25%，能够获取的资金、人才、土地等资源还远不到 25%，还有不少民企是郊区“富农工程”的产物，都是正在不断淘汰和转移的“三高一低”传统产业。因此，即使上海想从企业技术创新入手，也让人感觉无从下手。

那么是不是说，科技创新中心就是科学研究 + 技术创新中心呢？笔者认为，“科学研究 + 技术创新中心”肯定比“技术创新中心”的理解更全面，但仍然是局限在科技领域本身来理解科技创新，没有能从更高一个层面或者说经济社会大系统来俯视科技创新，也就没有能全面把握习近平总书记所说的“科技创新中心”的战略内涵。

其实，党的十九大报告已经给出了这个问题的答案。十九大报告清晰地告诉我们：第一，我国经济已由高速增长阶段转向高质量发展阶段，这个阶段建设现代化经济体系是我国发展的战略目标；第二，建设现代化经济体系，必须把发展经济的着力点放在实体经济上；第三，创新是引领发展的第一动力，是建设现代化经济体系的战略支撑。概括成一句话来说就是，“科技创新是实体经济发展的第一动力”。

由此可以知道,中央要求上海建设的科技创新中心是大有深意、有明确战略意图的。上海科创中心是支撑我国实体经济发展、建设国家现代化经济体系的创新中心,无论是科学研究还是技术创新,最终都要围绕支撑实体经济、围绕建设现代产业体系来创新。

二、国家为什么要上海建设科技创新中心?

首先,要用科技创新保障国家安全。我国目前仍有不少“卡脖子”关键技术没有掌握,中美“5G之战”表明,在国家竞争甚至战争中,“卡脖子”关键技术真的会卡住一个国家的脖子,从而决定胜负生死。因此,中央下了最大决心,要通过自主创新突破“卡脖子”问题,以科技创新实现科技安全,以科技安全保障军事安全、经济安全、网络安全。可以说,科技已经成为中国未来三十年能否成功建成现代化强国、中华民族能否实现伟大复兴的关键胜负手,不容有失,一定要自主可控,绝不能受制于人。

其次,要用科技创新驱动经济高质量发展。我国经济体量稳居世界第二,如果不出意外,未来十年内中国GDP将超越美国成为世界第一。然而,维持这个世界第一面临两个关键挑战:第一是按照传统粗放型增长,我国资源环境难以承载,中华民族无法永续发展,何谈民族伟大复兴;第二是产业链高端环节在于人手,我们处于打工者和被支配地位,何谈现代化强国。要突破这两个关键挑战,唯一的路径就是通过科技创新切换发展路径。

第三,通过科技创新站在全球时代最前沿。历史已经用极其惨痛的方式告诉了中国人一个道理,近代中国的衰落沉沦一个重要原因就是远离了科技和产业革命,错过了人类社会发展的大趋势。当前新一轮科技革命和产业变革正在向纵深发展,与中国现代化强国建设和中华民族复兴形成历史性交汇,中国绝不能再错失机遇,必须紧跟世界潮流,站在全球科技最前沿。要想站在全球科技最前沿,不可能靠“买买买”来实现,只能靠科技创新,首先要坚持开放创新,而对于别人不给的关键技术,就靠自主创新。

从国家战略意图出发,我们就可以深刻体会习近平总书记要上海建设的科创中心,既不是像深圳、杭州那样的以终端消费品和互联网新模式为主的企业技术创新中心,也不是一个科学研究中心与企业技术创新中心的简单加总,而应该是一个担负国家战略使命,服务实体经济和推动高质量发展,科学、技术和产业牢牢有机结合的创新中心。

在深刻理解国家战略意图后，就可以比较全面的回答一下第一个“是什么”的问题。上海科创中心应该是：以推动上海和长三角经济高质量发展为核心目标，以现代化产业体系为载体依托，以世界最前沿科学理论的先进技术应用为明显标志，以关键技术、核心技术、新兴技术为主攻方向，科学、技术、产业“三位一体”的全球产业科技创新策源地。

三、 上海建设科技创新中心关键要做什么？

当前，从国家到地方都在开展“十四五”规划前期思路研究，那么“十四五”期间，上海科创中心建设的突破口和着力点在哪里？我们认为，“十四五”上海科创中心建设最关键的就是要找到和抓住这个五年里的主线。过去几年，上海科创中心初步搭建了“四梁八柱”，但“四梁八柱”只是结构，上海科创中心建设需要一个灵魂、一条主线。“十四五”乃至更长一个阶段，这条主线就是：一切都要围绕产业创新。既要防止过早偏向科学理论的超越阶段的做法，也要防止仅强调企业技术创新的片面认识。“十四五”时期上海科创中心建设包括的基础研究、科学设施布局、高校学科调整、科技专项计划、体制机制改革，等等，都应该围绕提升产业创新能力的主线来推进。

这里说的产业不是仅指上海的产业体系，而是指长三角的产业体系，因为仅仅上海的产业体系是无法承载全球科技创新中心的战略使命的。只有建成长三角世界级城市群，才能实现建设上海全球科技创新中心这一战略目标。

推动产业创新，上海要打破传统产业结构分类和所有制结构分类的限制，以新的战略思维重新对产业进行划分，确立上海和长三角要重点发展的战略产业、支柱产业、新兴产业，并按照每类产业各自的发展规律，分类推进科技和产业的融合发展。

一是不计代价突破集成电路等战略产业“卡脖子”关键技术。要拿出发展“两弹一星”的气魄，积极向国家请战，集全国之力，聚全国乃至全球集成电路高端人才，不计代价，“饱和攻击”，建设全球集成电路产业科技中心城市，布局集成电路重大科技基础设施，率先推广使用自主产品。当集成电路关键技术和核心装备突破之时，也是上海奠定全球未来产业科技制高点地位之日。

二是以自主开发核心技术推动支柱产业高质量发展。瞄准生物医药、大飞机、海洋工程装备、钢铁、石化、高端装备、汽车、软件、清洁能源、节能环保等长三角支柱产业和主导产业，整合激活长三角主体科研力量，强化应用基础研究和技术科学研究，布局服务产业的科技基础设施，产学研联合，扎扎实实开发产业链中尚未掌握的核心技术，与长三角共同打造一批世界级产业集群。

三是以市场之手为主推动新兴产业蓬勃发展。针对人工智能、大数据、物联网、生命健康等新兴产业和未来产业，政府主要营造良好的创新创业氛围，提供公共研发平台和公共科技服务，充分发挥市场配置资源的决定性作用，更多鼓励社会资源自主投入，支持社会化新型研发机构发展，鼓励风险投资加大投入，为创新创业企业和风险资本提供足够强大的吸引力。

只有想清楚了"是什么""为什么"和"做什么"三个大问题，只有在支撑实体经济、聚焦产业创新上下功夫，"十四五"期间上海科创中心才能在现有框架基础上实现功能突破，才能支撑上海建设卓越的全球城市，才能引领长三角走向世界级城市群。

作者：杨宏伟

参考文献：

① 叶松亭：《2019 浦江创新论坛今天开幕，李强以"三个更加开放"谈上海科技创新》，《新民晚报》2019 年 5 月 25 日。

② 穆荣平：《健全国家创新体系》，中国科学院官网，2018 年 7 月 8 日，http://www.cas.cn/zjs/201807/t20180709_4657429.shtml。

关于上海民营科技型企业发展的若干思考

在我国国民经济结构中，无论是经济规模、税收贡献、科技竞争力，民营经济都已成为当之无愧的主角。国家发展改革委的数据显示，截至 2017 年年底，我国民营企业数量已超过 2 700 万家，个体工商户超过 6 500 万户，民营经济占 GDP 的比重超过 60%。此外，我国 65%的专利、75%以上的技术创新、80%以上的新产品开发，都是民营企业完成的。在以互联网为代表的新兴科技产业领域，民营企业已成为行业发展的领军者、国际竞争的主力军。

上海经济素以国企、外企、民企“三分天下”著称，尤其是国有企业和外资企业，分别在中华人民共和国成立后、改革开放后这两段时期，对上海乃至中国经济的现代化进程起着至关重要的作用，至今为止，国有企业和外资企业在上海经济影响力方面，都还是明显要强于民营企业。在分析上海与深圳在民营经济发展方面的差距时，很多人都会归结为上海国企、外企过于强势，挤占了民企发展的空间，政府的政策资源也向国企和外企倾斜，对民企的重视程度不够。这种说法有一定道理，但仅停留于此，无益于解决问题。笔者认为，形成这种局面的深层次原因在于上海城市功能定位以及产业发展所处阶段，但形势也在发生重大转变，这就需要我们重新来认识未来民营经济在上海经济格局中的作用乃至定位。

一、上海城市功能定位发生重大转变：由四个中心转向五个中心，科技创新中心是牛鼻子

自 20 世纪 90 年代初以来，上海坚持“四个中心”功能定位，继深圳经济特区之后，创造了浦东开发开放的奇迹。在此期间，尽管民营企业也获得大量发展空间，但真正起主导作用的还是外资企业和国有企业。外资企业带来技术、资本、市场以及管理上的先进理念；国有企业负责动员并整合社会资源，在金融、贸易、航运等领域，在产业园区开发建设方面，国资国企都是当仁不让的领导者；在汽

车、电子信息等很多重点产业领域，国资与外资还形成了紧密的合作关系。

进一步分析我们不难发现，上海"四个中心"所涉及的经济、金融、航运、贸易这四个领域，其实非常适合国有企业和外资企业发展。首先，金融、航运、贸易等领域已有成熟的技术和运作模式，对科技创新、自主创新的要求不算高，但对开放政策和资金投入的要求比较高，因此上海本就相对强大的国有企业，很容易就在其中找到发挥的空间。其次，当时在制造业领域，外资企业拥有压倒性的技术竞争优势，上海作为重要的开放窗口，大力引进外资企业也是最明智的选择。

2008 年国际金融危机以来，世界经贸格局发生重大变化，我国正式进入创新驱动、转型发展的新阶段，中央赋予上海建设具有全球影响力的科技创新中心城市的新使命。在高科技、高风险的前沿技术产业领域方面，国有企业有着天然的缺陷，外资企业则靠不住，在核心技术领域我们经常是被外资企业"卡脖子"，民营企业尽管也面临各种压力和困难，但深圳在高科技民营企业发展方面已经为我们指明了方向。2018 年全国民营企业五百强，上海有 18 家企业上榜，均为房地产、金融、商贸物流、综合投资类企业，难觅科技型企业身影。深圳入围的 26 家企业中，不仅有华为、比亚迪（因注册地等原因，腾讯未纳入统计范围）等享誉全球的科技型企业，还有不少高端制造、供应链管理的企业。

在这里我想重点阐述一下，为什么国有企业在引领未来科技产业发展方面难以担负旗手的重任。首先，卓越的创新企业需要集聚世界级的科技和管理人才，要么支付高额薪水，要么给予股权激励，这在国企现有的体制下是很难办到的；其次，创新具有高风险、高回报的特征，越是前沿新兴领域的创新这个特征越明显，而国有企业发展策略则是保值增值；其三，与传统产业领域不同，创新企业时刻面临市场的风云变幻，需要有高效的决策，显然大部分国企也做不到。

二、民营经济创新动力发生重大转变：由商业模式、激励机制等创新，逐步转向技术创新

我国民营经济发展历史可大致分为三段：第一阶段，改革开放前后，主要是弥补国有经济的空白，或者与低效的地方国有经济竞争；第二阶段，20 世纪 90 年代以来，随着全球产业转移，外企、国企充当资源整合者，民企则是为外企、国企提供加工或配套服务，在此过程中，一批民营企业通过技术积累脱颖而出；第三阶段，新世纪以来，以电子商务为代表的互联网产业爆发，依托国内庞大的消费市场以及便捷的物流体系，快速崛起一批以 BAT 为代表的互联网

企业。在互联网及延伸领域，民营企业在国内几乎占据了统治地位，并成为我国参与全球竞争的关键力量。

在上述发展阶段，民营企业充分利用其在决策机制、激励机制、商业模式等方面的灵活性及创新性，实现快速积累乃至赶超。但随着越来越多的行业领域接近国际水平，技术获取或突破的难度越来越大，很多企业正进入或接近"无人区"，这对企业自主创新能力提出了更高的要求。但好在经过改革开放40多年的风雨洗礼，我国民营企业在资本、技术、人才、市场、管理等各方面的能力都取得了突破性进展，部分企业已达到国际先进水平，少数企业已成为全球领军企业。华为的异军突起充分表明，我国民营企业有能力站到世界之巅，这对全国的民营企业家和后来创新创业者将形成巨大的精神感召和示范引领作用。

因此，未来上海面临的不是要不要发展民营经济的问题，而是必须要发展好，要拿出支持国有企业、外资企业发展的劲头，来支持民营企业，尤其是民营科技型企业发展。

三、几点建议

上海发展民营经济，要充分依托并挖掘自身的优势。一方面，把长板充分拔高，利用科技创新中心、国际金融中心等主场优势，支持民营经济发展；另一方面，要把原本看似竞争关系或不利因素，变成共赢关系和有利因素，将国企、外企、民企拧成一股绳，共同推动建设上海全球科创中心。

聚焦科创中心战略，围绕未来产业和前沿技术领域，支持民营科技型企业发展。建设全球科创中心是新时代中央赋予上海的最重要的战略使命，科创中心不仅要有科学实施、科研成果，还要有将科研成果快速有效进行技术转换以及产业化应用的能力，在实现技术—产业化—市场的过程中，科技型企业发挥着不可或缺的关键性作用。

美国、日本、以色列等创新强国，都有为数众多的全球领先的科技型企业；中国深圳、北京也是科技型企业非常集中和活跃的城市，因此也成为创新的高地。俄罗斯则是另一种景象，尽管其大学、科研机构仍然具备很强的科研能力，但由于缺少技术转化和产业化应用的载体和渠道，尤其是缺少活跃的科技型企业，大量的成果都被捂在实验室。随着"一带一路"倡议实施以及中俄合作不断深入，近年来越来越多的俄罗斯科研人员、技术成果与我国科技型企业产学研合作，实现技术成果转化。尽管上海科创中心是服务全国、面向全球的，但也要避免成为俄罗斯式的创新，而支持科技型企业尤其是民营科技型企业发展，是上海打通科学、技术、产业等创新全产业链的关键力量。

具体看，上海民营科技型企业发展大致有以下几类模式：

一是引领未来技术和产业方向的引擎企业。这类企业培育的难度非常大，但国内也不乏此类案例，如华为、大疆、阿里等。上海在大科学设施、高校科研院等领域有近水楼台之利，再叠加市场、资金等优势，还是有可能培育诞生这类企业的。

二是细分领域的"专精特新"企业。近年来，长三角制造业转型升级趋势非常明显，上海更是走在前列，由此带动或催生了一大批细分领域的高精尖科技型企业，这些企业大部分时间都"默默无闻"，但却是国家制造业能力提升不可或缺的力量。

三是"两头在沪"的科技型民营企业。国内很多民营企业发展到一定阶段，出于对技术、人才、品牌、市场等各方面的考虑，都会在上海设立地区总部或研发平台，这种情况在长三角的民营企业中非常普遍。

推动国有企业打造更开放的产业链，为民营科技型企业发展提供参与空间。国有企业尽管创新能力、探险意识相对不足，但上海国有企业大部分都处于行业资源整合者或最终产品提供者的地位，在其上游集聚了众多的零部件或技术服务供应商，其中不乏民营企业。比如航空航天领域，很多科技型中小企业都会把上海作为首选地，因为这里距离市场需求最近。在其他很多领域也存在这种情况，这其实是上海非常明显的优势，但要充分用好。建议上海的央企、国企对上游供应链的企业更加开放，要让那些技术水平、产品质量更好的民营企业获得更多参与和发展的机会。这样既有利于新加入者获得成长空间，也有利于激励现有产业体系中的企业加大创新力度，同时也让作为整合者的国企自身获得更大的竞争优势。

依托外资企业营造全球创新生态系统，为民营科技型企业发展创造良好的环境。在可预见的相当长的时期内，以美日欧为代表的发达国家在前沿科技和先进产业领域都还将占据重要甚至主导地位。上海建设全球科技创新中心，是要集聚来自全世界的科学家、工程师、企业家共同打造，因此不论形势如何变化，外资企业对上海都是非常重要的经济形态。尽管从以往经验看，跨国公司在华研发中心的直接溢出效应有限，真正的核心技术、关键专利成果难以在我国落地，但跨国公司在产业链带动、人才培养以及创新生态打造等方面的作用不可忽视。

随着内资企业技术水平不断提升，跨国公司在华研发投入也在不断增强，研发中心、创新中心的能级不断提升。2016 年英特尔在张江设立开放式机器人创新平台，从技术创新、市场加速、专业运营等全方位支持国内机器人创新企业发展；2017 年强生在张江设立北美外首个 JLABS，能容纳近 50 家生命科学与医疗健康领域创新实体。在人工智能领域，国内外龙头企业几乎都在上海设立了研发中心、孵化器等创新平台，这为吸引国内外创新创业者奠定了重要基础，也为民营科技型企业孵化与成长创造了良好环境。

统筹金融、行业协会、专业服务机构等多方资源，营造更高效便利的融资环境。上海是国际金融中心，但长期以来，在对中小科技型企业融资支持方面，其实缺少真正有效的手段，设立"科创板"固然是重大的突破，也能够带动风险投资的活跃，但毕竟是杯水车薪，更多的民营企业还是得依赖间接融资渠道。但银行与企业存在信息不对称的问题，加上中小微民营企业高死亡率，将信贷风险进一步抬升，银行对中小微民营企业贷款非常谨慎。这在全国乃至全世界都是个难题，但上海有条件可以做得更好，其中的关键在于让银行以较低的成本获得企业更全面的信息。

上海在营造更高效便利的融资环境方面有几件事情可以做：首先，通过全市大数据信息平台全面归集企业以及企业家的信息，经授权后免费向银行开放，加上央行征信平台的信息，让银行获得更充分的信息来源。其次，支持行业协会牵头，探索由银行、行业协会及行业专家等共同建立科技型企业信贷评价体系，利用行业评价标准辅助信贷决策。再次，要让企业各类有形或无形资产，能够充分流动起来，比如建立完善企业资产评估和交易市场，培育壮大企业资产评估专业机构，支持发展处置破产企业包括专利技术等各类资产的专业市场和平台。

作者：芮晔平

参考文献：

① 李楠桦、仝宗莉：《截至 2017 年民营企业超 2 700 万家　民营经济占 GDP 比重超 60%》，人民网—财经频道，2018 年 9 月 6 日，http://finance.people.com.cn/n1/2018/0906/c1004-30276612.html。

② 中商产业研究院：《2018 年中国民营企业 500 强排行榜》，中商情报网，2018 年 8 月 29 日，https://top.askci.com/news/20180829/1522191130395.shtml。

上海应下决心打造支撑科技创新中心建设的新型研发机构体系

在全球新一轮科技产业革命兴起和我国建设科技强国的大背景下，我国经济系统和科技体系正在发生"突变型"演化。众多龙头企业、创新型企业以及一批创新型城市纷纷突破全球产业价值链低端环节，迈向产业价值链中高端环节，甚至成为全球产业链的领导者和掌控者。随着国内产业创新链和区域创新网络的加快形成，迫切需要科技管理体制和研发组织形式的创新。新型研发机构的兴起，顺应了全球科技产业革命浪潮，符合我国建设科技强国要求，成为推动我国实施创新驱动战略的一支"生力军"。

一、新型研发机构是我国科技创新的新生力量

我国科技创新体系中包括企业、大学、研究院所、科技中介服务等主体。其中，研究院所主要是两类，一类是面向国家任务的传统研发机构，一类是面向市场需求的新型研发机构。

广东是新型研发机构起步最早的省份，1996 年 12 月，清华大学和深圳市政府合作建立深圳清华大学研究院，揭开了全国新型研发机构建设的序幕。2000 年以来，以中国科学院深圳先进技术研究院、广州中国科学院工业技术研究院等为代表的"事业单位"身份的新型研发机构，以及深圳华大基因研究院、深圳光启高等理工研究院为代表的"民非"或企业性质的新型研发机构大量建立，截至 2018 年底，广东经过认定的省级新型研发机构已经超过 200 家。

2005 年以后，新型研发机构在全国快速发展，并出现了江苏产业技术研究院、清华大学长三角研究院、陕西工业技术研究院、北京生命科学研究所等一批具有代表性的新型研发机构。经过二十余年的发展，新型研发机构已经成为我国科技创新体系的一支有生力量。

我国新型研发机构的主要来源有四个：一是传统研发机构中分化出来的

机构，如中国科学院深圳先进技术研究院等；二是地方政府主导新设立的，如江苏省产业技术研究院等；三是传统科研院所转制而来，如上海电器科学研究院（所）等；四是社会力量新设立的，如深圳光启研究院等。

2016 年中共中央、国务院印发的《国家创新驱动发展战略纲要》和国务院印发的《“十三五”国家科技创新规划》都明确提出“发展面向市场的新型研发机构”，在国家层面肯定了新型研发机构对我国科技创新的重要贡献。2018 年李克强总理在政府工作报告中指出，过去 5 年我国“以企业为主体加强技术创新体系建设，涌现一批具有国际竞争力的创新型企业和新型研发机构”，这是国家层面第一次将新型研发机构与企业并列纳入技术创新体系。

二、新型研发机构“新”在哪里？

欧美等发达国家并无新型研发机构的说法。新型研发机构是中国特有的一个现象，是我国科研体系在从计划经济向市场经济转型过程中的一个创新探索，也是解决我国长期以来“科技、产业两张皮”、促进科技“面向经济主战场”的一种积极探索。

所谓新型研发机构，是指有别于我国传统的体制内研发机构，主要以产业和市场需求为导向，有效贯通应用基础研究、技术开发、产品开发和生产工艺设计的技术研发组织。新型研发机构与传统研发机构相比，其“新型”主要体现在以下几方面：

一是功能定位新。传统体制内研发机构更多是开展“纵向科研”，新型研发机构则主要面向产业和企业，开展“横向课题”，以经济利益作为发展的主要驱动力，是市场配置科技资源的重要体现。新型研发机构的绩效考核更注重市场，一般对于发表学术论文、承担纵向课题等不作要求。

二是管理体制新。传统体制内研发机构主要靠财政拨款，管理体制上条条框框的约束很多，新型研发机构自己养自己，管理体制非常灵活。即使有一些新型研发机构是从传统研发机构内部分离出来的，一般也都是名义上的事业单位，属于“无编制、无级别、无拨款”的“三无”管理体制，相对于正规的事业单位管理体制要灵活很多。

三是业务模式新。传统体制内研发机构主要业务就是研究，想开拓其他业务模式往往受到各种限制。新型研发机构的业务模式比较多元，一方面研究是新型研发机构的立身之本，但更侧重应用基础研究和行业特定技术研究；

同时，新型研发机构以市场需求与经济价值为导向，有实力的新型研发机构一般都会延伸出技术转化、企业孵化、风险投资等多元业务。

实践证明，并非所有的新型研发机构都会成功。成功的新型研发机构必须有三个先决条件：**一是平台要高，二是团队要强，三是机制要活**。

所谓平台要高，就是指这个平台要高起点组建，搭建者要有很强的社会影响力和公信力，如由中国科学院、清华大学发起；或者由政府牵头搭台和背书，如江苏省政府组建的江苏省产业技术研究院。

所谓团队要强，就是指机构内不但要有顶级的科研明星和技术专家牵头，还要有具有企业家精神和团队管理能力的人负责运营，这两类人是新型研发机构的灵魂。

所谓机制要活，就是指机构的管理体制和运行机制一定要灵活，千万不能出现事业单位或者国有企业的一套管理体制和考核机制，否则团队的积极性无法发挥。具备了这三个先决条件，新型研发机构一般就可以实现快速发展，并为地方带来极强的科技创新动力和社会溢出效应。

三、 上海新型研发机构的发展现状与问题

在新型研发机构的培育和发展方面，上海明显滞后于广东、江苏等省，这已经成为制约上海具有全球影响力的科技创新中心建设的一个明显短板。上海也清醒地看到了这个问题，将建立一批研发与转化功能型平台作为上海科创中心建设的“四梁八柱”之一，出台了一批实施意见和管理办法，努力打造上海版的新型研发机构。但总体来看，上海新型研发机构发展存在一些瓶颈问题。

一是新型研发机构数量不足。上海的研发机构总体呈现传统研发机构多而强、新型研发机构少而弱的发展格局。上海体制内的科研院所、大学数量较多，实力比较雄厚，其中部分机构在面向产业、面向市场的科技成果研发转化方面有一定成效，但总体而言，仍属于传统研发机构的补充业务。而上海真正的新型研发机构数量则屈指可数，完全不能与广东200多家的规模相比。

二是功能型平台的功能显示度不足。政府牵头推动组建的18个研发与转化功能型平台，作为上海版的新型研发机构被寄予厚望，但从建设进度和发展水平看，与各方的期望差距较大。尽管已经运行的第一批功能型平台取得

了不少值得肯定的成绩，但总体而言，这些平台中很难出现像清华大学深圳研究院、中科院深圳先进技术研究院、江苏省产业技术研究院等全国知名和领先的新型研发机构，难以撑起上海科创中心的战略定位。

三是新型研发机构的体制机制突破不足。广东、江苏等有代表性的新型研发机构都是花了很大心思在体制机制设计和创新上，而上海在建设功能型平台过程中对体制机制重视不足。比如，本市功能型平台都是按照企业注册成立，政府出资的资本金往往采取了由国企代持的方式，一些代持的国有企业甚至成为功能型平台的最大股东，随之而来的国资监管和保值增值要求，严重束缚了功能型平台的团队活力和创新创业激情。

四、“十四五”上海应在新型研发机构上实现重大突破

“十四五”时期将是上海优化提升科研机构体系的关键五年。在促进新型研发机构发展方面，上海应以体制机制突破为核心，以构建新型研发机构体系为方向，推动各类新型研发机构蓬勃发展，更好地为上海科创中心建设和长三角一体化发展服务。

一是打造上海版新型研发机构国家队。上海新型研发机构落后于广东、江苏等地，主要问题在于体制机制突破不足，上海要实现赶超，必须在体制机制上有更大视野、更大胸怀、更大突破。比如，兄弟省市的新型研发机构都是以市场为导向，要实现技术研发和经济效益的统一，但对于集成电路等事关国家战略、需要长期持续投入巨大资金、短期经济效益不明显的关键共性技术研发，一般性的新型研发机构都不会触碰。但上海肩负国家战略，要在突破“卡脖子”技术方面勇挑重担。因此，建议上海围绕集成电路、人工智能、生物医药等关键领域，打破思维定势，选取体制内若干高水平研究机构，在建设现代科研院所基础上，进一步进行全方位体制机制改革突破创新，集中力量打造2—3个十亿级、百亿级投入的新型研发机构，集聚全球顶尖产业科技人才，饱和火力突破一批“卡脖子”关键技术，打造新型研发机构的国家队。

二是支持传统研发机构大规模兴建新型研发机构。新型研发机构最大的来源是体制内的传统研发机构，比如广州中科院工业技术研究院、中科院深圳技术研究院都是来自中科院系统，清华大学深圳研究院、清华大学长三角研究院都是来自清华大学系统。上海传统研发机构力量雄厚，这些机构内部有大量具有市场意识、企业家精神的科研人员，可以学习中科院和清华大学的做

法，大力支持本市大学和科研院所孵化成立一批新型研发机构。同时，建议上海要秉持开放创新意识，为全国乃至全球的科研机构提供施展的舞台和空间，支持全国顶级科研机构、大学、创新企业、新型研发机构等创新主体来上海发起设立新型研发机构，形成海纳百川的新型研发机构大军。在体制机制的设计上，可以借鉴广东的先进经验，对于符合条件的高水平新型研发机构，可申请作为上海市登记设立的事业单位，不纳入机构编制管理，充分发挥事业单位平台品牌优势和市场化运作的体制机制优势。

三是继续做好现有研发与转化功能型平台的建设工作。研发与转化功能型平台是上海版的新型研发机构，前期经过深入调研、论证和方向凝练，大方向没有问题，目前进展效果不明显的主要原因在于发展时间短和一些体制机制制约。建议加大对功能型平台的支持力度，组织各相关部门统筹集成资源，积极推进建设资金、运行资金、平台遴选、方案评估等有关工作。基于现行分为建设资金和运行资金的资助方式，积极探索试点新型财政科技资金投入管理模式，对于国资控股的功能型平台建议创新国资监管方式，或者加快推动混合所有制改革，允许平台自主进行重大决策、股权投资变更等行为。继续加大对已运行功能型平台的支持力度，给予资金、空间场地、人才引进、医疗、子女就学等方面配套支持。

四是加快推动转制院所转型为新型研发机构。转制院所是上海一支重要的科研力量，目前大部分转制院所都是国有企业性质，市场化水平不高，激励机制不灵活，创新功能性发挥不足。上海转制院所是上海科创中心建设的一支重要力量，千万不能走回头路，再回到事业单位体制，而是要坚定不移推进混合所有制改革。建议上海全面启动转制院所的混合所有制改革，作为上海启动国有企业混改、支持民营经济发展的一个重要突破口，引入民营经济和管理层股权激励等多种方式，将转制院所的国有资本比重降低至50%以下，并统一由国资平台作为出资人。将混改后的转制院所直接认定为市级功能型平台，按照功能型平台的标准进行资助和绩效考核管理，以更好发挥这些转制院所的研发功能平台作用。

作者：杨宏伟

参考文献：

① 张家然：《“80后”代表刘若鹏：三次向深圳市领导解释创业点子》，澎湃新闻，2018

年 3 月 18 日，https://www.thepaper.cn/newsDetail_forward_2032748_1。

② 广东省委组织部人才工作处：《新型研发机构为广东再添创新生力军》，搜狐网，2019 年 7 月 19 日，https://www.sohu.com/a/327944775_100114158。

③ 王攀、程群：《"三无""四不像"的新型研发机构缘何成新宠?》，搜狐网，2016 年 6 月 12 日，https://www.sohu.com/a/82686514_387434。

④ 郭颖：《上海将建 18 个研发转化功能型平台》，《中国青年报》2018 年 1 月 19 日第 2 版。

第三章

推动高端产业大发展

工博会的前世今生:中国制造业的缩影与年轮

虽然目前疫情压力犹在,但在多方共同努力下,2020 年的中国国际工业博览会仍如期举行。这是疫情后首个国家级的工业展会,在全球经济普遍低迷和众多知名展会、体育盛会都因新冠疫情取消的背景下,我国工博会的正常开幕无疑为制造业注入了一针“强心剂”,也向世界释放出了一个强有力的信号。作为全球工业制造业顶级盛会之一的中国工博会,自 1999 年在上海举办了第一届以来(当时是上海工博会),到 2020 年已走过了 22 个年头。工博会就像是一场精彩绝伦的工业“时装秀”,来自全球各地的企业在这里争相亮出最新的技术成果。

一、 工博会的前世今生

1999 年第一届上海工博会开幕时,参展企业只有 400 多家,展览面积也仅有 1.5 万平方米。因为是出口导向型展会,参展商全部是国内本土企业,其中九成是上海的地方国企。而 20 多年后的今天,我国工博会已经可以和德国汉诺威工博会相媲美,超过 2600 家展商参展,展馆面积近 25 万平方米,同时举办高端论坛会议与精彩活动 50 余场,预计逾 18 万中外专业观众参观。可以看到,中国工博会在迅速发展壮大。

(一) 第一阶段(1999—2005):以出口为导向,展示我国制造业成果

工博会最早可追溯到 1991 年开办的上海华东进出口商品交易会,其主旨是促进纺织服装、工艺品出口。该交易会举办至第九届时,时任上海市领导决定在此基础上设立一个以工业品为主题的展览,以此促进本地机械、电气设备等机电产品的出口。于是,第一届上海工博会便于 1999 年举行,这便是中国国际工业博览会的前身。

一直到 2005 年,上海工博会参展企业都以本土企业为主,如第一届参展的 400 多家展商全部来自国内,且近九成都是上海本地国有企业;2001 年举办

第三届时,外商占比也不到5%。

(二) 第二阶段(2006—2012):通过国际合作,成为世界性工业展会

意识到不能只打国内牌后,组委会迅速调整办展思路,把目光转向国际。2006年,工博会开始与全球最大的工业类展览承办方——德国汉诺威公司——合作,首次引入了后者在中国的三场展会——工业自动化、机床和金属加工以及电力电工展,并在以后成为工博会颇具分量的专业子展。

这一年,上海国际工业博览会也正式更名为中国国际工业博览会,这意味着工博会从以展示上海技术成果为主向以从国家层面加强国际交流合作、承担国家战略为主转变,办展方针也开始更加注重"国际化""专业化"。官方数据显示,2006年参展商数量达到1 968家,其中境外展商有331家,占比升至16.82%,境外展商参展展位1 458个,占比31.2%。同时,本次展会也迎来了一批世界500强企业和行业领先企业首次参展,如菲尼克斯、川崎、三菱重工等世界著名企业。

从2006年到2012年,工博会紧紧围绕振兴制造业、提高科技水平这一主题,不断促成包括"蛟龙"号载人潜水器在内的多项具有国际影响力的科技成果前来参展。展会也在不断吸引越来越多的国际展商参加,到2012年,第14届工博会已有452家国际参展商参会,占所有参展商总数的27.43%,比2006年增加了150余家。

(三) 第三阶段(2013年至今):聚焦智能制造,打造全球领先的科技展会

2013年第十五届工博会的主题是"制造:数字与绿色",首次出现了"数字"一词,自此,数字化、智能制造便成为每年工博会的关键词。最能体现这一变化的就是2013年工博会首次单独设立工业机器人展,该子展原本一直集中在工业自动化单元里展出,后经展商建议,组委会决定为该主题单独设立展区,一开展便吸引了百余家境内外展商积极参加。

作为机器人"四大家族"之一的日本安川电机,曾评价工博会为"国内最有分量的工业机器人展览"。其时正值"机器人换人"热潮兴起之时,机器人展的规模也随着市场热情的高涨而扩容,从2016年开始,工业机器人展会面积便一直位列所有子展会的前三名。工博会也是我国工业机器人繁荣市场的缩影,截至2019年中国已连续六年成为全球最大的工业机器人应用市场,2016年到2018年,中国工业机器人年产量从7万多台套增加到14万多台套,年均增长超过40%。2017年工博会首次设置了新能源与智能网联汽车展,到2020年已是第四年设置这一单元。从数字化到智能互联,工博会正在向世界展示

中国制造业如何不断转型升级，赋能产业新发展。

二、工博会变迁趋势

(一) 战略性：与国家、上海重大发展战略密切对应

纵观工博会历届主题可以发现，展会往往紧扣当时的国家重大事件或发展战略。1999 年举办第一届上海工博会时，恰逢中华人民共和国成立 50 周年，因此组委会肩负了一项特殊的使命，即展现半个世纪以来上海在工业方面的成果。因此，上海电气、上海医药、上汽集团等知名老牌市属国企纷纷亮相展会，展示了上海在机械电气、交通运输、生物医药等领域的突出成就。

2005 年的第七届工博会则以科教兴国、科技创新为主旋律。站在“十五”计划的最后一年，工博会首次设置中科院“知识创新工程成果展”，科技部、中科院和各地高校带来了一大批科技创新的新成果，向国际国内观众展示我国在科教兴国战略重要方针指引下取得的喜人进步。

当国家提出发展战略性新兴产业时，工博会再一次紧跟时代潮流。在子展会设置方面，2009 年设置新能源展，2013 年设置新能源汽车展；在成果展示方面，上海外高桥造船有限公司展出的 3 000 米水深半潜式钻井平台“海洋石油 981”号，成为获得 2012 年工博会金奖的四个展品之一。这是当时世界上最先进的第六代超深水半潜式钻井平台，不仅反映出中国相关战略性新兴产业获得的最新进展，也对提升海洋工程装备的国际竞争力具有重要意义。

2015 年和 2016 年工博会则以“创新、智能、绿色”为主题，八大专业展会全面聚焦《中国制造 2025》重点发展领域，如节能与新能源汽车展展示了国内外整车与新能源客车；航空航天相关展区展示了中国航天科技集团公司研发的长征六号运载火箭相关成果。同时，聚焦上海科创中心建设，一大批专项成果也在此届工博会上亮相，如复旦大学展示了新型高性能四极质谱仪，这台仪器的研制成功对攻克国内四极质谱关键核心技术起到了关键作用；中国科学院上海天文台为参展观众介绍了可用来引领嫦娥登月的高精度 VLBI 技术，这一技术也荣获 2015 年工博会特别荣誉奖。

(二) 国际化：国际影响力日益提高，德日参展企业活跃

2006 年正式更名后的中国工博会开办时，境外展商仅有 300 多家。十几

年间，工博会对境外企业的吸引力明显提高，2015 年达到 665 家，比十年前增加了整整一倍。同时，每年都会有来自近十个国家或地区的政府机构、行业工会等组织团队参展。

在众多参展国家和地区中，日本和德国一直占据参展企业数量排行的前两位，2015 年之前日本位列第一，且占比是第二名德国的两倍左右；2015 年德国反超日本，并在近几年的工博会上一直占据第一位，但参展商数量和日本相差不大。中国台湾、美国、韩国和意大利位列其后。2016 年，工博会首设主宾国机制，加强和俄罗斯等周边国家的合作交流，2020 年工博会的创新科技馆还设立了"'一带一路'引领中俄创新合作新台阶"板块，更加凸显了我国在全球价值链的位势提升。

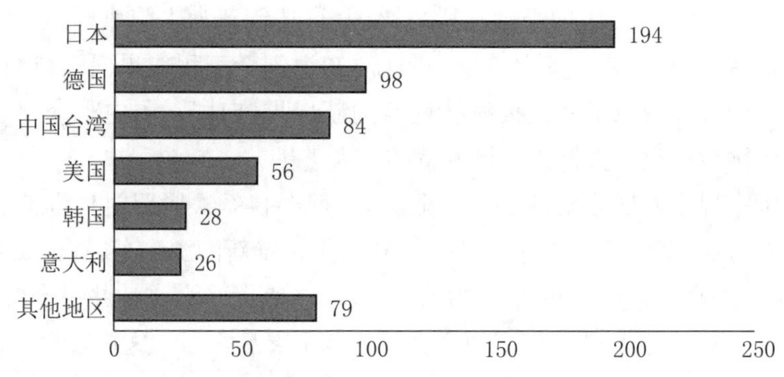

图 1　2010 年工博会境外参展商地区分布

数据来源：中国国际工业博览会官网。

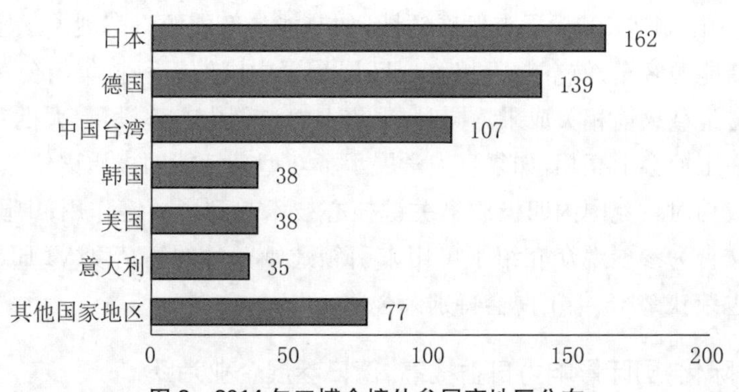

图 2　2014 年工博会境外参展商地区分布

数据来源：中国国际工业博览会官网。

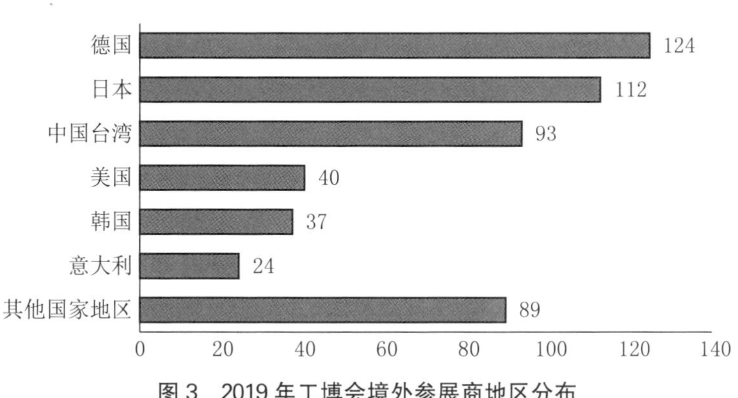

图 3　2019 年工博会境外参展商地区分布

数据来源：中国国际工业博览会官网。

(三) 智能化：自动化、数字化展览比重逐渐上升

数控机床与金属加工展和工业自动化展一直都是工博会的两大重点展会，无论是从展位数量还是展位面积来看，这两个专业展会连续多年位列前两名。同时，工业机器人展自 2013 年独立开设以来，地位也在不断上升，其规模已连续五届仅次于工业自动化展。

除了机器人展之外，2020 年工博会上尤其引人注意的是一块块屏幕，这是日本欧姆龙公司的“智能工厂”。在这样的工厂中，各式各样的通信零部件是由一条条智能化单元生产线生产出来的，极大地省去了人力成本。博世力士乐公司则带来自动化平台“ctrlX AUTOMATION”首次亮相中国，该平台被业界誉为自动化领域的“智能手机”，可让设备制造商的工作量减少 30%—50%。

(四) 高端化：首展首发展品数量不断创新高

早年间的工博会上，许多国际展商会把已经在汉诺威工博会上展出过的“新产品”拿到中国，而现在越来越多的企业更倾向于选择中国工博会作为产品首发平台。工博会承办主体单位、东浩兰生集团上海工业商务展览有限公司副总经理姚春瑜介绍，2020 年工博会有近 500 项新产品和新技术属于国内甚至全球首发，远超 2019 年 300 项的首发规模。这其中除了有国际展商带来的展品，更有很大一部分是国内自主研发的科技成果。如中科院上海微小卫星创新研究院参与研究的北斗卫星组网系统、中国航天科技集团参与研究的我国首个火星探测器“天问一号”等高科技展品纷纷亮相。

更有以中科院为首的高校代表团，如上海复旦大学、同济大学、上海中医药大学、北京工业大学等,携 2020 年新设的“院士专家创新成果展”参加展会,展示的多项技术为解决我国“卡脖子”技术发挥了重大作用。

(五) 智慧化:打造万物互联新生活

“智慧”也逐渐成为工博会的高频词语。在 2020 年的工博会上,中国电信以“智在见未来”为主题,提出了“智慧社区”“智慧家庭”的理念;全球最大企业管理和协同化商务解决方案供应商 SAP 公司展示了其制定的“智慧物流”方案;张江科学城则带领入驻园区的众多智慧医疗、智能机器人企业一齐亮相。

不仅亮相工博会的展品趋向智慧化,就连工博会本身也加入了越来越多的智慧元素。本届工博会首次开办“线上工博”,采用“线下为主、线上为辅”的会展新模式,通过 5G 直播、虚拟展厅等互联网新技术,全新打造工博会在线平台。这样的模式不仅实现了线上线下有机融合办展,而且集中展示出科技支撑疫情防控的上海答卷,为公众打造一个科技战“疫”风采展示的窗口、科技赋能经济发展的秀场、科技成果转化推广的舞台。

毫无疑问,工博会已经成为我国工业制造业领域面向世界的一个重要对话窗口和经贸往来平台。这一盛会不仅有力促进了我国与全球在技术、产品方面的交流交往交融,也已成为上海工业融入全球产业链的重要纽带。砥砺奋进二十余载,工博会正不断引领智能制造、万物互联新理念,引领全球产业技术发展新趋势。当前国际形势风云万变,我国正在加快推动形成以国内大循环为主体、国内国际双循环相互促进的新发展格局。工博会作为新技术新产品的国际化展示平台,不仅促进了全球技术交流和产业融合,更能在构建“双循环”新发展格局中发挥重要作用。未来工博会要更加凸显全球领先技术先发平台作用,重点支持国内首发技术和产品在工博会亮相,继续深化与欧日美等国家和地区的技术交流,尤其是要重点巩固与德国、日本等工业强国的学习合作,大力支持“一带一路”国家和地区参展,继续聚焦上海重点发展的三大产业、打造“上海制造、中国制造”品牌效应,营造良好开放的国际营商环境,吸引更多科技企业参展。

作者:刘梦琳

参考文献:

① 叶薇:《工博会今天开幕,首发新品创新高!》,搜狐网,2020 年 9 月 15 日,https://

www.sohu.com/a/418557207_120595532。

② 朱伟辉:《城事|工博会在沪开幕:首展首发近500项新品,为历年之最》,澎湃新闻,2020年9月15日,http://m.thepaper.cn/rss_newsDetail_9182573。

③《第21届中国国际工业博览会圆满落幕　2020年9月再相会》,每日经济,2019年10月21日,http://cn.dailyeconomic.com/roll/2019/10/21/84056.html。

④ 庄键、初彦墨:《工博会前世今生:见证中国制造发展轨迹》,制造业Discovery,2018年9月19日,https://mp.weixin.qq.com/s/nvADycH39YlvVt9qdvIOEA。

⑤ 李燕:《第18届工博会:践行国家战略　引领智能制造》,上海信息化,2016年第12期。

《新时期促进集成电路产业和软件产业高质量发展若干政策》的干货解读

2020年8月4日，国务院正式发布《新时期促进集成电路产业和软件产业高质量发展若干政策》(国发〔2020〕8号，以下简称8号文)，对新时期加快集成电路产业和软件产业高质量发展提出了一批重大支持政策。此前，在2000年，国务院印发《关于印发鼓励软件产业和集成电路产业发展若干政策的通知》(国发〔2000〕18号)，正式吹响了中国软件产业和集成电路产业发展的号角，此后中国软件产业和集成电路产业迎来发展的黄金十年。特别是中国软件业销售额从2000年的500亿元跃升到2015年的5万亿左右，增长了100倍。

十年之后的2011年，国务院印发《关于印发进一步鼓励软件产业和集成电路产业发展若干政策的通知》，针对我国软件产业和集成电路产业的短板和薄弱环节继续加大政策支持力度。

又一个十年之后，在当前特别复杂严峻的国际形势和国内经济环境背景下，国务院又一次针对软件产业和集成电路产业发布支持政策，特别是把集成电路产业摆在了软件产业之前，体现出中央对产业发展形势的最新判断。

一、财税政策体现全链条、全标段、全方位税收优惠

相对于2000年、2011年两份文件，8号文在财税优惠方面的覆盖范围明显扩大，税收减免力度也明显加大。

一是瞄准全链条。之前的财税优惠政策更多聚焦集成电路生产和软件开发企业，但由于集成电路产业发展需要上下游相关企业协同配合，所以此次8号文将税收优惠对象扩大至集成电路设计、装备、材料、封装、测试企业和软件企业(自获利年度起所得税“两免三减半”)，基本覆盖了集成电路的全产业链条。

二是覆盖全标段。8号文将享受税收优惠的企业工艺标准由2011年的线

宽小于 0.8 微米和小于 0.25 微米两档，调整为线宽小于 28 纳米、小于 65 纳米、小于 130 纳米三档，基本覆盖了我国当前主流工艺水平。其中，制程工艺越是先进的企业或项目受到政策扶持力度越大，线宽小于 28 纳米的首次给出了所得税“十年全免”；小于 65 纳米的享受“五免五减半”；小于 130 纳米的享受“两免三减半”。

三是优惠全方位。除了企业所得税优惠之外，8 号文还明确，继续实施集成电路企业和软件企业增值税优惠政策；对相关企业进口自用生产性原材料、消耗品，净化室内专用建筑材料、配套系统和集成电路生产设备零配件等，免征进口关税；在一定时期内，对集成电路重大项目进口新设备，准予分期缴纳进口环节增值税。

二、 投融资政策渠道更宽更丰富

集成电路产业是典型的资金密集型产业，有效的投融资支持对于集成电路产业发展至关重要。对比 2000、2011 年两次文件，8 号文中投融资政策重点丰富了间接融资手段、拓展了直接融资渠道，具体体现出四个亮点：

一是丰富贷款抵押手段。8 号文支持企业商业贷款的手段，从此前的知识产权质押，拓展到股权质押融资、应收账款质押融资、供应链金融、科技及知识产权保险等多种手段，相比 2011 年文件中提及的“健全知识产权质押登记制度，积极推动软件企业和集成电路企业利用知识产权等无形资产进行质押贷款”内容进行了扩充和细化。

二是创新金融产品。8 号文提出，鼓励商业性金融机构积极创新适合集成电路产业和软件产业发展的信贷产品，引导保险资金开展股权投资，支持银行理财公司、保险、信托等非银行金融机构发起设立专门性资管产品，相比 2011 年文件中提及的“创新信贷产品”，进一步丰富了支持产业融资的金融产品。

三是支持上市融资。8 号文提出，鼓励支持符合条件的企业在科创板、创业板上市融资。根据相关数据统计，截至科创板一周年的 7 月 22 日，科创板上市企业达 140 家，其中新一代信息技术类企业达 50 家，其中，计算机（软件开发、IT 服务）28 家、电子（半导体、光电子）22 家，7 家市值千亿的企业中半导体行业占 5 席、软件服务占 1 席，未来科创板有望迎来更多集成电路和软件企业的加速上市。

四是支持债券融资。8 号文也提出鼓励符合条件的集成电路企业和软件企业发行企业债券、公司债券、短期融资券和中期票据，拓展企业融资渠道，支持企业通过中长期债券等方式从债券市场筹集资金。后两个方面相比2011年文件中提及的“支持企业发行股票、债券等多种方式筹集资金”更加具体，这也与我国多层次资本市场体系与功能逐步完善紧密相关。

三、研究开发实行新型举国体制

与2000年、2011年两份文件相比，8号文突出强调了关键核心技术攻关新型举国体制，同时也强调了构建全链条覆盖的关键核心技术研发布局。

一方面，发挥关键核心技术攻关的新型举国体制作用。构建社会主义市场经济条件下关键核心技术攻关新型举国体制，这个说法首次提出是在党的十九届四中全会。而在具体的产业发展政策中明确提出，这也是首次。对于关键核心技术攻关举国体制，我们并不陌生，如两弹一星、北斗导航等国之重器，都是发挥举国体制进行关键核心技术攻关的典型成果。举国体制是强调国家在关键核心技术攻关方面的统筹协调作用，如文件中提出的利用国家重点研发计划、国家科技重大专项等予以支持，推动各类创新平台建设，支持相关创新平台实施研发项目等。关于社会主义市场经济条件下关键核心技术攻关新型举国体制，在这个提法中，有两个限定词，即“社会主义市场经济条件下，新型举国体制”。市场经济强调的是市场对资源配置的决定性作用，这意味着集成电路和软件开发企业将发挥主导作用，同时政府要发挥对创新资源的统筹协调作用，通过市场化运作方式，最终两者形成关键核心技术攻关的合力。

另一方面，加强全链条关键核心技术研发布局。根据新政策要求，关键核心技术研发领域涵盖芯片、装备、工艺、材料、设计工具、基础软件、工业软件以及应用软件等整个链条，同时对相关部门也提出了明确要求，责任落实到部委。

四、简化进口通关流程、加强出口金融支持力度

与2000年、2011年两份文件相比，8号文进一步简化了集成电路设计和软件企业进口设备和元器件等通关手续，同时对软件企业出口业务的金融支持范围和力度明显增强。

一方面，与之前出台的政策相比，新政策在通关便利化方面有了明显的提升。8号文提出，在一定时期内，国家鼓励的重点集成电路设计企业和软件企

业需要临时进口的自用设备(包括开发测试设备)、软硬件环境、样机及部件、元器件,符合规定的可办理暂时进境货物海关手续,其进口税收按照现行法规执行。这也就意味着,只要是国家鼓励的重点企业,符合规定的可办理暂时进境货物海关手续,不需要再经地市级商务主管部门确认,不需要提前预约通关服务和预约报检服务。

另一方面,新政策对业务范围没有做出限制性要求,对金融机构范围也没有限制。8 号文提出,对软件企业与国外资信等级较高的企业签订的软件出口合同,金融机构可按照独立审贷和风险可控的原则提供融资和保险支持。而之前出台的政策文件明确要求,对软件企业与国外资信等级较高的企业签订的软件出口合同,政策性金融机构可按照独立审贷和风险可控的原则,在批准的业务范围内提供融资和保险支持。不仅将金融机构的范围限制在政策性金融机构,而且要求在批准的业务范围内提供融资和保险支持。

五、 设置集成电路一级学科

8 号文提出,进一步加强高校集成电路和软件专业建设,加快推进集成电路一级学科设置工作,紧密结合产业发展需求及时调整课程设置、教学计划和教学方式,努力培养复合型、实用型的高水平人才。

目前,软件工程为国家一级学科,属于工科类,所包含的二级学科有软件工程理论与方法、软件工程技术、软件服务工程、领域软件工程。集成电路目前不是一级学科,而是属于电子科学与技术这个一级学科内。目前,电子科学与技术包括电路与系统、电磁场与微波技术、微电子与固体电子、物理电子四个二级学科,其问题在于,这个一级学科的范围非常庞大,进入这个学科的学生,什么都会学点又什么都不精通,学完了成绩再好在工作时都会感觉到高不成、低不就。将集成电路升级为一级学科的动议由来已久,这次在 8 号文中终于予以明确。7 月 30 日,国务院学位委员会会议投票通过集成电路专业将作为一级学科,并将从电子科学与技术一级学科中独立出来,拟设于新设的交叉学科门类下。该申请据悉已正式通过国务院审议,将“集成电路”专业正式定为国家一级学科。

设立集成电路一级学科,并在 8 号文中花了大篇幅对集成电路学科、课程设置、示范性微电子学院建设、培育产教融合型企业、引进国外师资等提出了明确要求,用国发文的规格单独对一个学科进行如此程度的关注,说明国家已经充分意识到从基础学科抓集成电路的重要性，以及建立好集成电路一级学科的决心。

另外，值得一提的是，8号文专门强调要加强行业自律，引导集成电路和软件人才合理有序流动，避免恶性竞争。这也是针对目前行业内人才恶性竞争的一个警示。不过人才自由流动是要素市场化改革的核心要义，有竞争才有进步，给人才定价主要是企业主体的市场化行为，是否属于恶性竞争很难确定，所以8号文也只是提醒一下，没有具体展开。

六、加强知识产权保护、严惩侵权、建立软件正版化机制

知识产权保护是行业发展生态的重要组成部分，加强知识产权保护，有利于企业或机构持续推动核心技术的研发，8号文再次强调了知识产权保护的重要性。文件提出，鼓励企业进行集成电路布图设计专有权、软件著作权登记。支持集成电路企业和软件企业依法申请知识产权，对符合有关规定的，可给予相关支持，大力发展集成电路和相关知识产权服务。未来我国集成电路和软件服务的知识产权保护环境将进一步优化。

七、强调以市场应用为牵引，加大对集成电路和软件创新产品的推广力度

8号文首次将“市场政策”更改为“市场应用政策”，内容由原来的支持服务外包、强调市场秩序、信息安全，拓展到市场应用的支持，强调市场应用对集成电路产业发展的牵引作用。具体来讲，政策亮点主要体现在两大方面：

一是推进集成电路产业和软件产业集聚发展。8号文提出，支持信息技术服务产业集群、集成电路产业集群建设，支持软件产业园区特色化、高端化发展。这对于全国各类信息服务集群、基地和软件产业园等是一个重要利好。

二是支持集成电路和软件产业专业服务发展。8号文提出，支持集成电路和软件领域的骨干企业、科研院所、高校等创新主体建设以专业化众创空间为代表的各类专业化创新服务机构，提供聚焦集成电路和软件领域的专业化服务，实现大中小企业融通发展。加大对服务于集成电路和软件产业的专业化众创空间、科技企业孵化器、大学科技园等专业化服务平台的支持力度，提升其专业化服务能力。同时，也提出推广集成电路质量评价和软件开发成本度

量规范，说明未来行业标准建设也将不断完善。

八、 首次单独强调国际合作政策

8 号文最后一个部分要求，积极为国际企业在华投资发展营造良好环境，鼓励国际企业在华建设研发中心，支持国内企业在境内外与国际企业开展合作，便利国内企业在境外共建研发中心，更好利用国际创新资源提升产业发展水平。并专门要求国家发展改革委、商务部等有关部门提高服务水平，为企业开展投资等合作营造良好环境。

与 2000 年和 2011 年的两个文件相比，这次 8 号文用一个部分来专门强调国际合作，这在当前的国际形势背景下，具有重要的风向标作用。近年来中美贸易战已经向科技战转移，近期华为、TikTok 等事件牵动国内国际的神经。8 号文在这样的大背景下，特别强调国际合作，就是要向国际国内释放一个明确信号，我们的集成电路和软件产业发展将坚定不移走开放合作的道路，而不是自我封闭，中国将继续为国际企业来华发展提供良好环境，中国也坚定不移继续支持中国企业走出去，与国际企业、大学、研究机构开展合作。

作者：杨宏伟、高平、丁国杰、芮晔平

参考文献：

① 刘九如、熊伟编：《创新力场：中关村软件园的发展探索》，电子工业出版社 2015 年版。

②《国务院关于印发新时期促进集成电路产业和软件产业高质量发展若干政策的通知》，中国政府网，2020 年 8 月 4 日，http://www.gov.cn/zhengce/content/2020-08/04/content_5532370.htm。

③《国务院关于印发进一步鼓励软件产业和集成电路产业发展若干政策的通知》，中国政府网，2011 年 2 月 9 日，http://www.gov.cn/zwgk/2011-02/09/content_1800432.htm。

④《国务院关于印发鼓励软件产业和集成电路产业发展若干政策的通知》，中华人民共和国商务部官网，2000 年 6 月 24 日，http://www.gov.cn/zhengce/content/2020-08/04/content_5532370.htm。

⑤《国务院学位委员会已投票通过设立“集成电路”一级学科》，搜狐网，2020 年 8 月 2 日，https://www.sohu.com/a/411056640_260616。

人工智能四城竞逐，京沪深杭谁主沉浮？

如果说信息化是第三次产业革命最显著的特征，那么智能化将是本轮产业革命最靓丽的标签。根据麦肯锡的预测，未来十年人工智能对全球 GDP 增长的贡献可与“工业革命”中蒸汽机等变革技术相媲美。加快发展新一代人工智能，是顺应全球新一轮科技革命和产业变革趋势、赢得发展主动权的优先战略选择，是服务国家创新驱动发展战略的优先布局方向。

北京、上海、深圳、杭州是中国创新经济规模最大、创新人才最为集中的城市，四城人工智能产业的发展水平最能代表中国人工智能产业的实力现状。让四城以统一标准“掰腕子、亮肌肉”，更能展现我国人工智能产业发展的现状成绩，也更能让上海认清自身所处的位次和差距，见贤思齐、迎头赶上。

一、 产业规模大比拼：北京一骑绝尘，深沪实力相近

（一）产业产值

就产业规模来看：据相关机构估计，截至 2019 年，北京、上海、深圳、杭州人工智能相关产业产值分别达到 1 700 亿、1 193 亿、1 330 亿、769 亿元①。北京人工智能产业规模可谓一骑绝尘；深圳人工智能产业规模也已超过上海，位列第二；而经济总量全国最大的上海，人工智能产业仅屈居第三；杭州人工智能产业规模相对较小，但近年杭州数字经济风生水起，更有互联网霸主阿里坐镇，实力不容小觑。上海正处于榜样渐远、追兵迫近的严峻境地。

（二）企业数量

北京 AI 企业有着质量高、数量多的巨大优势，截至 2018 年，人工智能企

① 数据来源：根据网络资料整理。

业达到 1 070 家，百强企业 51 家。不但有百度、京东、搜狗等互联网大型企业，还聚集了相当一批的独角兽企业，如字节跳动、寒武纪科技、旷视科技、汇医慧影、地平线机器人等。上海 AI 企业数量紧随北京，约为 1 000 家，百强企业 13 家。思岚科技、商汤科技依图科技、亮风台、智臻网络（小 i 机器人）等新兴企业正茁壮成长。“魔都”在人工智能引领的新产业浪潮中不再后知后觉。深圳 AI 企业约 700 家，百强企业 14 家，可谓群星闪耀。不但坐拥腾讯、华为、中兴、平安科技等我国人工智能领域的“巡洋舰”，还有大疆科技、优必选、碳云智能等在细分领域实力不俗的“小钢炮”。杭州在人工智能领域可谓是“高手云集”。有阿里、蚂蚁金服、海康威视、网易等在业界“开宗立派”的“泰山北斗”，也有软虹、同盾科技、九爱科技等“实力精进”的“行业新贵”。

二、产业能级大比拼：京深全产业链开花，沪杭深耕细分领域

（一）产业实力

北京人工智能产业最为综合，产业实力无出其右，既涵盖智能芯片设计、人工智能开发平台以及算法研发等底层技术领域；也涵盖智能运载、智能终端、智慧商业、智慧金融、智慧能源等多个细分行业。北京人工智能的龙头企业在为北京独占人工智能产业领域霸主地位立下了汗马功劳，主要分为三大类，一类为互联网巨头，偏向于人工智能的场景应用和基础平台开发，如百度的智慧交通和京东的智慧商业；一类则是人工智能硬件设计和制造领域的行业中坚，如寒武纪科技、中星微电子等；还有一类是专业型极强的大型国有企业，如国家电网公司，其在智能电网控制、AI 配电变压器、AI 智能算法、智能电力机器人等领域拼到了世界领先的地位。

上海人工智能产业实力不容小觑，产业领域则表现为两大特点：一是与本地高端产业深度融合。上海因缺乏传统互联网领域的行业巨头，人工智能头部企业多集中于细分领域。依托汽车、轨交、航运、医药等产业的雄厚基础在智能运载、智慧医疗、智能工业机器人等领域涌现一大批人工智能的单项冠军企业。比如在计算机视觉领域的依图科技，已将千万分之一误报下的人脸识别准确率提升到了 99%，接近理论极限的水平。二是上海在智能芯片、智能传感器的设计制造等“硬核”领域独领风骚。

深圳人工智能产业可谓是北京和上海的混合体。在人工智能底层技术的

部分细分领域可与世界最高水平竞争，如华为 2019 年推出的全球最快 AI 训练集群 Atlas 900，可广泛应用于如天文探索、气象预测、自动驾驶、石油勘探等领域。深圳在计算机与通信设备制造等产业领域基础雄厚，为优必选科技、勃肯特、优傲机器人等工业机器人企业提供了丰富的应用场景。此外，腾讯在智慧医疗、社交 AI、游戏 AI 等领域保持全国领先态势，华大基因、大疆科技在各自细分领域都是佼佼者。杭州人工智能产业则形成了由阿里系和浙大系双轮驱动的发展态势。阿里、蚂蚁金服、海康威视等在智慧商业、智慧金融和智慧安防领域形成行业领先优势。阿里更是志存高远，高标准成立达摩院，目前已研发成功全球最强的 AI 芯片——含光 800，在 ResNet-50 测试中，含光 800 推理性能比目前业界最好的 AI 芯片性能高 4 倍。此外，杭州在智慧城市领域独辟蹊径，利用阿里云 ET 技术，构建城市数据大脑，实现城市运行的生命体征感知、公共资源配置、宏观决策指挥、事件预测预警、"城市病"治理等多重功能，俨然形成了新型智慧城市建设的"杭州模式"。

（二）融资能力

就融资状况来看，2019 年成为我国人工智能资本环境冷与热的分水岭，整体融资数量和金额在下降，但资本却愿意给头部优质企业和重点城市企业更高的单笔融资额。就四城融资规模来看，北京 2018 年融资约 551 亿元，处于绝对优势地位，上海与深圳相当，分别约为 214 亿和 210 亿，杭州约 105 亿元，处于四城末位。2018 年和 2019 年单次融资规模超 10 亿的企业共 14 家，其中北京 8 家、深圳 3 家；杭州和上海未获一席。从投资行业上看，北京聚焦于企业服务、汽车交通、医疗健康和金融行业。上海主要处于打造易于落地的行业解决方案，推动产业应用阶段。深圳主要投入硬件设施、医疗健康、企业服务行业，其中的硬件主要包括机器人、飞行器、传感器等；医疗健康行业的融资方则主要为华大基因，集中在生物技术方面。同样，杭州企业服务行业的投资也占大多数，主要方面包括数据服务、IT 基础设施、B2D 开发者服务以及智能家居等领域。

三、科技实力比拼：北京人才专利遥遥领先，深圳科研产出效率最高

（一）人才集聚

人才是人工智能发展的创新动力源，对于推动人工智能产业技术突破和

创新应用起到决定性作用。据领英发布的《全球 AI 领域人才报告》显示，2017 年中国人工智能领域专业技术人才总数已超过 5 万人，且近 7 成聚集于北京、上海地区。2019 年延续这一趋势，北京达到 20 460 人，上海紧随其后有20 220 人，深圳与杭州分别为 6 420 人与 2 700 人。在领军人物的数量排名上，根据教育部人工智能科技创新专家组名单统计，以黄铁军、王海峰为代表的来自北京高校与企业的专家占到 9 席，上海占据 8 席，以吴朝晖、聂再清为代表的浙江占据 3 席，深圳仅有来自腾讯优图实验室贾佳亚博士一人在列。各地 AI 人才特点鲜明：北京与上海的人才来源不仅有当地高校的有力支撑，还借助区位优势与聚集效应吸引了大批海内外人才。例如杭州人工智能人才形成两大派系，阿里系与浙大系，来自企业和科研院所平台的人才数量双足并重；而深圳则以大量引入海内外专家为主，且多数受雇于企业。

（二）研发与专利

在研发投入方面，北京作为资本高度集中的地方，投入量巨大，AI 相关的投资频次达到 620 次，投资金额总量达 550 亿元；上海 AI 相关的投资频次达到 220 次，投资金额总量达 350 亿元，投资频次和投资金额仍和北京有一定差距；深圳投资频次达到 172 次，投资金额总量达 87 亿元；杭州投资频次为 88 次，投资金额总量为 25 亿元，相对第二梯队城市具有小幅优势。在人工智能专利授予量上，北京以 5 180 件遥遥领先，深圳、上海和杭州依次为 2 313 件、1 460件和 1 106 件，三城市专利数之和尚不及北京。北京与上海两地依托众多国家级科研院所和高校平台支撑，专利价值与竞争力出众。杭州主要依托浙江大学与阿里巴巴，而深圳则主要依托腾讯和华为等企业及新型研发机构。不过也应看到，上海在人工智能企业数量、人才数量与北京相当且远超深圳的情况下，专利数量竟难望北京、深圳项背，表明上海人工智能产业的含金量、企业及人才的产出效率还需进一步提升。

四、 政策支持大比拼：四城政策完善，力度旗鼓相当

人工智能作为未来产业所具备的巨大潜能，成为各城政策支持的“香饽饽”。

（一）政策系统性

北京、上海、深圳、杭州作为人工智能产业最发达的城市，离不开四城政府

的大力支持，截至目前，北京已经出台了《北京市加快科技创新培育人工智能产业的指导意见》(2017 年 12 月）等 8 部相关政策，上海、深圳、杭州也分别出台了 7 部政策，基本涵盖了科技创新扶持、产业平台建设、高端人才补贴、体制机制优化等各个方面，形成了较为完整的政策体系。

(二) 政策前瞻性

杭州作为我国数字经济的先锋城市，2012 年出台的《“十二五”信息化发展规划》中就有人工智能技术应用相关的内容。2017 年以来，是人工智能产业政策制定密集期。上海于 2017 年 11 月发布《关于本市推动新一代人工智能发展的实施意见》，在四城中最早出台以人工智能为主题的市级文件；北京紧随其后在同年 12 月出台类似文件。杭州在 2018 年 12 月出台了《杭州市人工智能产业发展规划(征求意见稿)》。深圳则在 2019 年 5 月，出台《深圳市新一代人工智能发展行动计划(2019—2023 年)》。可以看出，四城在政策前瞻性方面几乎都是前后脚，足见人工智能广受重视。

(三) 政策支持力度

在引进重点顶级企业上，各城可谓“煞费苦心”：智能机器人企业和研究机构在大兴—亦庄园建立区域总部和研发中心，北京将按照不超过投资总额 20%的比例，上限为 5 000 万元的资金补贴；深圳则对注册在当地、具备独立法人资格的从事机器人与智能装备、智能无人系统的企业和机构，给予最高4 500 万元资助资金。在支持企业创新创业上，各城也是“敢下血本”：杭州和上海均支持“创新券”的方式，鼓励企业使用大型科研设施。深圳和上海对于创新产品均享受首台套产品政策支持，最高达专项支持的 30%。在建设人工智能共性技术研发平台上，杭州的支持力度最大。杭州对于单个平台补助最高上限达 3 000 万元，上海徐汇为 2 000 万元，北京为 1 000 万元，而深圳则为 500 万元；并且北京支持平台通过市场化机制为企业提供服务，发挥平台效能，可根据服务效果对不超过服务合同额 30%给予补贴，资助上限为 600 万元。

五、人工智能四城综合排名分析

北京、上海、深圳和杭州在人工智能产业发展方面可谓是“只争朝夕，唯恐落后”。就产业政策来看，虽然各城政策略有差异，但整体来看都比较成系统，对人工智能产业发展的支持不遗余力，故认定各城政策力度旗鼓相当。就产业总体实力来看，北京作为人工智能第一城的地位无可争议，其他三座城市在企业实力、人才规模、研发能力等核心要素方面还有很大差距。深圳和上海在争夺榜眼的战役中各有胜负，深圳龙头企业的实力和专利技术积累等方面优于上海，而上海则在企业总量、人才总量及融资规模等领域胜过深圳。课题组认为在产业发展初期，龙头企业的作用往往十分重要，故人工智能第二把交椅当属深圳，上海则屈居第三。杭州人工智能产业虽有阿里坐镇，但其他各项要素则比三城有较大差距，故排名第四。

六、 上海人工智能产业发展的初步建议

上海人工智能产业发展要培优补缺，贵有侧重。人工智能产业发展要与打造具有全球影响力的科创中心战略紧密结合，力争在关键技术和关键领域寻求突破；以为传统优势产业和战略性新兴产业赋能为关键目标，加快培育一批具有行业引领性和高成长性的人工智能企业；要充分发挥上海作为国际大都市的城市软硬环境优势，不拘一格吸纳人才、成就人才。具体包括：

（一）找准关键技术方向

上海人工智能未来技术的突破方向既要尊重人工智能技术发展的客观规律，又要与本市的产业及人才优势相契合，还要力求与北京、深圳等城市错位竞争。课题组初步考虑，上海应集中攻关包括基础层的可重构 AI 芯片，以及技术层的图像与语音识别等关键技术，具体包括：

人工智能芯片设计制造。依托上海集成电路设计制造等领域的领先优势，重点发展面向多种垂直应用场景的智能芯片。具体包括：核心计算架构、集成神经网络单元协同处理性能、超高性能 SOC 芯片、高性能 3D 视觉计算芯片等关键技术。

自然语言处理技术。上海应利用生物医药产业和高端医院集聚优势，充分发挥药物研发案例库、医院病历库以及医药文献档案库等文本资源优势，重点研究文本的计算与分析、跨语言文本挖掘、面向机器认知智能的语义理解和多媒体信息理解人机对话系统等关键技术和设备。

计算机视觉技术。结合智能制造、智能安防、智慧交通、现代医学等产业发展，重点研究人类视觉的认知与交互激励，面向现实复杂环境的多模态生物

特征识别、真实场景下多视角目标跟踪与行为分析，文本、图像、视频等多模数据深度理解、搜索和学习等核心模式。

语音识别技术。上海可结合张江、徐汇滨江等地区文创影视等文创产业发展，重点研究新一代语音识别基本框架，口语化语音识别、个性化语音识别、音视频融合、语音合成等技术的创新应用。

重点布局人工智能前沿领域。上海应发挥在基础科学研究的优势，重点布局量子信息与量子计算、类脑智能计算、通用算法、深度机器学习等跨领域基础理论研究。推动人工智能与量子科学、神经科学、行为科学、认知科学、心理学、数学、经济学、社会学等跨学科交叉融合。

(二) 构建更加完善的产业基础平台

人工智能产业发展或企业创新能力提升，有几个方面必须加快布局推进：

完善数据公共资源库。上海应加快制定数据共享地方规范和导则。优先整合信用、交通、医疗、教育、环境、金融、统计、企业登记监管等领域的政府数据集，建立具有一致性的协议和相应接口数据公共资源库；同时增加对数据的溯源、处理历史、演化及更新和数据安全等方面的标准研究，促进数据开放共享安全有序。

依托龙头企业建立开源开放平台。人工智能产业的迅速发展和算法开源开放关系密切。全球最有影响的平台都掌握在国外政府和企业手中，上海应联合北京中关村、深圳等地共同支持本土企业，从应用（开放创新平台）、芯片（围绕芯片的开发工具链）和基础算法（开源基本模型）协同入手，打造完整创新链的人工智能平台新生态。

加快开放应用领域。人工智能产业链想要继续发展壮大，必须让其有更广阔的应用空间。比如人工智能机器人应拓展在老年陪护、康复、助残、儿童教育等领域；无人机拓展在巡检、导览、消防救援等特殊领域应用。拓展人工智能在脑、肺、眼、骨、心脑血管、乳腺等典型疾病领域的医学影像辅助诊断领域等。

(三) 更加注重人才培养

我国人工智能领域顶尖人才主要依赖于向国外企业、科研院所高薪挖人，国内能够培养出人工智能顶尖人才的机构寥寥无几。

加大柔性引才力度。坚持“五湖四海”皆可为我所用。大力度引进一批人工智能领域国内外顶尖科学家、科技领军人才和高水平创新团队以及优秀青年人才。开辟专门渠道,探索制定个性化政策,实现人工智能高端人才精准引进。

借助互联网让人工智能教育实现泛化。借鉴国外大规模在线教育模式,降低个体获得人工智能前沿技术的门槛,培养普罗大众,特别是年轻人对人工智能研究的兴趣。

(四) 鼓励风险投资

人工智能产业的投资回报具有高度的不确定性,对产业未来方向的把握需要较为深厚的专业和行业知识。传统产业资本难以承受此类风险,投资人往往不具备此类专业能力。

上海应支持人工智能专业投资人和投资机构成立人工智能风险投资基金和企业孵化器,专注于人工智能领域的投资和孵化。

鼓励各类社会资金、资源对人工智能创新团队和项目以债权或股权投资等方式进行投入。鼓励上海各类产业股权投资基金、创业投资基金等,对人工智能相关技术研发、应用和产业发展加大倾斜支持力度。

作者:任　柯、张铠斌、熊晓琪

参考文献:

① 邹俊、张亚军:《上海人工智能产业发展的成效、短板与对策》,《科学发展》2020 年第 8 期。

② IDC、浪潮集团:《2019—2020 中国人工智能计算力发展评估报告》,2019 年 8 月 28 日。

③ 领英:《全球 AI 领域人才报告》,2017 年 7 月 6 日。

④ 中关村科技园区管理委员会、大兴区人民政府、北京经济技术开发区管理委员会:《关于促进中关村智能机器人产业创新发展的若干措施》,2016 年 4 月 25 日。

⑤《杭州加快新一代人工智能创新　研发平台最高可补助 3 000 万元》,中国政府网,2020 年 1 月 1 日,http://www.gov.cn/xinwen/2020-01/01/content_5465651.htm。

群雄逐鹿的直播经济:谁主沉浮?

一、直播经济兴起:直播与电商的结合

网络直播最早始于 2005 年,真正兴起于 2014 年,YY、斗鱼、虎牙、映客等主流直播平台围绕游戏、秀场等内容布局泛娱乐直播业务。之后,以生活分享、即时娱乐为主要内容的快手、抖音在移动终端时代迅速占领中国市场。阿里也嗅到网络直播潜藏的巨大商机,陆续签下一批当红主播。2016 年 6 月,张大奕直播首秀,观看人数超过 41 万,成交额近 2 000 万元,刷新淘宝直播销售导流记录,直播电商初露锋芒。2017 年 10 月,淘宝直播"一姐"薇娅直播五小时带货 7 000 万元。抖音、快手等内容平台也向电商化发展:2018 年快手电商节,"散打哥"一天带货 1.6 亿元;2018 年"双十一"期间,抖音直接转化销售额达到 2 亿元。到 2019 年,直播经济发展趋势愈演愈烈,不仅淘宝、快手、抖音继续争夺直播带货的主阵地,其他平台也纷纷跑步入场:电商平台如京东将"京东直播"提至 App 首页,拼多多开通"多多直播";内容社区如小红书、大众点评开通直播功能等。到 2020 年,新冠肺炎疫情的大规模爆发在一定程度上加速了直播经济的发展,头部主播不断刷新直播交易纪录,明星主播跑步进场,多地政府官员为拉动当地消费亲自直播带货。直播经济正成为支撑电商平台发展的新引擎,也成为内容平台流量变现的新入口。

二、模式洞察:不同平台的直播新经济模式

(一)快手、抖音:从娱乐消遣走向社交带货

专注于满足年轻人娱乐、社交、购物需求的短视频平台在获取巨大流量之后也不再满足于原有的商业变现模式,开始将目光投向电商领域,探索出一条

直播电商之路。整体上看,快手和抖音直播经济的本质是一样的,那就是社交内容电商化,区别仅在于具体的操作模式。

1. 快手:在下沉市场中强化用户黏性

快手用户市场更加下沉,以三四线及以下城市的"小镇青年"为主,这就决定了快手直播商品更加平民化,直播货品主要是食品、生活用品等高频次消费品,整体平均客单价在50元以下。同时,快手直播场景"简单粗暴",在"记录生活"中构建起"老铁关系",更多的人可以得到曝光机会,形成"先认人后识货"的直播转化,高黏性用户沉淀大量的私域流量。在加强沟通、增强信任度的同时,缩短商业转化路径,释放流量商业化潜能。

2. 抖音:去中心化下的"美好生活"

抖音的产品定位是以一二线城市的时尚、年轻用户为主,这也就意味着抖音直播带货主要是以女装、家居/家纺/家具、鞋包饰品等高单价商品为主,以时尚、潮流产品打造青年群体的"美好生活",整体客单价相对较高。此外,抖音的直播场景推荐以算法和内容质量反馈为核心,粉丝关注成为次要目标。在管控较强的流量逻辑下,用户只能通过优质内容连接KOL,无法快速建立创作者个人的信任度,这也是抖音至今没有具有影响力的直播达人的原因之一。

(二) 淘宝、京东、拼多多:开拓新消费场景,赋予电商社交属性

1. 淘宝:弥补电商生态体系的拼图

早在2016年,淘宝就已经开始试水直播。从本质上讲,淘宝直播是传统电商打破用户增长瓶颈、激发电商活力新的增长点,工具属性色彩浓厚,是注意力经济下弥补电商生态体系的拼图。总体看,淘宝直播竞争力主要体现在两点:

一是强大的电商生态。阿里巴巴已经构建起从供应链到应用场景庞大的电商生态体系,淘宝直播只是被嵌入其中,以一种更新颖的方式来抢夺用户注意力。在这个体系下,淘宝直播一头链接淘宝/天猫电商平台,另一头链接淘系庞大用户流量,直播受众人群覆盖面广,且能为卖家用户提供更快、更好的售后服务。根据数据显示,淘宝直播已经覆盖了全部行业,其中更是有汽车、商品房等大额商品。用户群体既有一二线城市,又有"十八线"小镇青年。

二是具有竞争力的头部主播。根据淘宝官方公布的《2019淘宝直播生态发展趋势报告》《2020淘宝直播新经济报告》显示,截至2018年,淘宝直播平台活跃的专业主播数量在迅猛增长,每月带货规模超过100万元的直播间超过400个。到2019年淘宝直播MCN机构数量已在1 000家以上,其中更是有薇

娅、李佳琦等超级头、腰部主播。

2. 京东：品质生活下新的营销渠道

京东强调品质生活，以正品行货为标签，商品主要为3C数码等高价值产品，从自营物流到售后保障都具有较好的用户体验，并不非常需要利用直播带动销量。根据京东财报显示，2019年GMV超2万亿，直播占比极低。京东更多的是将直播作为新的一种营销渠道，其展示功能大于带货功能，更加注重直播内容的质量。

例如，2020年4月24日，京东与摩登天空联手，尧十三、马頔、阿肆等一批独立音乐人开启一场“清流”带货直播；京东直播推出的JD星发布系列活动，探索“艺人+电商+综艺”的新玩法。但与此同时，直播带货功能则更多被赋予战略合作伙伴——快手，利用快手优质的主播资源，串联京东优势品类商品以及供应链服务。

3. 拼多多：背靠腾讯生态的社交裂变玩法

相比于淘宝、京东，拼多多的直播一直延续以往的风格——“低价+社交”。目前，拼多多的直播主要由商家主导，偶尔也会依靠腾讯生态邀请微信公众号的大V进行主播。例如，拼多多邀请母婴领域大V“小小包麻麻”（同名微信公众号拥有800万粉丝）进行直播首秀。同时，拼多多依旧采用社交的玩法，邀请好友拼团看直播，只要三人组队成功，即可获得直播商品的五折优惠券。

（三）大众点评、小红书：UGC内容社区的“升级版”

1. 大众点评：场景体验式的线下导流工具

大众点评作为本地生活的分享社区，直播内容更加关注餐饮娱乐等方面，原有的产品调性决定大众点评线上直播必须转化为线下实实在在的消费，要通过直播激发观众线下体验的兴趣，这就使得大众点评在直播场景打造中更加强调公域流量，注重场景式体验互动。例如，上海“五五购物节”期间，大众点评直播实地走进武康路，一边介绍武康路人文故事，一边探寻人气网红店，与平常直播相比，更像是一种生活Vlog。

2. 小红书：专注女性生活的种草分享

小红书是基于生活分享的垂直内容社区，内容更多聚焦在美妆类产品。根据艾瑞数据显示，小红书使用人群中女性群体占86%。“笔记生态”下的生活内容分享注定带有更多的情感属性，直播的应用和普及让消费体验互动性更强，这种氛围也延伸到小红书的直播中：只有关注博主才能看到直播提醒并进入直播间继而展开私域直播,整个直播以分享和聊天进行呈现,方式更为轻松。

三、 趋势研判:直播经济发展中的几点启示

(一) 直播经济将走向更广泛的应用场景

未来,在新基建的带动下,直播经济的应用场景将会更加广泛,直播不仅局限于线上直播带货,将包括线下的到店服务,如旅游、商场、餐饮、会展等。相比于传统的图文软广,直播作为一种销售工具,真正能够实现"消费体验在线化"。随着直播应用场景不断延伸拓展,现有的直播模式都有其发展意义:快手、抖音"轻带货"模式和淘宝的"重带货"模式聚力线上带货;大众点评、小红书的"线下体验"模式更加适合到店生活服务,但也会面临快手、抖音等短视频内容平台的中场狙击。总体来看,直播经济正处于野蛮成长期,当前大多数平台是在自己原有擅长的领域中探索直播经济模式。随着直播经济日益成熟,应用场景不断拓展,用户增长红利消失,平台都会选择跨界、跨模式争取用户存量市场,到那时,直播经济或许会成为下一个巨头之间竞争与洗牌的战场。

(二) 直播经济离不开背后商品供应链的支撑

从产业链环节来看,网络直播以巨大的流量节点支撑,通过直播驱动,将上游产品供应链与下游消费者相连,实现快速迭代。直播经济的发展离不开背后商品供应链的支撑,离开供应链,直播经济只能是空中楼阁。正因为如此,内容电商和头部主播正在加速构建自己的供应链,如快手开设"快手小店"、抖音开设"抖音小店"、辛巴创建供应链公司"辛有志严选"、薇娅筹划"超级供应链基地"。但同样,也应看到直播经济在一定程度上改变供应链原有体系,直接影响供应链的相应速度,从批量生产转向即时生产、按需生产。

(三) 直播经济将趋于"去顶流化"

平台想要直播生态的繁荣,主播的马太效应一般是平台不愿意见到的,因此所有平台在打响知名度之后将趋向于"去顶流化",以防止一个顶级主播将所有流量全部吸走,阿里聘请刘涛成为聚划算官方优选官、快手封停辛巴账号半个月、抖音推出"商品分享作者等级规则",都是出于这样的考虑。因此本文认为,在李佳琦、薇娅、辛巴之后,再难出"现象级"的主播,未来腰部主播将会

迎来广阔的发展空间，也会面临激烈的行业竞争。

四、规范监管：政府应为直播经济树立“防线”

从本质来讲，直播是形式，产品是内核，变的是销售方式和平台，不变的是产品质量、物流服务以及售后服务，最终要满足消费者购物体验和需求。因此，直播经济产生的新职业群体、新市场机构、新销售形式都属于“新鲜事物”，难免出现鱼龙混杂、产品质量、无序竞争等乱象，政府在鼓励新经济发展的同时，也要发挥对直播经济的规范和引导作用，重点包括直播商品和带货主播两个方面。

对于主播监管而言，政府应当完善主播诚信评价机制，对售假、伪造流量的主播列入失信名单，向社会公布，纳入社会诚信考核体系中，提高直播违法的成本。同时政府应当对网络主播进行职业认定，定性主播的身份角色，促进直播行业健康发展。

在直播商品监管方面，政府除了加强线下假冒商品打击力度外，还要联合平台企业建立网上巡查机制，在全网定期或不定期地开展数据流量打假行动，对直播带货行为进行广告抽查，防范欺诈行为。同时，还应当畅通商品投诉与平台沟通渠道，强化平台监管责任，加快对商品投诉的响应力度，以适应快节奏的直播带货。

作者：张舒恺

参考文献：

①《直播“新人”张大奕，淘宝首秀拿下 6 000 万销售额》，直播观察，2019 年 10 月 17 日，http://www.iresearch.tv/archives/42647。

② 徐晶卉：《美团点评直播“打卡”武康路，开启徜徉在舌尖上的“文化之旅”》，《文汇报》2020 年 6 月 22 日。

③ 林京：《京东直播：“不求”带货》，猎云网，2020 年 5 月 3 日，https://www.lieyunwang.com/archives/465633。

④ 陈小江：《拼多多上车直播，猫拼狗内容电商“开拼”》，钛媒体，2019 年 12 月 1 日，https://www.tmtpost.com/4201994.html。

⑤ 何玺：《张一鸣的抖音电商能成吗?》，搜狐网，2020 年 6 月 19 日，https://www.sohu.com/a/402952223_118920。

着力做好“六篇文章”，强化“十四五”上海高端产业引领功能

2019年，习近平总书记在上海考察期间，明确提出上海要强化全球资源配置、科技创新策源、高端产业引领和开放枢纽门户“四大功能”。其中，高端产业引领功能，承担着支撑国际经济中心建设、承载大国重器创新突破和提升全球产业链分工地位的历史使命。“十四五”时期，上海需着力做好“六篇文章”，增强高端产业的集聚度、显示度、竞争力与引领力，以构筑面向未来、面向全球的产业竞争新优势。

一、做好“夯实塔基”的文章，强化基础能力的创新引领

产业基础能力总体可以概括为“四基”，主要包括核心基础零部件（元器件）、关键基础材料、先进基础工艺和产业技术基础，是现代产业整体素质与核心竞争力的根本表现。2019年7月，中共中央政治局会议提出，要着力提升产业基础能力和产业链水平。国际经验表明，产业基础能力决定了一个国家和地区产业的整体水平、综合实力和核心竞争力。产业基础能力越强，产业的自主可控能力就越强，对产业链的掌控能力和回旋余地就更大，经济韧性和活力也会更足。2020年新冠疫情蔓延对全球产业链供应链的冲击，以及美国对华为、中兴等中国本土高科技企业的制裁，进一步凸显了产业基础能力对于一国产业根基和在全球产业链分工及其治理格局中的重要意义。

从全球格局来看，传统制造强国基本都有赖于强大的产业基础能力。以日本为例，“失去的20年”甚嚣尘上，但表象之下，是日本一直在默默增强产业基础能力，努力提升产业链掌控力。自2000年来，日本有17位诺贝尔自然科学奖获得者，在半导体材料长期保持绝对优势，硅晶圆等14种重要材料占全球50%以上份额，直控集成电路生死。集成电路软件设计工具EDA基本被美国Synopsys、Cadence、Mentor三家垄断，占全球市场的份额超过60%，而先

进的化工工艺主要掌握在以巴斯夫、陶氏杜邦、拜耳等国际巨头手里。

上海高端制造业基础能力总体在全国处于领先水平，在核心基础零部件（元器件）、关键基础材料、先进工艺等领域持续突破，如中芯国际 14 nm 级芯片成功量产，先进制程达到世界水平；上海新昇用于高端制造工艺的 12 寸硅晶圆，打破国外依赖；上海石化 48 K 大丝束碳纤维填补国内空白，等等。但对照国际先进水平，上海与国家层面面临同样的短板问题，众多的基础领域受制于人，全球共有约 130 种关键核心材料，其中 32%我国不能生产，另有 52%依赖进口；中芯国际制程虽达到世界水平，但与台积电、三星差距五年以上，设备、材料几乎 99%依赖进口，若无 EUV 光刻机也许将止步于 7 nm；特斯拉零部件基本依赖进口，国产率为 30%—40%；在上海进口产品中有关基础能力的商品占三分之一左右。

我国和上海产业基础能力短板问题的存在，与我国制造业起步于产品短缺时代有很大的关系，国内制造业走了一条“通过引进国外先进技术扩大产能、依靠市场和劳动力成本优势融入全球产业链分工”的道路，但是这种红利正在逐步弱化，传统制造业发展路径已经难以为继，当下，基础能力的夯实从未显示出如此重要的地位，上海强化高端产业引领功能，必须在基础能力建设方面持续发力，也为引领全国产业升级作出应有的贡献。夯实塔基、做强基础能力，一是要实施“卡脖子”关键核心技术攻关计划，重点聚焦集成电路、生物医药、人工智能、高端装备等领域，全面梳理“四基”产品需求和短板，遴选建立项目库重点突破；二是建议成立上海基础制造技术研究院，给予资金和创新机制的持续支持；三是实施供应链安全计划，开展供应链安全评估，针对供应链外采的唯一来源产品，加大自主研发力度，并增强供应链多元供应；四是实施“工匠计划”，大力支持中小企业走“专精特新”“隐形冠军”道路，培育基础领域的“百年老店”。

二、做好“攻克塔尖”的文章，强化精尖制造的突破引领

航空装备、轨道交通装备、智能制造装备、卫星及应用、海洋工程装备等“高端装备”被誉为“制造业皇冠上的明珠”，是制造业国际竞争中的制高点。高技术、高附加值尖端工业设施的创新突破，代表着一国制造业的最高水平，对国家制造业战略性升级意义重大，是实现产业升级和经济转型的关键环节，也是国家综合实力的集中体现。

从全球各领域的竞争格局来看，航空装备的整机制造主要集中于欧美，民用干线市场长期被波音和空客所垄断，而中国的民用干线飞机、航空发动机等核心部件等仍然依赖进口，2019 年，中国商用飞行产业中所有的 21 家一类供应商，只有 4 家是中国本土公司；全球机器人行业由欧洲与日本企业主导，工业机器人四大家族包括瑞典 ABB、德国库卡、日本发那科和安川机电；海洋工程装备领域，日韩和新加坡处于领先地位；全球顶尖精密仪器前 25 强基本上被国外垄断；高端数控机床全球排名前十企业被日本、德国和美国占据，包括日本的山崎马扎克、德国通快、德日合资公司德玛吉森精机等。

上海是我国高端装备制造业的重要基地，高端装备产业集群优势显著。例如临港地区作为上海高端制造的核心承载区，集聚了中国航发商发、上汽核电、新松机器人、外高桥海工、中船三井等一批标志性企业，诞生了国内首台自主品牌的高中级汽车和发动机、首台国产化率 100%的百万千瓦级核电站堆内构件、首台 3.6 兆瓦海上风电机舱等多项第一；中国船舶集团沪东中华建造的全球最大最先进 18 600 立方米 LNG 加注船顺利交付；国产大飞机 C919 实现首飞；由江南造船承建的中国第一艘中外联合设计、自主建造的极地科考破冰船“雪龙 2”号正式交付，等等。上海目前也是国内最大的工业机器人产业集聚区，国际“四大”工业机器人巨头的中国总部或机器人总部均设在上海。然而，上海生产高端装备所用的生产线上的设备，如专用的生产设备、专用生产线以及专用检测系统大部分依赖进口；信息及集成控制产品和高端动力装备依靠进口，大部分制造装备企业技术对外依存度高，自主设计水平和核心部件研制技术水平仍有较大差距；系统集成能力与国际先进水平仍有较大差距。

上海要实现“精尖”装备的突破引领，一是重视和加强关键工艺与核心装备等一批代表国家未来竞争力的“拳头产品”的研发，加快突破机器人、传感器控制系统、高端数控机床、专用加工装备、增材制造装备等核心产品的国外垄断，大力推进国产化替代；二是要增强大飞机、深海工程装备、高端能源装备等关键领域的系统集成能力；三是可以发挥“大基金”的支撑作用，聚焦上海临港、闵行、嘉定等制造强区，打造高端制造“地标”；四是发力“高精尖”人才，积极引进国际尖端技术领域的科技人才，强化精尖制造的人才支撑。

三、做好“数字转型”的文章，强化未来制造的先发引领

数字化转型是新一代信息技术深化背景下的产业变革趋势，其重要特征

以数据为核心驱动要素，利用5G、物联网、大数据、云计算等信息技术贯通生产环节的数字化数据流，推动生产方式智能化和柔性化、产品服务个性化。产业数字化转型不仅有利于提高生产制造的准确度和灵活度，提升生产制造效率，还有利于企业精准感知市场需求，实现产品个性化定制，数字化转型代表了未来产业的发展趋势和发展方向，是制造业塑造新型竞争力的关键。全球不少国家陆续出台产业数字化政策，例如德国工业4.0战略、日本超智能社会5.0战略等。近年来我国也陆续出台《信息化和工业化融合发展规划（2016—2020）》《关于推进"上云用数赋智"行动培育新经济发展实施方案》等，旨在不断提升产业效率，培育产业竞争优势。因此，上海强化高端产业引领也需要在数字转型方面持续发力、引领全国。

当前，不少国际企业都已经开始实行数字化战略，推动数字化转型。例如，航运巨头马士基与IBM组成合资公司TradeLens，通过区块链技术建立加密的分布式账本（ledger），实现各方物流信息的透明可追溯；大众集团致力于将其全力打造的VW.OS汽车操作系统平台与第三方App应用开发者及各类商家一起构建汽车行业最大的数字化生态系统（VWWE）；工业互联网平台领导者PTC构建的ThingWorx平台一方面与微软、Rockwell、ANSYS等合作伙伴开发工业App应用，另一方面又通过工业App赋能平台企业。

数字化转型也是上海促进产业新旧动能转换、巩固高端产业竞争优势、促进产业高质量发展的关键路径。总体看，上海制造业已经基本实现了自动化，处于向数字化转型升级的深化阶段。根据中国信通院发布的《中国数字经济发展白皮书（2020）》，上海数字经济在区域经济中占主导地位，比重已经超过50%，仅略低于北京。当前，上海在汽车、高端装备等重点领域已建成国家级智能工厂14个、市级智能工厂80个，推动规模以上企业实施智能化转型500余家。

然而，上海产业数字化转型还面临一些问题，如智能制造项目示范性还不突出，国家智能制造试点示范项目数量低于山东、江苏、浙江等，排名第9；再如，工业互联网平台载体建设有待加强，30大值得关注的工业互联网平台中上海仅有2个；工业互联网龙头企业数量较少，工业互联网龙头企业前十中无一家上海企业；另外，数字化和实体产业融合程度还不高，数字经济融合指数在全国仅排名第11位，等等，这些都有待于在未来上海深化数字转型中优化提升。

表 1　2019 年工业互联网解决方案提供商 TOP 10

排　名	简　　称	类　　型	所在城市
1	海尔集团	智能制造和云平台	青　岛
2	航天云网	制造和云平台	北　京
3	浪潮集团	大数据和智能制造	济　南
4	用友网络	软件和云平台	北　京
5	阿里云	互联网和云平台	杭　州
6	富士康	制造和云平台	深　圳
7	树根互联	云平台	广　州
8	腾讯云	互联网和云平台	北　京
9	华为云	软件和互联网	贵　阳
10	天翼云	云平台	北　京

数据来源：2019 中国科学院《互联网周刊》&eNet 研究院。

新时期上海强化高端产业引领功能，需要充分利用上海应用场景多元、创新资源丰富、基础设施完善等优势条件，从技术突破、打造平台、构建场景、夯实基础四个方面入手，做好“数字转型”文章：一是要加快工业智能算法、工业软硬件、工业机器人、数控机床等智能制造关键核心技术突破，为高端产业数字化提供技术支撑；二是要引入和培育具有影响力的工业互联网龙头企业，面向汽车、航空航天、集成电路等领域打造一批高水平的行业级和通用型在线平台；三是要创新产业数字化多元场景应用。建设一批具有标杆示范作用的“5G+ 工业互联网”智慧园区。在长三角一体化示范区、自贸区临港新片区等区域围绕航空航天、高端装备、生物医药、休闲旅游等领域，面向全球开放运用场景；四是结合“新基建”建设，夯实工业互联网发展所需要的网络基础设施，如 5G 独立组网、大数据联合实验室等。

四、做好“头部企业”的文章，强化龙头企业的集群引领

龙头企业的集聚是高端产业引领的核心标志。全球城市都拥有一批在世界上具有较强影响力的头部企业，如世界 500 强总部、细分领域 TOP 10 强、50 强、行业独角兽企业等。这些头部企业不仅产值规模、创新能力、盈利水平在细分行业中遥遥领先，而且掌控全球产业链条分工，在行业领域拥有绝对的话语权，是一国或城市产业保持领先地位的主导力量。

美国《财富》杂志公布的2019年世界500强名单显示，北京拥有56家世界500强企业总部，连续6年位列全球第一。东京排在第二，达到38家。巴黎、纽约、首尔、伦敦、旧金山湾区（硅谷）的上榜企业数量均在10—20家之间。深圳拥有一批行业级头部企业，平安、华为、正威国际、恒大、招商银行、腾讯等在所属领域中做到国内第一，在核能（中广核）、新能源汽车（比亚迪）、生物科技（华大基因）、无人机（大疆科技）等新兴产业中也拥有若干举足轻重的领军企业。

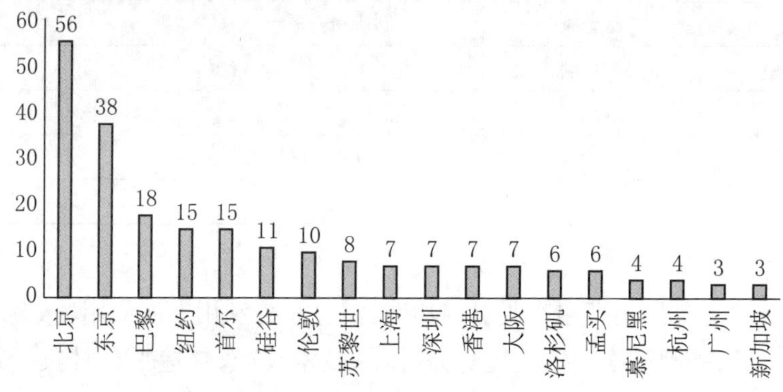

图1　全球主要城市世界500强数量

数据来源：美国《财富》杂志。

上海作为开放型城市，集聚的跨国公司地区总部达到730家（数据截至2020年一季度），领先全国；中国企业500强总部达到31家，占全国的6.2%；《2019胡润全球独角兽榜》中，上海有47家独角兽，在全球排在第三，仅次于北京的82家和旧金山的55家。但上海世界500强企业总部数量仅为7家，在全球主要城市中排在第9位，远远落后于北京的56家，与东京、纽约、伦敦等全球城市差距较大，和深圳、香港并列。上海高新技术企业数虽已过万，但仅为排在第一的北京的一半左右，比深圳少了4 000多家。在细分领域中，上海不仅缺少类似阿里、腾讯、华为、百度等本土领军企业，重点企业能级与世界级领军企业差距更大，如在生物医药领域，复星医药位列全国医药工业前50强，但其营业收入200多亿元，而美国强生、瑞士罗氏制药、美国辉瑞和瑞士诺华都超过500亿美元；全球制药企业50强、全球药品销售100强、全球医疗器械品牌50强，上海均无企业总部入榜。

上海要强化高端产业引领功能，就必须做好“头部”企业文章，全面深化国际一流营商环境，出台高含金量的产业政策，依托临港自贸试验区新片区、长三角生态绿色一体化示范区、虹桥商务区等战略空间,一方面加快集聚国际国内领军企业、总部企业;另一方面,在硬核新技术、数字新基建、制造新模式、服务新业态的新“四新”领域积极培育一批独角兽企业、隐形冠军,抢占前沿新兴产业风口。同时,做好头部企业的文章,对于上海,还要大力深化国有企业改革,把国有企业的优势发挥出来、全面激活;更为重要的是要全面为民营企业营造更加公平的市场竞争环境和更加宽松的市场准入活力,为成长起量大面广的科技型民企、增强产业发展活力和后劲奠定基础。

五、做好“重振品牌”的文章,强化质量标准的引领

现代产业竞争很大程度上体现在品牌建设和质量标准的竞争,所谓的“一流企业定标准、二流企业做品牌、三流企业做产品”,拥有世界知名品牌,能够主导行业国际标准,才能掌控行业话语权。尤其是在高科技和新兴产业领域,技术标准往往决定了一个行业的技术路线,是塑造区域科技竞争力和产业竞争力的重要力量。以通信标准为例,从 2G 到 3G 时代,CDMA 标准的霸权地位让高通 CDMA 制的芯片大卖,同时高通高集成度的芯片技术让更多手机厂商采用 CDMA 标准。企业标准与品牌的融合,造就了高通不可替代的行业地位,也带领美国完成对 GSM 标准的翻盘。我国正在积极推进质量强国、品牌强国建设,上海正在全力打响四大品牌,产业发展进入到做强质量标准、实现品牌引领的新阶段。

上海是中国民族工业的摇篮和诞生地,20 世纪上海牌手表、蝴蝶牌缝纫机、凤凰牌自行车、海鸥照相机等一批家喻户晓的“上海制造”成为上海城市名片。20 世纪 70 年代,上海近 200 项工业产品位居全国第一,70 多项产品赶上或接近当时的国际先进水平。根据国家商务部认定,上海拥有 180 个中华老字号品牌,数量在全国首屈一指。

但在城市转型和产业结构调整过程中,上海本土制造品牌走向没落,而新兴品牌尚未崛起。世界上最大的传播集团 WPP 与凯度联合发布的“2020 年 BrandZ 最具价值全球品牌 100 强”排行榜中,中国有 17 个品牌入选,包括阿里巴巴、腾讯、华为、京东、美团、抖音等,其中无一来自上海,上海品牌建设不仅与欧美发达城市存在较大差距,在国内也缺少竞争力,与其经济地位不相适应。再从标准制定来看,现在全球多数领域的标准,都掌握在发达国家手里,上海缺少扎根本土的大型创业企业和世界级制造业,能够主导国际标准的甚少。

表 2 “2020 年 BrandZ 最具价值全球品牌 100 强”中国上榜企业

2020 年排名	2019 年排名	品　牌	类　别	2020 年品牌价值（亿美元）
6	7	阿里巴巴	零　售	1 525.25
7	8	腾　讯	科　技	1 509.78
18	35	茅　台	酒	537.55
31	29	中国工商银行	地区性银行	381.49
36	27	中国移动	电信运营商	345.83
38	40	平　安	保　险	338.10
45	47	华　为	科　技	294.12
52	66	京　东	零　售	254.94
54	78	美　团	生活方式	239.11
58	59	中国建设银行	地区性银行	210.89
64	71	滴滴出行	交通出行	200.41
68	89	海　尔	物联网生态	187.13
69	82	中国农业银行	地区性银行	186.39
79	无	抖　音	娱　乐	168.78
81	74	小　米	科　技	166.44
91	63	百　度	科　技	148.40
97	无	中国银行	地区性银行	136.86

数据来源：WPP 与凯度发布的“2020 年 BrandZ 最具价值全球品牌 100 强”。

“十四五”期间，上海一方面要结合打响“四大品牌”，进行品牌战略的整体规划，坚持振兴老品牌与培育新品牌并举，选择发展基础好、辐射带动强的先进制造业、高端服务领域率先突破，推进本土自主品牌建设，通过品牌的打造，促进产业转型升级和产品创新提质；另一方面，要鼓励企业积极参与或主导国家标准、国际标准制定，特别是在人工智能、大数据、生物医药、新能源和智能网联汽车等领域，激励企业加强技术创新，依托“一带一路”，实现“国家标准”与国际标准的融合，提升“上海标准”的国际影响力。

六、做好“开放融合”的文章，强化高端服务的引领

从更广泛的意义来讲，高端产业引领功能的内涵，也包括了高端服务业的

引领。高端服务业既包括了金融、专业服务等现代服务业领域,也涵盖了检验检测、研发服务、软件与信息服务、集成服务等各类生产性服务业。

纵观世界一流城市,都具有相对发达的高端服务业。全球最权威的世界城市评级 GaWC 排名显示,从 2000 年至 2018 年,纽约、伦敦始终排在第一队列,达到 alpha++等级。纽约是全球著名的国际经济、金融、文化之都,汇聚了摩根大通、摩根士丹利、花旗集团、贝莱德、黑石集团、AIG 等金融巨头的总部,普华永道、德勤和毕马威三家会计师事务所总部以及尼尔森美国总部均位于纽约;在全球六大广告传媒集团中,IPG 和 Omnicom 总部位于纽约;纽约几乎拥有全球所有最顶级的品牌店,纽约时装周有着 75 年悠久历史。根据 2019 年全球财富报告,伦敦依旧是世界上吸收财富最多的城市,控制着全世界 45% 的外汇交易和黄金、白银、原油等大宗商品定价权,也是全球最大的银行、保险、期货和航运中心。在航运方面,《新华—波罗的海国际航运中心发展指数报告(2020)》显示新加坡连续七年位居榜首。东京作为国际商务据点聚集了超过 2 300 家外资企业,财富世界 500 强企业总公司排在世界第 2 位。

表 3 世界城市评级 GaWC 排名

等级	2019 年	2018 年	2016 年	2012 年	2010 年	2008 年	2004 年
alpha++	伦敦	伦敦	伦敦	伦敦	伦敦	伦敦	伦敦
	纽约	纽约	纽约	纽约	纽约	纽约	纽约
alpha+	香港	新加坡	香港	香港	香港	香港	香港
	北京	香港	新加坡	巴黎	巴黎	巴黎	巴黎
	新加坡	巴黎	巴黎	新加坡	新加坡	新加坡	东京
	上海	北京	北京	上海	东京	东京	新加坡
	悉尼	东京	东京	东京	上海	悉尼	
	巴黎	迪拜	迪拜	北京	芝加哥	米兰	
	迪拜	上海	上海	悉尼	迪拜	上海	
	东京	悉尼		迪拜	悉尼	北京	

数据来源:2004—2019 年《世界城市名册》(*The World According to GaWC*)。

服务业是上海经济增长的主要支撑,也是城市产业升级、创新发展和功能提升的重要引擎。金融、商贸、专业服务、软件信息、文化创意、生产性服务业是上海服务业的重要组成部分。从金融服务来看,2020 年第 27 期“全球金融中心指数”报告显示,在全球 108 个金融中心中,纽约、伦敦、东京居于前三,上海升至第四位,上海无论是外资金融机构数量还是业务规模,均位居全国第一，2019 年上海金融业增加值达到 6 600.6 亿元，排在全国第一位；年成交总额突破 1 900 万亿元人民币，直接融资额超过 12 万亿元人民币；上海已成为中外金融机构最重要的集聚地之一，各类持牌机构超过 1 600 家，众多外资金融机构，包括全球十大资产管理机构、全国九成以上外资私募机构等纷纷选择落户上海；截至 2019 年末，在沪各类外资金融机构总数达 517 家，占上海金融机构总数的 31%。从商贸业来看，2019 年在上海开业的首店、旗舰店数量居全国第一，上海市社会消费零售总额长期稳居全国城市首位。从航运服务来看，2020 年上海首次跻身国际航运中心前三，仅次于新加坡和伦敦，邮轮母港亚洲第一，接近一半的世界百强集装箱公司选择在上海设立分支机构，上海航运保险业务规模首次超越老牌保险中心香港。从专业服务来看，上海集聚了一大批全球领先的法律服务、会计审计、商务咨询、投资管理、人力资源等专业服务业企业，以静安区为例，咨询行业的贝恩，会计领域的毕马威，广告领域的扬罗必凯、奥美、智威汤逊，法律行业的众达、德汇，银行领域的 BNP 等均已落户。从生产服务业来看，根据《2018 年上海生产性服务业发展报告》显示，上海生产性服务业占服务业比重达到 69.9%，已接近发达国家水平，在大宗交易、五金机电、供应链管理、检验检测等领域涌现出了一大批典型服务平台，如欧冶采购、海智在线、物流汇、牵翼网、震坤行工业品超市等。

但对标国际最高标准、最好水平，上海高端服务业仍有很大提升空间。金融机构的规模数量和能级仍需提升，相比来自全世界的 2 900 多家金融、证券、期货及保险和外贸机构均汇聚在纽约，纽交所股票总市值大约是上交所的5 倍多，伦敦汇聚英格兰银行、伦敦证券交易所，劳埃德银行集团，渣打银行，宝诚保险公司，Aviva、UBS Capital、MacQuarie Bank 等 3 000 多家银行金融机构办事处，东京已成为全日本 30%以上的银行总部，而上海外资金融机构仅约 500 家左右。据统计，专业服务各细分行业全球排名前 10 的公司全球性总部大多在纽约、伦敦等城市集聚，无一落户在上海，全球排名前 50 的律师事务所在上海都还没有分支机构，等等，这些都显示出上海在高端服务领域的差距。从生产性服务业来看，本土科技服务、信息服务企业科技服务还缺乏为科技成果转化赋能的能力，对先进制造业的支撑和促进作用还不够显著，龙头企业显示度还不够高。

上海要强化高端服务功能，一方面要继续做好开放文章，在高端服务领域持续扩大开放，引入更多优质的跨国高端服务机构，进一步拓展上海高端服务要素市场的广度和深度；另一方面要继续做好融合的文章，发挥好上海服务领域门类多、综合叠加的优势，促进金融、贸易、航运、专业服务的多元融合；促进商旅文体会等各类服务业的融合，放大服务叠加效应；第三是强化制造与服务的融合，推动制造新模式和服务新业态的融合发展；最后还是要抓住“人才”这个牛鼻子，夯实高端服务业发展的基础，强化竞争优势。

总之，对标提升全球产业链供应链地位的目标要求，对标承载大国重器的使命担当，对标国际经济中心城市的内涵定位，上海的高端产业引领功能还有相当大的提升空间。从根本上来讲，上海还是要从营造最优越的营商环境和最健全的产业发展生态入手，在集聚高端产业要素方面增强吸引力、黏合力，尊重市场规律、尊重市场主体、尊重创新人才、尊重工匠精神，确保“创新成果”在上海“萌生转化”，确保“优质项目”在上海“落地开花”，确保“优质企业”在上海“成长壮大”，确保“新兴经济”在上海“蓬勃发展”。只有这样，才能真正重新振兴“上海制造”品牌，并行打响“高端服务”城市名片，成为引领中国产业高质量发展的先行者和排头兵，发挥好高端产业引领功能。

作者：唐丽珠、李光辉、张舒恺、许倩茹、韩　庆

参考文献：

①《2019 年财富世界 500 强排行榜》，财富中文网，2019 年 7 月 22 日，http://www.fortunechina.com/fortune500/c/2019-07/22/content_339535.htm。

② eNET 研究院：《2020 工业互联网解决方案提供商 TOP 100 名单》，2020（第十八届）中国互联网经济论坛，2020 年 7 月 3 日，http://www.enet.com.cn/article/2020/0703/A202007031162787.html。

③ WPP、凯度：《2020 年 BrandZ 最具价值全球品牌 100 强排行榜发布》，中商情报网，2020 年 6 月 30 日，https://top.askci.com/news/20201015/1532301250733.shtml。

④ 李亚东：《新华—波罗的海国际航运中心发展指数报告（2016）发布》，《珠江水运》2016 年第 13 期。

上海生物医药高端引领需要把握“四个创新”

一、瞄准前沿创新领域

体现上海生物医药的高端引领，关键在于每年推出的创新药和领先医疗器械的数量。

从追赶者的角度看，上海做的还不错。上海新药研发能力领先，创新药约占全国的1/4，生物医药领域的院士、长江学者等高水平人才占全国1/5。近年来涌现出“九期一”、呋喹替尼等全球首研新药和PET-CT等国际一流的医疗器械。全球Top 20药企，有17家将中国区或研发总部设在上海；全球Top 20医疗器械企业，有14家企业将中国区或研发总部设在上海。

从未来引领的角度看，上海任重道远。打造生物医药创新策源地，上海需要在更多前沿关键技术领域发挥策源作用。生物医药技术创新的前沿领域，包括但不限于：个性化药物和生物标志物，个性化药物最热门的领域是肿瘤药物研究、基因编辑技术、CAR-T细胞治疗技术、肿瘤免疫疗法等。

根据相关机构对全球生物医药龙头企业研发创新的统计，肿瘤免疫治疗、基因诊疗、植入与介入式治疗等三大生物技术或将成为未来生物医药的主要方向。此外，AI、大数据赋能生物医药颠覆性创新的趋势非常值得重视。在人工智能的加持下，通过大数据的应用，精准医疗、基因测序、数字化临床等快速发展。还有一个重要趋势，即全球性重大传染病，近年来呈现高频爆发态势，上海在这方面需要加强研发能力，包括病毒实验室能级提升以及相关的科研设施布局。

二、夯实基础创新底座

发展高端产业，如同建摩天大楼。平地起不了高楼，越高的楼，地基越深。

上海生物医药高端引领，需要实施强基行动，夯实“四基”：即基础研究、基础设施、基础材料、基础数据库。

基础研究方面，上海生物医药相关领域的学科体系相对完善，但一流学科、顶尖学科存在缺口。作为基础研究的核心力量之一，上海高校，尤其是研究型大学在生物医药与大健康工程领域的基础研究能力还有待提升。截至目前，所有在沪高校中，药学、生物工程、生物医学工程、食品科学与工程等四个领域的一级学科博士点分别为4个、2个、3个、2个，且没有一个学科达到A+。

上海要实现生物医药高端引领，必须大幅提升大学的基础研究实力。在生物医学工程、生物工程、药学等领域，建设一批A类学科以及1—2个A+学科，争取建设世界一流学科。

基础设施方面，近年来，上海建设布局了一批全球领先的大科学设施，为开展生物医药前沿基础研究奠定了坚实的基础，如国家转化医学研究中心、国家蛋白质科学研究设施、上海脑科学与类脑研究中心、张江药物实验室、上海光源、活细胞结构与功能成像线站工程、生物医药产业技术研发与转化功能型平台等。

这些大科学设施在生物医药基础研究方面发挥了重要作用。面向未来：一方面，要布局高水平的国家实验室、国际研究机构，更好地发挥大科学设施的作用；另一方面，根据需要积极谋划新的生物医药领域的大科学设施，保持策源优势和竞争力。

基础材料方面，目前我国生物医药研发和产业化所需的试剂耗材、仪器设备等高度依赖进口。全球试剂品种多达20余万，但我国能自主研发的品种仅7 000多，仅占3.5%。高端科研化学试剂产品基本被国外垄断，一次性生物实验室耗材95%以上为进口。高端仪器设备方面，核磁共振仪、高分辨质谱仪、核磁共振成像仪、超分辨荧光成像仪、冷冻透射电镜等大量依靠进口，而且面临技术封锁和价格歧视。

加强生物医药领域关键的高端试剂耗材、仪器设备研发和生产，是上海未来生物医药高端引领重要的发力方向。

基础数据库方面，生物医药领域，数据是开展基础研究非常重要的支撑条件，甚至可以说数据是核心生产要素。目前欧美掌握并管理着全世界最多的生物数据和知识资源，数据保有量高达200 PB。NCBI（美国国家生物技术信息中心）年均访问量超过12亿人次，年均支撑署名论文超过1万篇。我国的生命科学数据中心小而散，上海的数据规模不超过1 PB。

建立完善生物医学基础数据库，已经刻不容缓，上海要抓紧建设国家级大型生物医学基础数据库，并谋划建设生物医学领域的专业文献数据库。

三、加强集成融合创新

生物医药创新呈现“跨学科汇聚、产学研合作、大中小融通”的趋势，生物医药创新对资本市场的依赖性也越来越强烈。

跨学科会聚创新。2001 年美国首次提出“NBIC 会聚技术”的概念，即纳米科学与技术、生物技术、信息技术、认知科学的协同与融合。近年来，随着信息技术飞速发展，与纳米技术、生物技术、认知科学加快会聚融合，生物医药产业形成颠覆性的创新趋势，比如纳米机器人、基因编辑、再生医学等。

上海要积极把握会聚创新的机遇，争取实现换道超车。支持人工智能、生物技术、纳米科学跨领域合作，支持跨学校、跨学科交叉，培养复合型科学人才。

大中小融通创新。根据 E 药经理人统计，2019 年 13 家跨国大型药企研发支出同比下降 1.9%。德勤报告显示，2019 年全球 Top 12 药企的研发投入回报率仅为 1.8%。在自主研发创新与并购之间，大企业越来越倾向于后者。与此同时，中小生物医药企业的创新越来越活跃，这其中，CRO（合同研究组织）对中小企业创新具有极大促进作用。

一方面，上海要支持本土医药龙头加强合作研发和并购创新，国有医药企业也要积极打通与中小创新企业的融通渠道，探索并购创新等模式；另一方面，要培育一批世界级的 CRO 企业。

“十金融”赋能创新。生物医药是典型的高投入、长周期、高风险行业，新药从研发到上市的平均周期大概要 10 年，心血管、神经、肿瘤等新药临床研发成功率不到 10%。《美国医学会杂志》统计显示，2009—2018 年期间，美国生物制药公司将一种新药推向市场的成本约为 10 亿美元。没有风险投资机构和证券市场强有力的支撑，很难想象全球生物医药还能保持这么高的创新频率。

上海要发挥国际金融中心的优势，鼓励生物医药领域的风险投资机构发展，用好科创板等资本市场。

四、重视开放协同创新

开放创新是上海最大的特点和优势，过去、现在、将来都是。上海生物医药高端引领，要立足国际国内两个扇面，打通国际国内两个循环。

面向太平洋，融入全球创新网络。创新不是闭门造车，国际形势越复杂，上海开放的大门越要开的更大。美国的生物医药创新用的是全世界的人才资源，一方面，是遍布全球的跨国公司研发中心；另一方面，就是通过研究型大学集聚全球的创新人才。

上海要打造成为生物医药高端产业引领区和创新策源地，也要善于用好全球生物医药领域的创新资源、创新人才，为科学家尤其是华人科学家创造最好的工作和生活环境。一方面，要大力引进来，支持大学、企业、研究机构引进全球生物医药创新人才，营造国际化创新和生活环境。支持生物医药领域的重大专项、科研项目，向面向全球科学家“揭榜挂帅”，积极发起生物医药领域的国际大科学计划。另一方面，要积极走出去，鼓励生物医药企业加强与全球生物医药领域的大学、研究机构、科技人才等合作。

立足长三角，完善协同创新体系。长三角有34所双一流大学，占全国的25％，中科院院士占全国的23％，高被引科学家占全国的30％，生物医药产业产值占全国的30％，拥有上海、苏州、杭州、南京、泰州等一批生物医药重点城市，具有构建生物医药内循环的创新和产业基础。

上海是长三角世界级城市群的龙头，也是长三角世界级产业集群的策源地。从长三角生物医药产业发展历程看，上海的溢出效应非常明显，尤其是苏州等周边地区的生物医药产业发展，上海的企业、人才贡献非常大。

面向未来，上海要加强创新策源能力，继续带领长三角生物医药产业迈向高端。一是发挥上海综合技术和产业优势，叠加苏州纳米技术、杭州信息技术、合肥量子技术等优势，加强会聚创新。二是共同实施强基工程，高端试剂、耗材、设备等，在长三角统筹布局；三是共同建设长三角生物数据中心，错位建设一批生物医药大科学设施，加强大科学设施统筹利用和开放共享；四是共同实施长三角重大科技专项，发起设立国际大科学计划。

作者：芮晔平

参考文献：

①《12家跨国药企研发回报率降至9年最低，研发投资分化！》，MedTrend医趋势官方微信，2020年5月14日，https://mp.weixin.qq.com/s/Pu_sdKTf-73zvr1beNQ0yQ。

②《一个新药的中位研发成本约10亿美元！》，新浪医药新闻，2020年3月4日，

https://med.sina.com/article_detail_103_2_78574.html。

③ 凌武娟:《德勤最新报告:2019 年全球 TOP 12 制药公司研发回报率创新低》,健康界,2019 年 12 月 24 日,https://www.cn-healthcare.com/article/20191224/content-527902.html。

④ 章廉、熊燕、汤江:《NBIC 会聚技术:创新发展的新契机》,《中国科技成果》2007 年第 16 期。

产业互联网主要模式及上海选择

近年来“互联网 + 大数据 + 人工智能 + 5G”的广义互联网技术，不仅应用在生产制造环节，还在深度融入交易流通、专业服务等多环节、全链条，推动制造业向“质造”“智造”转型升级。本文针对制造业主要环节与互联网融合的先后顺序、难易程度和成熟程度，结合典型案例，总结分析三种模式的特点和趋势，并提出上海“十四五”发展产业互联网的重点方向和举措建议。

一、 产业互联网将成为“十四五”新兴增长点

产业互联网是指农业、制造业、商业、金融等各行业领域企业将“互联网 + 大数据 + 人工智能 + 5G”的广义互联网技术，全面应用到产业价值链，从生产、交易、融资、流通等环节切入，以网络平台模式来进行信息、资源、资金三方面的整合，从而提升整个产业的运行效率。其中，制造业全链条与互联网的融合发展具有相当的代表性。为此，本文产业互联网分析的重点将以制造业企业为主要对象。

随着人口红利逐步弱化，面向消费者提供出行、餐饮、旅游、购物等服务的消费互联网趋于饱和，面向企业提供生产性服务的产业互联网将成为“互联网 + ”布局的新兴增长点。国内腾讯、阿里巴巴、百度等互联网巨头已开始进军产业互联网。大型制造业企业，如美国 GE、德国西门子、中国海尔等开始以工业互联网市场为支撑积极寻求转型。物流、金融服务、产业电商等生产性服务业，也积极融入到“互联网 + ”的浪潮中，不断涌现出新业态、新模式。“十四五”期间，产业互联网将在更多行业领域和环节链条赋能，推动制造业向智能化、网络化、高端化转型升级。

与消费互联网相比，产业互联网具有满足客户碎片化、定制化需求等共性特征，但也存在明显的差异性：一是产业互联网面向企业尤其是生产型企业提供各方面服务，客户个性化、非标准化特征明显，更强调线上线下的融合和协

同发展。二是产业互联网涉及行业的方方面面，具有较强的垂直细分特点，主要以垂直化、提供行业解决方案为特征的平台为主，而不是综合性、通用型平台，很难形成寡头垄断的局面，因而中小企业在细分领域中具有较大的发展机会。三是产业互联网还处于起步阶段，尤其是互联网与生产性服务业融合需要较长的过程，短期内不会出现爆发式增长。但在“大众创业，万众创新”的时代，大量中小企业的服务性需求将不断扩大，未来产业互联网将迎来迅猛增长趋势。

二、产业互联网代表模式及“十四五”发展趋势

产业互联网是典型的平台经济，制造业不同环节与互联网的融合程度存在差异，不同平台实现价值不同，解决的痛点各异，形成的模式虽有相似处但也存在差异。按照制造业企业交易流通、专业服务、生产制造等不同环节，以及这些环节与互联网融合的先后顺序、难易程度和成熟程度，梳理典型案例，可以总结为三种不同模式。

表 1　产业互联网主要模式

模式名称	模式特点	涉及行业领域	代表案例	未来趋势判断
交易流通撮合模式	以 B2B 互联网平台为载体，为上下游提供快速对接和交易的媒介，满足交易“比价”需求。	核心：B2B 电商、仓储物流、供应链管理 延伸：供应链金融、诚信评估等。	找钢网、钢银电商、货车帮、INTTRA 等。	错位竞争更加明显，综合型平台进一步提高产品品类丰富度和交易效率，专业垂直领域将会涌现更多的创新机会。但平台盈利难度较大。
专业服务众包模式	帮助需求方快速甄选合适的合作伙伴，解决专业化外协外包需求；帮助供给方将知识、技能和经验转化为收益，提高专业化服务效率。	研发设计、检验检测、知识产权服务、工商财税、法律服务、营销推广、咨询服务等。	猪八戒网、一品威客、橙色云设计、51case 等。	企业专业化服务需求不断增长，未来互联网 + 专业化服务将成为蓝海。但专业服务属于低频、非标服务，服务对接成功率相对较低。
工业互联智能模式	促进传统制造业转型升级，催生服务型制造、智能化生产等新兴服务业态和模式，提高生产效率、降低成本等。	智能制造、智能协同设计、设备智能管理、远程运维、信息服务等。	通用电气 Predix 工业平台、树根互联根云平台、工业互联网 APP 应用解决方案等。	工业互联网市场前景广阔。但工业云平台要广泛推广应用还需时间，工业互联网 APP 更具有落地性。

（一）交易流通撮合模式

与互联网消费领域相类似，产品交易和流通环节也是产业互联网发展最早、渗透度最高、竞争最激烈的部分。由于制造业生产链条较长，从制造业原料厂商至终端用料企业之间有较多代理商和中间商，信息不透明、交易效率低下、产品成本高等痛点问题突出。近年来“井喷式”发展的 B2B 平台解决了上述痛点，以 B2B 互联网平台为载体，为上下游有关各方提供了快速对接和交易的媒介，满足了工业企业在交易流通环节中最基础的“比价”需求，从而降低交易流通成本，提高匹配效率。这类型的互联网平台在工业品的交易采购、物流仓储等各个环节都已经大量出现，代表案例如钢银电商、找钢网、工业超市等产业电商平台，运满满、货车帮等货运调度平台。

“十四五”期间，交易流通领域的产业互联网将呈现出新的发展趋势。在商业模式方面，将从简单的交易撮合向供应链金融、保险服务、诚信评估等增值服务领域拓展。在平台竞争力方面，目前，少数综合型平台赢者通吃的局面还没有在工业 B2B 平台中出现。未来平台之间的错位竞争将更加明显，综合型平台将进一步提高产品品类丰富度和交易效率，而专业垂直领域将会涌现更多的创新机会，满足用户更加细化的需求。不过，B2B 交易电商平台面对行业领域中已存在一二十年以上的多层次经销商体系的强有力竞争，如果平台不能有效提高行业交易效率、解决行业痛点，平台难以带来流量，盈利难度较大。

（二）专业服务众包模式

在开放式的创新经济时代，企业正逐渐变成无边界的开放组织，对于一些专业性服务，企业更愿意通过众包、外包的方式整合草根个人资源和外部专业化智力资源，减少自身不必要的投入，提高运营效率。众包从创新设计领域切入，还在不断地向检验检测、知识产权服务、信息服务、法律服务、营销推广、咨询服务、专业工程服务等专业化生产性服务业领域拓展。互联网天然具有共享性和开放性基因，与众包需求相互叠加，构建的互联网众包平台可以帮助服务需求方快速甄选合适的合作伙伴，解决专业化的外协外包需求；帮助服务供给方利用公平竞争的互联网环境将知识、技能和经验转化为收益，提高专业化服务效率；最终形成供给方、需求方、平台三赢模式。

在专业服务方面，目前也出现一些代表性的综合性互联网平台和细分行业垂直性互联网平台，典型的如猪八戒网众包研发设计平台、Umade优制网等制造服务共享平台。专业服务众包平台的商业模式包括初期的收取服务费用模式和拓展期的“数据海洋+钻井平台”模式。如猪八戒网已经提供了八戒知识产权、八戒金融、八戒工程、八戒印刷等“钻井业务”，同时在各地设立猪八戒众创空间，不断完善服务生态体系。与交易流通环节相比，企业专业化服务拥抱互联网的时间较短，目前形成较强竞争力的平台还较少，但可以预见，“十四五”期间，基于企业专业化服务需求不断增长的趋势，未来“互联网+”专业化服务将成为蓝海。当然，专业服务属于低频、非标服务（特别是研发设计、工业设计类服务），而且服务对象以小微企业居多，而供给方以设计师等个人群体为主，买卖双方均为弱势群体，服务交易成功率相对较低。

（三）工业互联智能模式

当前，工业互联网正成为世界各国关注的热点和竞争的焦点，发展工业互联网成为抢占这一轮工业革命制高点和主导权的必由之路。工业互联网不仅促进了传统制造业的转型，还加快融合生产性服务业与制造业，催生出服务型制造、智能化生产、设备全生命周期智能化管理、在线远程运维等多个高附加值的新兴服务业态和模式，达到提高生产效率、降低成本、减少资源使用的目标，并且促进传统制造业企业向“产品销售+信息服务+设备服务”的商业模式升级。

从工业互联网的平台载体来看，主要包括工业云平台和工业互联网App两类。工业云平台主要是由工程机械、能源等高端装备大型制造业企业开发，为自身及类似企业提供产品的全生命周期服务的平台。如三一重工旗下的树根互联根云平台已实现了服务三一集团自有的所有设备，为设备提供360度全生命周期管理，涵盖物联监控、智能服务、能耗耗材，资产管理、设备跟踪、故障预测、交易支付、改装再造等多个环节，为企业实现增效提速、商业创新等目的。上海电气在风电、电梯、电站等产业工业互联网探索的基础上，打造了集团统一的工业互联网平台。工业互联网App是主要由信息服务企业开发的工业软件，集中于设备智能管理、远程运维、企业数字化运营、智能协同设计、智能制造等领域，可以满足研发设计、生产制造、运营维护和经营管理等制造业关键业务环节的重点需求，是我国支持鼓励的发展方向。总的来看，工业互联网是未来制造业转型升级的方向，市场前景广阔。但由于设备智能互联难度较大，且工业云平台投资巨大，而且还面临着客户数据安全、行业通用性等问题，工业云平台要广泛推广应用还需时间。相比之下，工业互联网 App 立足于业务场景，强调人和机器的连接，具备通用性强、部署灵活、成本低廉的明显优势。

三、"十四五"上海发展产业互联网的重点方向和举措建议

（一）重点方向

顺应产业互联网发展趋势，结合上海产业优势和定位方向，"十四五"期间，上海发展产业互联网的重点是：

一是大力发展工业互联网，打响"上海制造"品牌。推动工业互联网与人工智能、5G、物联网等新一代信息技术融合发展，支持制造业龙头企业、互联网企业、软件和信息服务企业发挥自身优势，开发若干具有国际竞争力的通用型工业互联网平台，打造一批面向重点产业、重点环节的行业级平台以及工业互联网 App，催生一批现象级工业互联网企业，建设一批工业互联网标杆园区，加快创建国家级工业互联网创新示范城市，带动长三角世界级先进制造业集群发展。

二是大力发展互联网＋专业服务，助力全球科创中心建设。培育引进类似猪八戒网等专业服务众包线上平台，支持上海科创服务业企业设立线上开放平台，推动研发设计、第三方检验检测、知识产权服务等专业服务业线上线下融合发展，集聚全球范围内的优质专业服务业人才，打造数字专业服务高地，助力上海全球科创中心建设。

三是大力发展 B2B 互联网平台，推动"数字贸易国际枢纽港"建设。依托虹桥商务区等载体，借助进口博览会、"一带一路"等利好因素，进一步集聚一批引领数字贸易发展、具备价值链整合能力的大宗商品电商平台、制造业一站式综合服务平台总部。鼓励平台企业依托平台交易产生的数据，延伸诚信评估、信用评级、融资服务等增值服务，培育一批国际竞争力强、发展潜力大的独角兽级创新企业。

（二）主要举措

上海发展产业互联网的主要举措建议包括：

一是建设完备的信息基础设施。信息基础设施是发展产业互联网的前

提。要加快5G、IPv6等新型网络技术在制造业领域率先商用，鼓励工业云、金融云、政务云等各类云平台加快发展，推动物联网、车联网等加快建设，提升宽带接入能力、网络服务质量和应用水平。尤其是在自贸试验区新片区，加快构建安全便利的国际互联网数据专用通道，实施国际互联网数据跨境安全有序流动。

二是完善相关支持政策。如推广“前低后高”的阶梯式贷款利率等创新金融手段，解决企业在工业互联网发展初期投资巨大、融资困难问题。在全市范围内遴选产业互联网应用的典型案例，进行示范推广，并给予资金、人才、项目等政策的倾斜支持。

三是推进关键技术研发攻关。推动新型传感技术、生产过程控制与管理系统、智能工业设施、系统协同技术、跨境数据流通和交易风险管控等关键技术研发攻关，尤其是要重点发展软件设计、数据服务、工业机器人等关键部件及装置。

作者：唐丽珠

参考文献：

① 顾登晨：《消费互联网向产业互联网转型的五大挑战》，澎湃新闻，2019年10月18日，https://www.thepaper.cn/newsDetail_forward_4750160。

② 李颖：《加快建设开放共建共享的工业互联网平台生态》，新华网，2020年5月15日，http://www.xinhuanet.com/info/2020-05/15/c_139058620.htm。

③ 黄奇帆：《产业互联网已成新蓝海，未来或将产生几十家万亿级企业》，猎云网，2020年11月15日，https://www.lieyunwang.com/archives/471765。

第四章

塑造城市核心竞争力

“魔都变形记”:上海版图重塑如何改变城市命运(1980—2020)

自1927年南京国民政府设立上海特别市以来,上海设市已有90多年的历史,从设立之初的不到500平方千米(不含租界),到如今的6 300多平方千米,空间始终是上海最珍贵的资源。如何通过行政区划调整重塑版图,成为上海在不同历史阶段发展中都需要面对的一项重大课题。幸运的是,这座以睿智著称的城市总是善于在对城市版图的精明摆布中,一次又一次为城市进步和革新注入动力。有感于此,我们试图从行政区划的视角切入,提纲挈领地展现上海设市以来如何优化城市版图,从而提升城市能级乃至改变城市命运的历史进程。

本文着重梳理和分析了改革开放以来上海“变形”的过程。十一届三中全会后,全国的工作重心转移到经济建设上来,上海担负起改革开放前沿阵地的角色。相应地,上海市域区划调整在尘封十余年后重新破冰,经历了多轮优化,体现出非常鲜明的阶段特征,在不同时期的城市战略中都发挥出重大作用,本文将从四个时段进行回顾和分析。

一、 重振大工业导向下的南北“两翼齐飞”(1980—1992)

改革开放后,为了充分发挥上海“基地”和“先锋”作用,大力发展工业经济、加快工业区建设,上海全市系统规划近郊工业区和卫星城镇发展,优先纳入视野的是分处城市南北两翼的吴淞、闵行两个地区,在1980年到1981年的两年间,上海先后恢复设立吴淞区和闵行区(两区曾于1964年撤销)。

在城市北翼的吴淞地区,为全力支持宝钢建设,加强该地住房等公共服务设施建设,改善宝钢干部和工人的生产生活条件,1980年10月,市委、市政府将宝钢地区办事处的辖区和宝山县城厢镇以及宝钢与吴淞之间的农业区域,共计50平方千米的地区作为吴淞区的行政区域。1984年9月,又将石洞口发电厂厂址2.7平方千米的土地划归吴淞区。

在城市南翼的吴泾地区，为促进吴泾工业区发展，1981年2月，恢复闵行区建置，其行政区域包括闵行、吴泾地区和上海县的15个大队。1984年7月，又将剑川路、沪闵路东南约3.8平方千米的地区划归闵行区，闵行区总面积达到36.8平方千米。

从地图上可以看到，吴淞、闵行两区恢复设置后，分别被宝山县和上海县包围，在城市发展和管理上面临着许多问题。例如，吴淞区恢复建置后和宝山县的政府同处一地，管辖重叠，引发城市建设、社会治安、工商税收、市容环卫等领域积累大量矛盾；闵行区被上海县分割为两块，形成了"县中建区、区中有县"的格局，区县交叉管理的协调成本与日俱增。

为了理顺宝山、闵行两区空间格局，经国务院批准，上海市分别于1988年和1992年，对原吴淞区和闵行区分别实行撤二建一，建立新的宝山区和闵行区。这一调整也顺应了20世纪80年代中后期上海加快城乡一体化发展的趋势，引领了此后上海郊县乃至全国大城市大规模撤县设区的历史潮流。

二、城乡一体化发展与浦东强势崛起（1992—2001）

20世纪80年代末90年代初，上海的城市发展受到中心城区的约束越来越明显，在既定的市域范围内，城乡一体化发展迫在眉睫，如何激活上海郊县的发展是当时的城市管理者们迫切想要解决的问题。1984年，《上海市城市总体规划》提出了"将上海建设成为太平洋西岸最大的经济和贸易中心之一"的宏伟目标，这一轮总体规划实施后，上海城乡一体化进程明显加快。

在80年代中后期，上海城区的扩容主要是通过将部分近郊城乡接合部的零星区域划入市区管理的方式来实现的，包括将川沙县的洋泾镇和张桥、严桥、杨思等5个乡，上海县的漕河泾、龙华、北新泾、梅陇、虹桥等7个乡镇，嘉定县的真如、长征、桃浦3个乡镇，宝山县的江湾、五角场6个乡镇划归市区管辖。通过这轮调整，上海市辖区的面积从149平方千米增长至近260平方千米。

进入90年代后，仅仅依靠零星地区划入的方式已经无法解决城市空间拓展的需要，也难以有效带动郊县地区的发展，撤县设区的大潮激流涌动，一举推动郊县进入"城市时代"。从1992年至2001年的近10年间，上海先后推动嘉定、金山、松江、青浦、南汇、奉贤6个郊区实现"撤县设区"。

站在当下回看过往，某种程度上，正是由于90年代上海大刀阔斧地推动郊县大规模“撤县设区”，开启了上海快速城市化和全市域构建城镇体系的进程，城市发展空间突破了长期以来的中心城区，市辖区面积一举拓展至6 000平方千米，满足了此后上海城市高速发展和人口快速导入的需要，也确立了上海全域优化资源配置和功能布局的空间基础。

在这一时期，有件大事必须浓墨重彩加以阐释，那就是浦东新区的设立。如今，浦东之于上海、之于中国的重要性已经无需赘言，而浦东的崛起之路也与行政区划的调整和设置紧密相关。

1990年，党中央、国务院宣布开发开放浦东的战略决策，随着《浦东新区总体规划》编制完成，浦东的行政区划也相应调整。在此之前，浦东地区由多个区县分别管理。在沿黄浦江地区，黄浦、南市、杨浦三个区分别管辖着与浦西隔江相对的浦东地区；而在黄浦江沿岸向东的更广大的浦东地区，则由川沙县管辖。

浦东开发开放后，国务院于1992年批复撤销川沙县，将原川沙县辖区和原来分属黄浦、南市、杨浦以及原上海县三林乡合并，成立浦东新区。1993年，浦东新区管委会作为市政府派出机构揭牌，宣告浦东新区正式成立。

2000年，在浦东开发开放10周年之际，浦东新区撤销管委会，成立人民政府，这标志着浦东正式建立政权机构，成为真正意义上的行政区。要知道，直至今天国家级新区已经达到20个之多，但大多数仍然以管委会形式存在，只有浦东、滨海等少数几个设立了政府。这一举措有效避免了新区与行政区之间的种种矛盾，进一步理顺了浦东的行政管理体制，为激活浦东这一上海发展的动力引擎提供了更有力的支撑。

三、 城市功能布局优化为主导（2001—2016）

2001年，国务院批准了新编制完成的《上海市城市总体规划(1999—2020)》，正式明确了上海建设国际经济、金融、贸易、航运“四个中心”的发展目标。围绕“四个中心”以及城市功能打造，上海城市版图重塑继续在优化城市功能布局中发挥巨大作用。

一是浦东、南汇两区合并，强化引擎功能。2009年，为了进一步提升浦东新区的发展能级，增强浦东作为“四个中心”建设重要承载区的功能，同时进一步扩充浦东新区发展空间，拉动南汇地区发展，经国务院批准，浦东、南汇两区正式合并。通过区划调整，浦东新区的资源配置能力和国内外要素资源集聚及辐射能力大幅提升。

二是中心城区空间结构优化和功能整合。由于历史原因，上海中心城区数量多、面积小，管理幅度过小、功能重叠相近的问题比较突出。2001年6月，原南市区与原黄浦区合并成立新的黄浦区，2011年又将卢湾区整体并入黄浦区。2015年上海市将静安区和闸北区合并组成新的静安区。通过区划调整，中心城区空间格局和功能布局实现了优化，如静安、闸北两区合并后，静安区要素资源丰富和闸北区相对较多的转型空间相互契合，有效增强了苏州河两岸的联动发展能力。

三是崇明设区增强上海大都市生态功能。崇明是全市最后一个设区的县，崇明在全市生态格局中重要性日益突出，但自身发展实力非常有限。2016年，崇明撤县设区，调整后，上海的生态环境容量、生态环境品质、生态功能布局都实现了优化提升。同时，市级资源对崇明的支持力度也大幅增强，有力地推动了崇明世界级生态岛建设和城乡统筹发展。

四、城市治理现代化引领下的基层版图重塑（2016年以来）

随着上海城市规模和能级不断提升，对城市治理能力的挑战也与日俱增，实现治理现代化成为上海城市发展必须回答好的关键问题。2014年，市委一号课题聚焦社会治理创新，研究制定了创新社会治理、加强基层建设的“1+6”文件，明确提出优化基层政区设置的要求。

实际上，基层社会治理能力薄弱是我国大城市面临的普遍问题，原因是多方面的，其中也与乡镇行政区划调整有一定关系。回溯到20世纪90年代，为了拓展强镇产业发展战略空间、减少行政管理成本，全国不少地方推动大规模乡镇合并。

上海在“撤镇并镇”的过程中，全市乡镇总量从202个减少到107个，镇辖区平均面积上升近一倍，达54平方千米。通过乡镇撤并，上海郊区有效精简了行政机构，降低了行政成本，也促进了部分郊区经济大镇的发展，但在此过程也带来了部分镇管辖幅度过大、撤制镇管理和服务减弱等问题。近10多年来，随着上海郊区商品房小区开发和一批市级大居在郊区布局，郊区城市化人口的激增和以镇为主体的服务管理能力就出现了巨大落差。

因此，在区县层级的行政区划调整告一段落的基础上，上海顺应了像绣花针一样实现城市精细化管理的要求，在城市版图重塑中进一步向精细化调整的方向延伸，集中力量优化街镇层面的区划设置，有效提升基层社会治理能力。

一方面是有序推动街道析置。为全面提升街镇公共服务和社会治理能力，改善街镇管理幅度过大等问题，2014 年以来，上海先后析出一批街道，包括普陀区万里街道、闵行区浦锦街道、松江区九里亭街道和广富林街道、奉贤区西渡街道和奉浦街道，以及普陀区真如镇转为街道；2019 年杨浦区五角场镇全境改为长海街道、奉贤区南桥镇析置金海街道。

另一方面是探索建立基本管理单元。针对郊区快速城市化地区、大型居住社区、撤制镇社会治理的难题，以社区党委和社区委员会为依托，通过“3 + 3”资源配置，基本管理单元着重强化了郊区城市化地区在公共管理、公共服务、公共安全等领域的功能，同时更加注重引导社区多元主体参与社区自治共治，激发社区居民参与社区建设的内在动力、培养社区治理能力素养。

尽管基本管理单元并不属于行政区，甚至在实际运作中突出强调“非行政化”的党建引领下的社会自治共治属性，但这一模式有效地解决了快速城市化发展中，郊区地区治理能力薄弱、公共服务可及性差、撤镇设街成本昂贵等问题。这也标志着，上海优化城市行政区划方面再次走到全国前列，探索了一条推动郊区镇管社区治理创新的新模式，也为基层政区实现从镇到街的转换提供了一种新路径。

党的十九届四中全会提出“优化行政区划设置，提高中心城市和城市群综合承载和资源优化配置能力，实行扁平化管理，形成高效率组织体系”。四中全会的精神在很大程度上可以从改革开放以来上海行政区划优化的过程得到例证，上海的实践也对我国其他大城市的发展具有重要启示。

作者：任柯柯、虞　阳

参考文献：

① 朱勤浩主编：《上海市行政区划变迁图集(1949—2019)》，中华地图学社 2019 年版。

② [法]白吉尔：《上海史：走向现代之路》，王菊、赵念国译，上海社会科学院出版社 2005 年版。

③ 徐建刚主编：《中国改革开放全景录 · 上海卷》，上海人民出版社 2018 年版。

提高经济密度:上海中心城区的路径在哪里?

经济密度是一个城市能级与核心竞争力的重要体现,也是上海当前面临的主要发展要求。李强书记在不同场合多次提及“四个论英雄”,强调高质量发展必须提高经济密度。从全市范围来讲,中心城区与郊区因为产业发展重点和承载空间不同,经济密度提升的要求与路径不尽相同。中心城区开发强度已经达到较高水平,面临的载体空间资源、人口承载力、环境资源约束更紧,提高经济密度面临的要求更高、难度更大、手段更少,因此,探索如何提高中心城区的经济密度成为一项重要课题。总体上,提高中心城区的经济密度,需要对标全球城市核心区最高标准、最好水平,加快破解制约经济密度提高的瓶颈问题,找到更加有效的路径模式。

一、 国内外对标:上海的优势与不足

一般而言,经济密度是指单位面积土地上的经济发展水平和经济集中程度,通常用地均产出,即单位土地面积产生的 GDP 进行衡量。按照高质量发展要求,对中心城区的经济密度从地均产出水平、人均产出水平、楼宇产出水平等维度,与国内外核心城区进行比较分析和综合评价。

(一) 地均产出水平比较

2018 年,上海七大中心城区(不含浦东新区)平均单位面积(行政区划面积)GDP 达到 37.6 亿元/平方千米,高于全市平均水平。其中黄浦区经济密度高达 110.6 亿元/平方千米,居全上海第一名,是 7 个中心城区平均值的 2.9 倍,在国内也遥遥领先,远高于深圳南山区(27.6)、广州天河区(47.8)和北京西城区(83.7)。排在第二的静安区经济密度达到 49.7 亿元/平方千米,与广州天河区的水平相当。除普陀区外,其他中心城区的经济密度都在 30 亿元/平方千米以上。

虽然上海中心城区经济密度在国内领先,但与国际城市核心区相比还有

一定距离。2018年纽约曼哈顿经济密度达517.8亿元/平方千米,是上海中心城区平均水平的13.8倍,接近黄浦区的5倍。2018年伦敦金融城经济密度超过1 000亿元/平方千米。

(二) 人均产出水平比较

按人均GDP计算,上海中心城区相比国内外的竞争优势明显弱化。七个中心城区中,仅黄浦区人均GDP超过30万元,但仍略低于深圳南山区和北京西城区(2018年,北京西城区人均GDP超过深圳南山区,位于全国第一),仅高于广州天河区。与国际高水平城区相比差距更大,黄浦区人均GDP不到纽约曼哈顿的20%,不到伦敦金融城的30%。排在第二位的是长宁区,人均GDP为20.5万元,低于广州天河区水平。静安、徐汇、杨浦人均GDP均低于20万元,虹口、普陀两区的人均GDP甚至低于上海全市平均水平(13.5万元)。

(三) 楼宇产出水平

楼宇经济是中心城区承载产业发展的主要形态,因此,楼宇的产业水平也在很大程度上反映了中心城区的经济密度水平,其中,亿元楼是衡量区域楼宇经济总体发展水平非常重要的指标。自21世纪初,"嘉里中心"成为南京西路上第一栋"亿元楼"以来,上海中心城区亿元楼数量逐年增加。截至2018年,上海七个中心城区的亿元楼达到289栋,其中上海静安区、黄浦区亿元楼分别为69栋、67栋,亿元楼平均每栋楼宇税收分别达到5.1亿元和4.8亿元,高居中心城区前两位。但2018年深圳福田税收过亿楼宇已达86栋,拥有总部企业353家,纳税约1 211亿元,平均每栋亿元楼纳税达到14.1亿元,这些亿元楼基本集聚在6平方公里的CBD(中央商务区),是全国"含金量"最高的中央商务区。

与国际城市核心区比较,上海中心城区重点商务楼宇数量及税收产出均存在不小差距。如曼哈顿作为纽约市中央商务区所在地,也是世界上摩天大楼最集中的地区,5 500栋大楼林立,汇集了世界500强中绝大部分公司的总部,华尔街、帝国大厦、洛克菲勒中心、大都会人寿保险大厦、纽约证券交易所等金融地标都在此集聚。

二、制约因素:经济密度提高到底卡在哪儿?

在建设用地面积有限的情况下,经济密度高低主要受到经济增长和土地利用效率两方面因素的综合影响。对于中心城区而言，经济增长主要看产业增长的速度、规模和能级，土地利用效率主要包括容积率和存量空间的利用。

（一）经济规模和服务业增速放缓

从2016—2018年GDP平均增速来看，上海各中心城区中，长宁区GDP增速达到8.2%，为中心城区最高增幅，但低于广州天河区。其他中心城区均低于8%，不仅低于广州天河区、深圳福田区和南山区，甚至虹口、普陀、杨浦三个区还低于全市GDP平均增速。从服务业增加值的增速来看，2016—2018年，黄浦、徐汇、静安等中心城区服务业增速明显放缓，如普陀区为7.2%，黄浦区为7.1%，徐汇区为7.8%，均低于上海服务业8.6%的平均增幅。同期广州天河区、深圳南山区服务业年均增速分别达到10.1%、11.4%，均高于上海主要中心城区增速。这与上海中心城区服务经济发展阶段比较成熟有一定关系，但也从一个侧面反映出上海中心城区服务经济能级有待提升，服务业的发展后劲要进一步增强，尤其在前沿新兴产业发展中要抓住机遇，集聚有潜力的创新型企业总部、独角兽企业等。

（二）区域平均容积率有待提高

上海中心城区地均产出低于国际水平，与区域容积率偏低、土地资源利用效益不高有一定关系。如黄浦新天地商务区（约0.89平方千米）是上海高端商务楼宇最为集聚的区域之一，地区内开发用地的平均容积率为4.7，其中商办建筑最为集中的单幅地块容积率为9.86，这一地区平均容积率和单幅地块容积率，均低于纽约、东京核心区。相关统计数据显示，随着人口向中心城市集聚，国际大都市纷纷放宽容积率限制，纽约曼哈顿中城区CBD的平均容积率达到13.6，其中曼哈顿广场净容积率达到15；东京丸之内平均容积率达到11.3，其中东京站上盖地块净容积率为21。东京站还采用空中权置换政策，实现对现存市区土地的有效再利用，超过法定容积率的剩余部分（空中权）可以卖给周边地区。

（三）存量空间资源尚未实现高效利用

上海中心城区总体上可开发利用面积较小，近年来也在加快城市更新和旧区改造，但受各种因素影响，一些功能设施老旧的次新楼宇管理水平和服务能力不足，难以满足总部企业、新兴企业等需求，一些中心城区楼宇经济的层次和能级还有待提高。一些老洋房、老大楼等历史建筑,在保护性开发过程中面临内部产权分割、房屋腾空置换征收、项目开发权获取等难题,也面临着法律法规的制约和较大的资金压力。还有一些文化创意产业园区,更多还是体现在文化功能、文化氛围和文化环境的营造价值,产出水平不高,地均产出与商务楼宇差距较大。也有部分中心城区还有少量低效工业园区存在,从整体上拉低了城区经济密度。

三、努力方向:上海中心城区提高经济密度的四大路径

下一阶段,上海中心城区要坚持对标全球城市核心区最高标准、最好水平,加快破解制约经济密度提高的瓶颈问题,综合考虑低效空间的盘活和潜力释放,以全方位系统思维实践中心城区进一步提高经济密度的有效路径。

(一)抓增量空间:打造经济增长新引擎

未来几年,上海中心城区总体可以成片开发的"大衣料子"已经很少,但也不乏一些增量空间,这些难得的开发空间是中心城区必须极力用好的宝贵资源,包括黄浦南外滩、虹口北外滩、徐汇滨江、杨浦滨江等,中心城区将有部分新增甲级写字楼陆续投入使用,如徐家汇中心二期、董家渡金融城、瑞安白玉兰大厦、徐汇滨江项目、苏河湾中心金融街二期、上实中心等。中心城区要以这些增量空间尤其是新增的高端商务楼宇为重要抓手,实施更加清晰的产业准入导向,着力招大引强,扩大服务业规模,寻找新的经济增长点。

(二)抓存量空间:探索存量盘活与挖潜的创新突破

在"增量"空间趋于极限、中心城区"双增双减"的硬约束下,中心城区提升经济密度的重心必将转向存量空间的挖潜,要优化老大楼资源、老工业厂房等功能性历史建筑的开发利用,要加快中心城区以及空置的商业楼宇、旧商业街区的改造盘活,释放存量载体的空间价值。

在历史建筑保护利用方面,通过市区联手、市场化运作,推动外滩历史文化风貌区等历史保护建筑的开发利用,打造世界级的文化艺术博览、金融和专业服务机构的集聚区。

在老厂房和仓库资源利用方面,实施"老工业转型 + 新经济集聚"模式,将老厂房改建成功能复合利用的楼宇综合体,重点引进创新成果落地的小试中

试环节,开辟楼宇经济发展新空间。

在老商业街区业态升级方面,大力发展夜间经济、首店经济、网红经济、后街经济等业态,焕发老商业街区的新魅力。借鉴东京秋叶原地区、新加坡等地区的成功做法,发展融合零售、设计和体验活动的多功能空间。

(三)抓能级提升:提高全球资源配置能力

作为世界最具影响力的国际大都市中心城区,提升经济密度的目标和价值取向,要按照对标国际最高标准、国内最好水平的发展要求,抓住上海新一轮扩大开放的契机,集聚高端要素、高附加值环节、高浓度创新资源,推动上海五个中心向更高水平发展,提升全球资源配置能力。

在金融领域,依托"一城一带"和各中心城区,大力集聚全球新兴治理机构和国际金融组织、服务"一带一路"的国际金融机构总部、大型企业金融业务板块总部,培育引进风险投资、资产管理、金融科技等新兴金融领域的总部型、功能性机构。

在航运领域,争取国内外航运服务业的龙头企业、国际组织、行业协会在上海设立地区总部乃至全球总部,大力发展航运金融、航运保险、海事仲裁、航运经纪等高附加值的业务领域。

在贸易领域,重点引进全球或地区性新型国际贸易、跨境电商、现代供应链管理等贸易型总部,提高贸易集聚度和辐射力。加快发展跨境电子商务、数字贸易等新型贸易业态,集聚培育一批全球领先的电子商务企业。

在专业服务领域,发挥埃森哲、麦肯锡、普华永道等高端专业服务企业的龙头引领作用,加快集聚全球管理咨询、会计、审计、法律、人力咨询等领域领军企业。

在社会服务领域,进一步扩大社会领域对外开放,鼓励国际教育服务、国际康养医疗、国际文化演艺等高端国际主体入驻,提供高品质的国际化社会服务。

(四)抓开发模式:提升土地资源利用效率

充分借鉴国际国内在土地和资源利用效率方面最先进的理念和做法,实现"寸土"匹配价值最大化的"寸金"。

探索开发权转移置换。借鉴纽约、东京开发权转移经验做法,争取市层面政策支持,率先在中心城区探索将历史保护建筑等上空的空余容积率转移至临近闲置地块，实现对现存市区土地的有效再利用，或尝试合并地块内的开发体量交易和转移，一方面可以提高区域内整体的容积率，另一方面，利用开发权转移收入，帮助政府部门进行历史建筑保护性开发改造、支持特定产业发展、提供高品质公共空间。

探索地下空间开发。针对中心城区地上空间越来越稀缺，土地价格居高不下的现状，在保证安全的情况下，借鉴日本、新加坡、中国香港等地的开发经验，有效利用和开发好地下空间，规划建设地下市政、商业综合体、文体娱乐空间、展览中心、体育馆、实验室等文化体育教育设施，建立健全地下空间的综合利用产业政策。

强化前置准入管理。全面强化项目准入、土地准入、楼宇属地等相关领域的管理工作，将提升服务业发展能级、提升土地和楼宇产出水平的管理向规划、土地招拍挂、清单管理等领域前置，通过管理水平的提升提高产业准入的能级、土地产出的水平和楼宇税收落地率。

作者：唐丽珠

参考文献：

① 张懿：《实现高质量发展，上海如何以“经济密度”论英雄》，搜狐网，2018 年 6 月 30 日，https://www.sohu.com/a/240490677_347555。

② 郑莹莹、郭容：《上海发布“双高意见” 提高经济密度》，中国新闻网，2018 年 11 月 20 日，https://www.chinanews.com/cj/2018/11-20/8681648.shtml。

③ 吴宇、王婧媛：《“经济密度”：上海追求高质量发展的新指标》，新华网，2019 年 10 月 20 日，http://www.xinhuanet.com/local/2019-10/20/c_1125128622.htm。

基于上海高端楼宇市场发展趋势的几点看法

中创研究曾发布“提高经济密度:上海中心城区的路径在哪里?”一文,对我颇有启发。上海经济密度最高的地方在哪里,我想那些鳞次栉比的高端商务楼无疑是最具代表性的。近两年,有幸参与了上海部分区的楼宇经济咨询研究工作,也与业界专家有过一些交流,我想通过这篇短文对上海高端楼宇市场的趋势进行简要分析,提出几点个人的看法和建议。

一、 甲级写字楼供应量持续快速增长,市场供求关系正在发生逆转

2013 年前后,上海甲级写字楼占优质写字楼面积比重首次突破 50%,标志着上海进入甲级写字楼时代。近年来,在虹桥、世博、前滩、徐汇滨江、虹口北外滩等新兴商务区的强势带动下,上海甲级写字楼市场每年新增供应量都超过 100 万平方米。戴德梁行报告显示,截至 2019 年上半年,上海甲级写字楼存量已达 1 190 万平方米,预计未来三年甲级写字楼新增面积将达到 578 万平方米,增幅接近 50%,其中新兴商务区高达 416 万平方米。

大规模楼宇资源的集中投放,导致楼宇出租率和租金水平受到明显影响,楼宇空置率连续多个季度环比上升,租金则呈下降趋势。第一太平戴维斯报告显示,2020 年三季度,上海核心商务区甲级写字楼的平均空置率升至 13.2%,租金降至每天 8.95 元/每平方米;非核心商务区甲级写字楼的平均空置率达到 28.8%,租金降至每天 5.76 元/每平方米。

二、 甲级写字楼租赁面积内资超过外资,新兴商务区内资优势明显

长期以来,甲级写字楼几乎就是外资企业的标配,甲级写字楼主要租户都

是外资企业，越接近核心商务区这种趋势越明显。但近年来，内资企业在上海甲级写字楼市场的份额呈现出爆发式增长趋势。世邦魏理仕报告显示，2015年上海甲级写字楼市场内资企业的租赁面积仅占37%，到2017年快速升至45%，2018年已经达到54%，首次超过外资企业，表明上海高端楼宇租赁市场的主力军正在发生重大变化。

进一步研究表明，核心商务区甲级写字楼租赁面积仍以外资为主，但比重在不断下降(2017年为60%，2018年为53%)；新兴商务区则内资企业占有明显优势，2017年新兴商务区甲级写字楼的内资企业数量和租赁面积比重分别为78%和56%，2018年上述指标分别达到80%和60%。从企业租户的选择倾向来看，外资企业更青睐人民广场、南京西路、淮海中路等区域，内资企业则更多向北外滩、虹桥商务区等新兴区集聚。

三、高端楼宇市场金融业独领风骚，科技引领制造业实现强势反弹

当前上海甲级写字楼市场，金融业企业是毫无疑问的超级大户。世邦魏理仕报告显示2015—2017年年间，上海甲级写字楼金融业的租赁面积比重从17.6%一路攀升至36.2%，尽管2018年有所回落(占比33%)，但仍超过制造业(占比22%)11个百分点。在甲级写字楼市场中，租赁面积超过1万平方米的超级租户具有举足轻重的地位，2018年上海超级租户有73家，租赁面积占整个甲级写字楼市场租赁面积的比重达到21%，其中金融业超级租户占到整个超级租户租赁面积的45%。

在过去的十多年间，与上海制造业占GDP比重不断下降的趋势几乎同步，上海甲级写字楼市场的制造业租赁面积也呈现不断下降的趋势，从2005年的31.5%降至2017年的17.4%。但2018年情况开始出现反转，根据全市161栋甲级写字楼5 393家租户按租赁面积计算，排名前五位分别是金融业、制造业、专业服务业、TMT、房地产业，其中，制造业比重为22%，比2017年上升5个百分点，信息科技、生物制药以及汽车制造等企业对高端物业的租赁需求明显增加。未来在新经济引领下，5G、物联网、人工智能、生物医药、智能制造等行业还将有更大的需求空间。

四、联合办公模式异军突起，但过度膨胀的市场供给面临严峻考验

自2016年WeWork在上海开设中国大陆首家联合办公门店以来，上海联合办公物业市场呈现爆发式增长态势，国内外知名联合办公运营商纷纷落子，目前有近200个主要联合办公地点。随着联合办公被资本市场看好，除WeWork、氪空间、优客、米域等专业运营商外，很多知名房地产企业也纷纷建立联合办公品牌，如龙湖地产的“一展空间”、凯德集团“C3”、佳兆业的“创享界”等。世邦魏理仕研究数据显示，目前上海联合办公物业面积已经超过80万平方米，占优质写字楼（乙级以上写字楼）总体量的比例约6%，上海已成为我国联合办公体量最大的城市。

联合办公模式受到资本市场强烈追捧，据统计，2016—2018年，国内联合办公品牌企业获得的融资规模超过160亿元。获得融资的头部企业笃信规模化可以带来成本优势、议价优势和资源优势，起初运营商热衷于选址小体量改造项目，随后就开始在甲级写字楼大规模扩张，如WeWork在中海国际中心、徐家汇中心、恒隆广场等高端写字楼分别租赁27 000、6 000、6 500平方米打造联合办公空间，2018年上半年氪空间拿下了上海联合办公市场新增面积的70%。但正如近年来市场频繁出现的新业态、新模式，喧闹过后，行业不可避免要回归理性，WeWork、氪空间行业领军企业先后遭遇重大危机，VC SaaS数据显示，2018年至2019年3月，联合办公品牌机构减少约40家，28.1%的联合办公品牌机构发展缓慢或处于濒临破产倒闭状态。

五、商务园区作为高端楼宇重要承载区，成为核心商务区、新兴商务区之外的第三股力量

张江、金桥、外高桥、漕河泾、长宁临空等商务园区，已经成为上海高端商务办公楼宇重要的承载区。由于集聚了大量跨国公司地区总部、国内大企业总部以及科技型企业总部、研发中心等功能性机构，无论产业能级还是税收贡献，与传统商务核心区相比都不逊色，在集聚创新企业方面，商务园区甚至要好于传统商务区。截至2018年第三季度，上海9个重点商务园区的物业存量面积达到985万平方米，接近同期全市甲级写字楼存量面积。

2019年上半年，由于科技、生物医药、电子制造等企业需求支撑，上海商务园区写字楼市场整体空置率同比下降2个百分点，与此同时市场租金同比上涨3%，这与传统商务区甲级写字楼空置率不断上升以及租赁不断下降形成鲜明对比。高力国际认为，由于5G业务迅速扩张带来的积极影响，通信企业持续扩大在商务园区的办公面积，长期来看，高科技行业发展将带动上海商务园区租赁需求保持稳定。

六、 几点想法和建议

一是加强楼宇资源统筹规划考虑。从机构发布的报告以及实际调研的感受来看，上海商务楼宇市场已进入供过于求的阶段，开始是在郊区表现的比较明显，现在中心城区的高端楼宇市场也已经出现“过剩”苗头，预计未来2—3年供需失衡情况可能更严重。在这种情况下，应从全市层面对商务楼宇资源投放加强统筹规划，适度抑制和调控相关土地出让节奏。但现实情况是，市级层面缺乏统计手段和渠道以获得相对完整的信息，全市也没有对楼宇经济发展具有实质性管理和监管等作用的部门。建议市商务委的相关处室增加楼宇管理职能，对各区商务委及其投资促进办进行业务指导，打通市与区之间的信息渠道，在此基础上，探索建立全市楼宇经济信息平台。此外，相关职能管理部门要加强与专业机构的信息沟通与交流，从而为楼宇经济政策规划制定提供有力支撑。

二是坚持“稳外资、稳金融、稳预期”。在上海高端商务楼宇市场中，尽管近年来外资租赁面积比重有所下降，但无论从税收、租金等角度衡量，外资机构都是最优质的客户，同时也起着市场稳定器的作用，在国际关系日益复杂的环境下，上海要重点做好稳外资的工作，营造更积极有利的营商环境。金融业已多年占据上海高端商务楼宇租赁市场“头把交椅”，尤其在超级租户市场，金融机构更是“一家独大”。近年来受P2P等行业负面因素影响，上海对金融机构注册审批收得过紧，高端商务楼宇市场金融业租赁面积占比明显下降，未来要继续加大金融开放力度，加快引进外资金融机构，加大金融创新力度，大力发展金融科技，保持金融业健康稳定发展。信心比黄金重要，这个信条在高端商务楼宇市场同样适用，信心很大程度取决于对未来的预期，影响预期的因素有很多，既有客观的经济形势、行业政策，同时商务楼宇的供给量也是左右预期的重要因素，在当前形势下，市、区政府有必要对过热的商务楼宇市场进行适度干预，减少相关土地供应，避免短期内陷入严重供过于求的不利局面。

三是对商务园区、联合办公等给予重视。上海快速崛起的科技型企业对商务楼宇市场的影响不容忽视，但与金融、地产、专业服务等机构偏向于市中心的高端商务楼不同，科技型企业对办公场所的选择更加多元化，一方面，中小科技型企业对商务成本比较敏感；另一方面，很多科技型企业还需要小试、中试、生产制造等配套条件，交通条件相对便利、商务成本相对较低、具备制造配套条件的商务园区，正成为科技型企业发展的重要载体，建议未来中心城区的老旧厂房改造，可以避开竞争激烈的传统商务楼宇市场，选择商务园区的发展模式。近年来，上海联合办公市场快速崛起，2018 年以来很多问题又集中爆发，其中固然有企业盲目乐观、扩张过快等因素，但商务楼宇供需失衡导致空置率上升和租金持续走低，导致资本市场对联合办公模式信心不足，也是导致此轮危机爆发的根本性原因。

作者：芮晔平

参考文献：

① 方超、石英婧：《第一太平戴维斯：上海核心商务区写字楼空置率达 13.2%，创 10 年新高》，中国经营报，2019 年 10 月 10 日，https://baijiahao.baidu.com/s?id=1647365855392820381&wfr=spider&for=pc。

② 陶宁宁：《三年来首次，中资企业在上海优质写字楼租赁面积超过外资》，澎湃新闻，2018 年 10 月 19 日，https://www.sohu.com/a/260409993_260616?_f=index_pagerecom_91。

③ 马一凡、刘航：《快速扩张期已过，联合办公难再大举规模化》，界面新闻，2019 年 6 月 9 日，https://baijiahao.baidu.com/s?id=1635822829917530986&wfr=spider&for=pc。

④ 邹沛霖：《高力国际三季度报告：上海写字楼承压，园区租金微降》，房讯网，2019 年 10 月 25 日，http://www.funxun.com/news/56/20191025134846.html。

上海城市更新制度建设的思考

一、城市更新的前世今生

城市更新术语“urban renewal”一词于一战后大量出现，但根据其历史背景，其内涵更加贴合“城市重建”，主要内容是关于住房的改善，范围倾向于社区和街区范围的更新，表现形式主要为推土机式的大拆大建，且仅局限于物质环境的改善方面。

随时间推移，“urban renewal”术语原有定义的局限性越来越受到社会关注，例如在20世纪60年代的美国，就有针对“贫民窟的清理以及大拆大建”举措的反思，约翰·肯尼迪总统于1961年的讲话中提出，城市更新努力方向必须从根本上重新调整，从清除贫民窟和贫民区防治转变为国民经济和社会更新的积极促进方案。1985年荷兰出台的《城市和村庄重建法案》对于“urban renewal”的内涵进一步扩充：“在规划和建设以及生活的社会、经济、文化和环境标准等领域中进行的系统努力，以此来保存、修复、改善、重建或是清除市区范围内的建成区。”

伴随经济社会的快速发展，城市更新类术语，例如城市再开发、城市复兴、城市振兴等相继涌现，“urban renewal”也逐渐被“urban regeneration”所替代。城市更新内涵在不断丰富的同时，不同模式和理念引导下的城市更新也逐渐积累起宝贵的实践经验。

为了便于理解我国当下城市更新的实际含义，笔者结合“尺度”的抽象概念将其划分为大片区更新（大尺度）、小片区更新（中等尺度）、单体建筑改造更新（小尺度）三类，其中：

大片区更新，即按照城市更新单元规划，成片区拆除符合改造条件的建成区，包括旧工业区、旧商业区、旧住宅区、城中村及旧屋村等，并根据城市新规划进行建设。此类城市更新基本是政府行为，综合了原始拆迁成本和改造规划类成本，重新分割产出，并进行新的土地招拍挂，按照新的规划指标要求新的土地拥有者进行开发，且相应将配套公共设施进行"有机更新"以适配重建后的标准。由于是政府行为，此类城市更新模式受上位规划的影响极为明显，同时更新过程更加注重城市整体风貌和公共服务水平的全面提升。

小片区更新，即在符合产业布局规划条件下，满足产业转型升级要求，进行部分重新建设。其土地使用权主体不改变，改造保留建筑物原主体结构，但改变部分或全部建筑物使用功能。此类项目需要通过地块产权主体申报，申请市/区规土局完成项目改扩建核定，重新判定土地性质以及规划指标，并将相应新的指标复核进新的局部规划控制指标内，如批复完成即具备了改造条件。

单体建筑改造更新，即基本不涉及房屋拆建，通过整治、改善、保护、活化，完善基础设施等方式完成更新，包括沿街立面更新、环境净化美化、公共设施改造等，此类项目的重点是不改变建筑主体结构和使用功能，仅实现细微改造。此类改造主要关注符合原始产证性质的局部内部调整，如涉及部分结构及外立面的调整需要重新申报规划，进行审图，基本内部装饰仅进行常规消防报审即可。

二、上海城市更新发展现状与问题

（一）发展现状

纵观上海，城市更新经历了几个鲜明的发展阶段：20世纪80年代以旧改为主，大量拆除历史弊端的住房；90年代为地产导向的再开发与注重历史建筑的保护；21世纪则是对于旧工业用地的再开发与文化意识的觉醒；以及在当今社会结合社会政治、经济、生态等多维度的发展。而随着20世纪90年代大规模的旧城改造项目的结束，大拆大建的旧城改造已经成为历史。新的经济形态逐渐代替以规模扩张为增长点的旧有城市经济模式，使上海开始由外延扩张进入内涵式发展。

近年来上海也在不断开展城市更新的试点工作。例如在2016年，上海针对社区、产业园区、风貌保护区、休闲空间分别提出了目标设定不同的"共享社区计划、创新园区计划、魅力风貌计划、休闲网络计划"四大计划（"12+X"项目）。2017年，上海开展"行走上海—社区空间微更新计划"，以激发公众参与社区更新的积极性，实现社区治理的"共建共治共享"。2018年上海杨浦区首创“社区规划师制度”，将 12 名专家正式聘任为杨浦区社区规划师。

“上海 2035”规划将上海的目标愿景表述为“卓越的全球城市”。上海将推动城市更新，更加关注城市功能与空间品质，更加关注历史传承与魅力塑造，促进空间利用集约紧凑、功能复合、低碳高效。城市更新已步入了以反映新时代要求、承载新内容、重视新传承、满足新需求、采用新方式为特点的城市“有机更新”新阶段。

（二）存在问题

1. 政策法规缺乏整合

上海城市更新的两大主要依据是 2015 年出台的《上海市城市更新实施办法》和 2017 年出台的《上海市城市更新规划土地实施细则》。这两项政策对部分规划政策和土地政策进行了重大调整，为城市更新项目的开展提供了重要政策支持。与此同时，上海同步开展城市更新试点工作，力求总结实际操作中的难点和痛点，为出台更精细化的政策，以及采用更适用于老旧建筑改造和旧区改造的技术规范和管理模式，提供实践经验。而近 3 年来出台的文件，诸如 2020 年印发的《上海市旧住房改造综合管理办法》、2018 年的《本市全面推进土地资源高质量利用的若干意见》《上海市旧住房拆除重建项目实施管理办法》、2017 年出台的《关于加强本市经营性用地出让管理的若干规定》等涉及城市更新板块的新政，呈现出分多条线各自运行的特征，针对城中村、旧住房、存量工业用地等不同对象的政策文件目标不同、实施路径不同、组织机构不同，并且与《实施办法》和《实施细则》之间有重合和交叉的地方，缺乏系统整合。

2. 标准设定有待优化

此处的标准包含补偿标准与建筑改造设计标准两个方面。一方面是政府与开发主体之间就城市更新项目确定的奖励补偿标准不清晰，补偿对象、补偿依据、补偿范围均未能得以明确。例如，《控规技术准则》以及《上海市 15 min 社区生活圈规划导则》提出奖励条件的主要依据——“居住社区级别”，而在《实施细则》中又提出针对公共活动中心区、历史风貌地区等的“各类城市功能区域”。在实际项目中，由于不同城市功能区域究竟提倡何种功能、何种等级的公共要素不明确，造成公共要素的调查和配备类型呈现趋同，难以体现对不同区域功能提升的支撑作用。

另一方面是建筑改造设计标准的设定。出于安全角度考虑，当前建筑的抗震等级、防火等级、通风、供暖等多项设计标准均较之前有了大幅度的提高，大部分的早期商业楼宇、工业建筑等，早已不符合当前的消防、抗震标准。而针对此类建筑的更新，当前还是采用一刀切的建筑改造判定标准，深深困扰着开发主体与广大建筑设计师。此外，对于已完成的城市更新项目缺少技术规范和管理模式的经验总结，使得面临新项目时缺乏参考标准，导致类似问题重复出现却无法得到妥善解决。虽然《实施细则》提出了有关公共要素可达性、便捷性等基本的设置要求，但仍然停留在原则性的表达，缺少直观、可操作的设计标准。不同更新项目所委托的设计方能力参差不齐，其后期的实施效果和实际使用效率难以保证。

3. 市场动力不足导致资金短缺

由于上海城市更新采取的是以政府主导、多方参与的开发模式，上海黄浦、虹口、静安等区面临着繁重的旧改压力。除去纳入市一级的重点改造项目外，绝大部分资金需要在区一级实现平衡，对于区级财政是重大的负担。另外，政府诉求的公共要素提升与开发主体追求的效益产出最大化存在先天矛盾。城市更新属于土地的二次开发，存量挖潜，价值提升后的开发运营成为开发主体获利的主要模式。而在《实施办法》强调的控制总量的大前提下，上海无法以较大的建设增量来同时满足现有物业权利人和市场投资者两方面的利益需求，也难以通过大量人口和产业的外迁以获取土地进行二次开发，导致市场参与城市更新的意愿不足。上海当前开展的各种城市更新试点实践，政府台前幕后的政策支持、项目推动和资金扶助都是实践得以开展的根本依托，因此，离开政府主导的“自主型”城市更新运作还有待继续培育和发展。

4. 审批周期长，时间成本高

这一问题一方面是由于复杂的审批流程。上海城市更新管理从开展区域评估、编制实施计划到更新项目实施过程，大都存在需要调整控规的问题。涉及容积率、用地性质等指标调整时，仍需按常规的控规调整程序进行调整。从过去的案例访谈中，实施主体普遍认为更新流程时间过长，程序过于繁琐，尤其是涉及控规调整时，对更新实施的推进影响较大。因此城市更新项目从立项到实施，不仅要完成更新的全套程序，还需要同步完成控规、详规调整，周期过长。

另一方面是由于多阶段引入公众参与却未建立起有效的沟通平台和沟通模式。上海的城市更新坚持以人为本，强调在城市更新的各个阶段开展公众参与，提高社区居民自治的能力，但是实际运行中，缺乏有效的沟通平台，以及在实践中出现的多种特殊情况，导致大多数决策仍需一事一议，效率始终无法提升。

三、香港和东京城市更新的经验借鉴

(一) 中国香港的部门设立与公众参与制度

香港的高密度、高效率是其城市发展的典型特征,香港城市更新在组织构建、更新方式、法制建设等领域都积累了较为成熟的经验。

1. 市区重建局的设立

2000 年 7 月,香港制定《市区重建局条例》作为城市更新的基本法律。同年依据条例规定,成立了市区重建局。市建局是有官方背景支持和约束的独立运作机构,其决策权交由该局董事会进行,而市建局高级行政人员的主席、行政总监及 5 名执行董事都由香港特区政府任命。

2. 人性化公众参与政策

香港设立有专门的"城市更新地区咨询平台"(更新区域咨询委员会等)。成员由政府委任,主席由熟悉市区更新工作的专业人士担任。平台通过进行各项规划及相关研究,包括社会影响评估,以及举办多项广泛的公众参与活动,全面收集来自公众对城市更新的看法和意见。此外,在一些更新个案中,政府充分利用问卷调查、聚焦小组、访问、展览、第三方研究机构参与评估等形式,全方位听取各种团体和民众的需求和意见。

3. 与更新模式相对应的精细化部门设置和政策支持

香港的城市更新从政府与社会合作的视角出发,沿用自上而下与自下而上相结合的更新模式,分为重建发展、楼宇修复、旧区更新和文化保育四种类型。以重建发展为例,有 3 种实施路径,即市区重建局自行开展实施的模式;由业主提出需求,委托市区重建局执行实施的模式;由业主提出需求并自主开展更新,市区重建局提供政策与技术支持的促进实施模式。市区重建局在制定《市区重建策略》的同时,还出台了一系列相关配套政策和计划,如《资助出售房屋计划》《中介服务(先导计划)》《强制验楼资助计划》《楼宇维修综合支援计划》《楼宇修复贷款计划》《楼宇修复资助计划》等,为更新的顺利实施提供制度保障。

4. 对上海的借鉴意义

一是科学的制度架构,涉及部门设置,权力分配等方面。香港通过立法,为职能部门赋权赋能,同时通过合理的部门构建,精细化的城市更新分工,实现各部门权责对等，推进具体工程时主次分明，高效分工推进。可喜的是，上海于2020年7月14日成立了上海城市更新中心，涉及推动旧改加速的15项配套文件，已有8项制定完成，其中就包括相关政府部门为“城市更新中心”赋权赋能内容。可以看出，上海已经有构建上海版“市区重建局”的趋势，接下来，应当加快赋能赋权步伐，为上海城市更新中心建立起配套政策，同时适度参考香港市区重建局的执行机制与任命机制，走一条更为市场化的城市更新之路。

二是持续健全公众参与机制。城市更新的顺利推进需要以政府与市场、社会、民众之间良好的合作为前提，有效的公众参与极大影响城市更新的推进进度，甚至在一定程度上决定着城市更新的成败。在此方面，上海在地块改造前开展两轮征询，第一轮征询改造意愿；第二轮征询房屋拆迁补偿安置方案意见，收到了良好的效果，但与香港相比还有几个方面可以提升：一是搭建城市更新公众参与平台，建立完备的听证会制度，让旧区居民和受影响居民对更新项目充分发表看法，最大程度地听取民众意见。二是建立健全更新项目公示制度，包括对更新方案、安置房源、项目数据等所有数据，按不同阶段进行一定时期的公示，让民众充分知晓更新的所有政策和信息；三是建立健全第三方参与机制，包括人大代表、政协委员、专家学者、民间社团、草根组织等在内，组织开展多种形式的城市更新论坛，协调业主、开发商和政府之间关系，帮助业主理性参与、充分表达自己的意见。

(二) 日本东京地区容积率管理政策

1. 东京容积率管理政策的发展

日本早在1970年已经在其《建筑基准法》修订中提出容积率奖励办法，目的是为了鼓励开发商为社会提供更多的公共开放空间，同时规定高于建筑本体面积20%的公共开放空间可以按比例获得额外容积率奖励。2003年东京都推出《东京城市景观发展促进条例》，城市再建区可以根据实际情况编制本地区的“城市再建方针”，引导轨道交通枢纽周边的开发主体根据政府制定的建设目标及其对应的容积率标准，选择可以兼顾社会公众利益和企业自身利益的项目进行建设。此外日本国土交通省还制定了《东京都高度利用地区指定基准》作为整个东京都市圈容积率补贴的依据。该基准强调地区之间的差异性，将东京都分为核心地区、重点更新与防灾地区和非核心地区，其中核心地区又分为市中心、副市中心、一般地区、办公区周边区域等；同时为将规划目标分级管理，奖励内容细分为公共空地、公共室内空间、绿化设施、育儿设施、老年福利设施等。该基准针对不同地区和不同的奖励内容给出差异化的奖励措施。

不同的城市开发制度在政策指引下，制定了更为详细的容积率奖励计算办法，而这个计算办法以公共空间、公共设施设计质量的评价系数为基础，诱导开发主体进行高品质绿化、高环境性能建筑的规划设计。以综合设计制度中容积率奖励计算公式为例，已经形成的量化标准。

2. 对上海的借鉴意义

第一是实行密度分区。建议上海应按不同性质、不同区位条件将城市用地进行密度分区，并规定容积率的基础与调整上限，给予一定的调控区间，针对不同性质、不同区位条件的城市用地提出不同的容积率奖励政策。

第二是扩大奖励范围，细化奖励条件与额度。应根据实际条件将奖励范围扩大到公共设施、交通设施、城市更新改造等多个方面。同时应根据不同地区、不同性质、不同质量的公共设施给予相应的奖励规定。

第三是附加条款机制。增强弹性空间，为政府争取更多公共要素提升提供谈判空间。

四、 探索一条上海城市更新体系与制度建设之路

目前我国城市更新走在前列的三个城市分别为深圳、广州、上海。深圳受形势所迫早早开启了存量挖潜的城市更新道路，积累经验丰富，出台了众多推进城市更新的政策，且政策力度大，弹性空间足。而广州就在刚刚举行的中共广州市委十一届第十一次全会上，指出要全力做强城市更新和人工智能与数字经济双引擎，要以深化城市更新为突破口，全面提升城乡发展质量。此举将城市更新上升到了新的高度。

与广州和深圳等城市相比较，上海的城市更新相对“温和”，更新的范围也相对“狭窄”。上海市很早就确定的“总量控制”发展理念决定了上海只能采用更温和、有机、小规模渐进的方式进行更新。这种更新方式，对于更新目标的合理性、实施路径的组织性、更新政策的细致性、更新机制的便捷性和更新规划的完整性要求更高。因此，在众多一线、二线城市整体已经进入以城市更新为主的发展阶段后，构建一套新的体系以适应环境变化，对上海而言尤为重要。作为全国表率的上海，对国际国内城市更新经典案例的总结归纳，以及在

此基础上对于城市更新政策体系和制度建设的探索，需急迫的提上日程。

作者：张铠斌

参考文献：

① 唐燕、杨东：《城市更新制度建设：广州、深圳、上海三地比较》，《城乡规划》2018年第4期。

② 丁凡、伍江：《城市更新相关概念的演进及在当今的现实意义》，《城市规划学刊》2017年第6期。

③ 葛岩、关烨、聂梦遥：《上海城市更新的政策演进特征与创新探讨》，城市更新，文章编号：1673-8985(2017)05-0023-06。

④ 陶希东：《新时期香港城市更新的政策经验及启示》，《城市发展研究》2016年2期。

⑤ 周俭、阎树鑫、万智英：《关于完善上海城市更新体系的思考》，《城市规划学刊》2019年第1期。

⑥ 梁晨、卓健：《聚焦公共要素的上海城市更新问题、难点及政策探讨》，《城市规划学刊》2019年。

⑦ 戴德梁行：《2019上海城市更新白皮书》，2019年7月9日。

上海社会治理的变迁与创新(上)

20 世纪 90 年代以来,以浦东开发开放为标志,上海步入发展快车道,近 30 年来,上海实现跨越发展,跻身全球城市行列。实际上,与经济奇迹互为支撑却又容易被忽视的是,上海在社会治理领域同样也取得了巨大成就。社会治理创新不仅是上海发展的基石,也是上海城市魅力和社会活力的重要源泉。回顾近 30 年来上海社会治理的历程,可以分为一脉相承的三个阶段:

一、形成“两级政府、三级管理”基础构架(90 年代—21 世纪初)

在计划经济年代,上海的行政管理体制主要以条线管理为主,城市建设管理的职能几乎全部集中在市级管理部门,当时的上海,面临住房、交通和环境三大突出矛盾,区县“看得见、管不着”,而市里又“远水救不了近火”。

进入 20 世纪 90 年代,上海又迎来国有企业改革的大潮,传统国有企业主导的“单位制”逐步解体,个人从“小集体”走向“大社会”,大量工人转岗下岗,各类社会问题层出不穷,社会矛盾激化,社会风险压力之大空前未有。

为了在充分释放城市发展活力的同时保障社会秩序稳定,上海在推动市、区县两级政府分工调整的基础上,进一步将管理职能赋予基层乡镇政府和街道层级。

1996 年 3 月,时任上海市委书记的黄菊主持召开城区工作会议,明确了街道党工委和街道办事处在城市管理中的地位和作用,并将基层建设的重点放到解决“体制、机制、编制、房子、票子”等突出问题上来。随后,上海在街道层级建立了综合执法队伍,并将大批国营企业下岗和转岗的中层干部充实到社区(他们也常被称为“黄菊干部”)。2000 年 4 月,市政府出台《关于进一步完善“两级政府、三级管理”体制的若干意见》,这标志着“两级政府、三级管理”(郊区“三级政府、三级管理”)行政管理构架正式成形。

二、全面构建覆盖基层的社会管理网络（2005—2013年）

进入21世纪，上海人口规模快速增长，常住人口以每年50万—60万人的数量激增，城市化进程不断加速。随着中心城区人口外迁和外来人口导入，全市涌现出了一大批新的人口集聚区域，在经济活力大幅增强的同时，社会管理薄弱、公共服务能力不足等问题日益严重。在这期间，"非典"疫情肆虐使上海基层社会管理的短板问题暴露无遗。上海在基层社会管理领域又开始了新一轮创新，突出体现在提高基层社会管理的精细度与覆盖面上。

所谓提高精细度，就是通过细化社会管理的单元，提高对各类问题的发现和处置效率，关键举措是建立城市网格化管理体制。

从2005年开始，上海借鉴北京市东城区经验，探索推广城市网格化管理，形成了与"两级政府、三级管理"相适应的管理体制。

2008年，市政府发布了《上海市城市网格化管理实施暂行办法》，构建了网格化管理基本制度框架。2013年7月，上海市政府常务会议审议通过了《上海市城市网格化管理办法》，在总结以往经验的基础上，以政府规章的形式将城市网格化管理纳入法制化轨道，进一步强化了城市网格化管理的功能与力度。

2010年上海世博会加速了上海网格化管理的建设进程，全市构筑了覆盖市、区、街镇、村居四级网络的管理工作机构和信息平台，使网格化管理成为支撑上海这座超大型城市运行管理的基石。截至2018年年末，全市"1＋16＋214＋5 902"城市综合管理非紧急类监督指挥体系已经构筑成型（1个市数字化城市管理中心、16个区网格化综合管理中心、214个街镇网格化管理中心、5 902个居村工作站）。

所谓扩大覆盖面，主要是指针对郊区乡镇快速城市化地区等社会管理薄弱、公共服务需求迫切的地区，探索"镇管社区"等创新模式。

从20世纪90年代开始，以浦东、闵行为代表的部分区城开始在快速城市化的郊区镇进行镇管社区的探索。1993年，浦东原严桥镇（现为花木街道）最先提出镇管社区概念，率先探索实施镇管社区治理模式。

进入2000年后，郊区人口快速增长，加上大规模推动"撤镇并镇"和全市规划布局大型居住在社区建设，使得各镇管理幅度和服务人口大幅上升，乡镇原有的行政管理体制和管理模式无法适应城市化区域和城市人口的服务和管理需要。

2011年,在对此前各区探索的总结基础上,市委下发了《关于加强新形势下社区建设的若干意见》,其中明确提出“镇管社区”是在镇的行政架构下,对镇域内城市化社区实施服务和管理,推进城乡接合部地区和大型居住社区基本公共服务均等化。

此后,市社会工作党委、市社建办又下发了《关于开展“镇管社区”创新试点工作的意见》,在全市郊区县的11个镇开展了为期2年的“镇管社区”的试点,并分阶段、分类别加以推进。

镇管社区模式打破传统的郊区行政管理模式,通过体制机制创新探索,以常住人口为基数,增加郊区城市化地区的财力投入和管理力量,提高了城乡接合部地区和大型居住区社区服务管理水平,也为上海的跨越发展和城市空间格局拓展提供了坚实的基础保障。

三、党建引领下社会治理体系的深度重塑与全面提升(2014年至今)

为深入贯彻习近平总书记关于社会治理“核心是人、重心在城乡社区、关键是体制创新”的指示精神,2014年初上海市委将“创新社会治理、加强基层建设”列为年度重点调研课题,时任上海市委书记韩正担任课题组组长,围绕基层体制机制、基层队伍、基层综合治理、基层服务保障四个方面开展调研,在此基础上研究制定了创新社会治理、加强基层建设的“1+6”文件。

“1+6”文件的颁布标志着上海城市治理步入了新阶段——街道成为上海基层城市治理和民生服务的第一责任人,党建引领成为社会治理多元主体参与的最鲜明特色。此次改革可概括为五个方面:

确立党组织在社会治理中的引领地位。将社区(街道)党工委改为街道党工委,在各类基层组织和创新社会治理中发挥领导核心作用。新建社区党委,进一步推动社区委员会、社区代表会议等社区共治平台的功能整合、工作融合,培养市民自治共治能力,打造社区生活共同体。

街道基层减负增能成为重中之重。全市所有街道取消招商引资职能及考核奖励,街道的工作重点完全转移到社会治理和民生服务领域,公共服务、公共管理、公共安全成为对街道考核的重点内容。同时,街道的组织架构更为优化,全市所有街道内设机构统一按照“6+2”设置,部门职责和岗位职责具体明确。此外，街道的“三中心”拓展为“六中心”，服务民生的窗口功能更加完整，推进社区共治自治的平台更为广阔。

社会治理队伍得到极大提升。《意见》给予街道党工委对城管、公安、市场监管、房管等区职能部门派出机构负责人的人事考核权和征得同意权，街道统筹使用执法力量的能力进一步增强。《意见》给予就业年龄段居民区党组织书记实行事业岗位和待遇，建立了村干部分类分级工作报酬制度，建立了社区工作者岗位等级序列和薪酬体系。基础社会治理骨干待遇的提升稳定了队伍、凝聚了人心。

郊区城市化地区治理更加有力。探索建立基本管理单元模式，定位为承载和配置郊区城市化区域基本公共服务和基层社会管理的非行政层级单位。针对郊区快速城市化地区、大型居住社区、撤制镇社会治理的难题，以社区党委和社区委员会为依托，通过“3+3”资源配置，基本管理单元着重强化了郊区城市化地区在公共管理、公共服务、公共安全等领域的功能，同时更加注重引导社区多元主体参与社区自治共治，激发社区居民参与社区建设的内在动力、培养社区治理能力素养。

回顾近30年来上海的跨越发展历程，社会治理创新发挥了不可或缺的基础性作用，并且已经成为上海的一张靓丽名片。展望“十四五”，上海展现出创造城市发展新传奇的雄心壮志，社会治理创新也必然需要继续走向深处，不仅要继续在城市跨越发展中发挥基石作用，更要进一步激发社会主体的参与热情，更好地满足人民群众对高品质生活的需求，建立起人的发展和城市发展强大的精神纽带，共同成为新时代上海传奇的缔造者。

作者：任柯柯、虞　阳

参考文献：

① 熊竞：《基层政区治理视角下的基本公共服务均等化研究——以上海基本管理单元为例》，《城市发展研究》2020年第4期。

② 冯猛、杨旭、赵碧坤等：《基本管理单元建设与治理的探索——以上海市浦东新区为例》，《党政论坛》2019年第9期。

③ 马立、曹锦清：《社会组织参与社会治理：自治困境与优化路径——来自上海的城市社区治理经验》，《哈尔滨工业大学学报（社会科学版）》2017年第19期。

④ 江建全：《以扁平化管理为突破口完善上海现行“两级政府、三级管理”体制》，《理论与改革》2011年第1期。

⑤ 杨艳文:《社会组织与城市社会基层治理转型研究》,博士学位论文,上海大学,2015年。

⑥《未来30年,上海城市治理路径》,《解放日报》2015年1月16日。

⑦ 李利文、申彬、彭勃:《城市基层治理创新中的"认知内卷化"——以上海XH区物业管理深化改革为例》,《社会科学研究》2016年第2期。

上海社会治理的变迁与创新(下)

一、共建、共治、共享：新时代社会治理的三个关键词

党的十九届四中全会将主题聚焦于坚持和完善中国特色社会主义制度，推进国家治理体系和治理能力现代化，四中全会对此作出了重要论述：

社会治理是国家治理的重要方面。必须加强和创新社会治理，完善党委领导、政府负责、民主协商、社会协同、公众参与、法治保障、科技支撑的社会治理体系，建设人人有责、人人尽责、人人享有的社会治理共同体，确保人民安居乐业、社会安定有序，建设更高水平的平安中国。

随着我国社会主要矛盾转化为人民日益增长的美好生活需要和不平衡不充分的发展之间的矛盾，人民不仅对物质文化生活提出了更高要求，并且在民主、法治、公平、正义、安全、环境等方面的要求日益增长，更加重视知情权、参与权、表达权、监督权，参与社会治理意愿强烈，希望在促进社会发展中更好地实现人生价值。因此，社会治理现代化是国家治理体系和治理能力现代化的题中应有之义。

从党的十八届三中全会提出加快形成科学有效的社会治理体制，到党的十九大提出打造共建共治共享的社会治理格局，再到党的十九届四中全会提出坚持和完善共建共治共享的社会治理制度，社会治理的发展和创新方向不断明确，共建、共治、共享是其中重要的三大关键词，这也是“十四五”上海社会治理创新需要把握的关键所在：

“共建”是共同参与社会建设，要求突出制度和体系建设的基础性、战略性地位，是社会治理的基础；

“共治”是共同参与社会治理，要求树立大社会观、大治理观，打造全民参与的开放治理体系，是社会治理的关键；

“共享”是共同享有社会治理成果，要求社会治理的成效更多更公平地惠及全体人民，是社会治理的目标。

二、"十四五"上海社会治理再创新的若干重点方向

社会治理涉及的领域非常广阔,本文主要针对上海的实际情况,聚焦三个方面提供若干思考。

第一,推动基层减负增能仍是重中之重。社会治理工作最坚实的力量支撑在基层,最突出的矛盾和问题也在基层,必须把抓基层、打基础作为长远之计、固本之策。"1+6"文件实施以来,上海已经在基层减负增能上开展大量工作。面向"十四五",赋能基层仍然是重中之重的任务。

一方面是减负要落到实处。近年上海基层减负工作力度大、举措实、效果好,但在有的地方和有的层级,基层减负成效还有很大提升空间,例如,在推动电子台账替代纸质台账过程中,还存在系统不完善导致纸质台账和电子台账同时存在的尴尬局面,反而加重了基层负担。因此,推动基层减负必须要以基层实际问题为导向,从根本上推动理念转变和流程重塑。

另一方面是增能要务求实效。所谓增能,并不是单一的某种能力或能量,而是系统增强功能、动能和技能。既要赋予基层单位在开展社会治理中更多的责任和自主权,又要将相应的资源和权利匹配到位,还要形成与之相适应的人才能力体系,三者缺一不可。

"十四五"时期,推动基层减负增能必然是需要持续坚持的重要任务,无论是国家层面还是上海市层面,都将继续推动资源向基层下沉。以行政执法为例,中办、国办印发的《关于推进基层整合审批服务执法力量的实施意见》,明确提出"推进行政执法权限和力量向基层延伸和下沉","逐步实现基层一支队伍管执法"。同时,与上海情况类似的北京已经开始行动,印发《关于加强新时代街道工作的意见》,向街道赋予包括"职能部门综合执法指挥调度权"在内的"六权",明确街道作为执法主体可以直接开展执法工作。

第二,增强社区服务中心功能承载是大势所趋。社区已经成为社会生活的中心。以社区为单元,既可以较好地覆盖居村管理和服务需求,又避免了幅度过小导致的资源浪费。所以,基于社区单元构建社区管理和服务网络已经成为上海许多区的共同选择,不少还提出了构建"15分钟社区服务圈"等构想。

在部分地区,为了提高社区服务的便捷性和可及性,正探索打造标准化、体系化的社区服务中心,具有代表性的包括虹口区的"市民驿站"、长宁区"市民中心"、浦东新区"家门口服务站"、闵行区"邻里中心"、徐汇区"邻里汇"等。

各区社区服务中心的布局方式和功能设置各具特色，例如，在有的老龄化程度较高的社区，依托服务中心打造了嵌入式的老年人日托中心、老年人助餐点等为老服务设施。

表1　上海部分城区社区服务中心功能介绍

城　区	名　　称	主　要　功　能
虹　口	市民驿站	党建群建、生活服务、就业服务、事务办理、心灵港湾、特色服务
长　宁	市民中心	事务受理、生活服务、文化交流、社区共治
浦　东	家门口服务站	党群服务、政务服务、生活服务、法律服务、健康服务、文化服务、社区管理服务
闵　行	邻里中心	医疗健康、生活服务、文体教育、公益服务、个性化服务
徐　汇	邻里汇	社区生活服务、为老服务、健康服务、文化服务、托幼服务、法律服务

社区服务中心的重要性已经显现，并且成为市民生活中不可或缺的部分。习近平总书记在2018年和2019年连续两年进博会期间，就分别前往虹口和长宁考察市民驿站和市民中心建设。展望“十四五”，进一步加强以社区为中心的管理和服务是大势所趋，未来的着力点在于：进一步延伸社区服务中心功能，将更多服务主体向服务中心集中，打造线上线下融合一体的服务平台等。

第三，加强郊区城市化地区治理是关键所在。郊区是上海人口导入的重点区域，郊区城市化进程不断加速，相比于中心城区较为成熟的社会治理体系，郊区在行政管理和社会治理上总体处于转换重构阶段，服务保障能力有着非常明显的短板，对各类社会稳定风险的预防和应对能力也不够健全。2015年“1+6”文件出台后，“基本管理单元”应运而生。通过近5年的建设，全市前两批次已设立93个基本管理单元，共涉及9个区、63个乡镇、450万人口，对城市稳定和发展具有极其重要的作用。

通过设置基本管理单元，较好地解决了郊区快速城市化地区社会管理和公共服务可及性、便捷性和均等化的问题。在“3+3+2”资源配置到位后，基本管理单元进入正常运转。面向“十四五”，需要进一步研究的问题是，在满足对于社区服务的基本需求后，基本单元应当何去何从。在这里，我们尝试提出基本管理单元实现功能迭代的三个方向：**一是社区自治体系建设的孵化器**。依托社区党委和社区委员会，构建符合城市化地区治理需要的基层治理体系，培育城乡居民公民意识，提高社区自治共治参与能力。**二是社会治理创新探索的试验田**。把基本管理单元作为全市深化社会治理创新，推动社会治理跨领域协同改革、集成创新的试点地区，围绕社区自治、城乡融合发展、社会组织培育等领域开展试点探索,形成可复制可推广的经验。**三是重大战略落地实施的新支撑**。重点围绕上海自贸区新片区(临港各镇)、长三角绿色生态一体化发展示范区(青西地区)等重大战略需要,适度超前布局基本管理单元,提高重大战略实施的社会承载力。

作者:虞　阳

参考文献:

① 唐小丽、葛俊俊、王文娟等:《总书记视察一年间　上海交出怎样的答卷》,人民网—上海频道,2019 年 11 月 6 日,https://m.thepaper.cn/baijiahao_4879110。

②《李强:加快推进长三角生态绿色一体化发展示范区和自贸区新片区建设》,《解放日报》2019 年 6 月 10 日。

③ 董志雯:《上海宝山区为基层减负——电子台账从 736 项到 87 项一路瘦身》,人民网—上海频道,2020 年 1 月 3 日,http://sh.people.com.cn/n2/2020/0103/c134768-33687998.html。

第五章

推动改革开放再出发

“十四五”战略抉择，上海如何在复杂严峻的国际形势下强化开放枢纽门户功能？

开放是上海与生俱来的城市基因，也是上海的优势和王牌。改革开放四十多年来上海取得的巨大成就，与其开放进程紧密相关。在持续的开放升级中，上海始终引领着全国的开放前沿，在承载国家战略的同时，也推动着“五个中心”城市功能的跨越提升。2019年习近平总书记在上海考察期间提出，上海要强化“四大功能”，其中之一是强化开放枢纽门户功能。面对前所未有复杂严峻的国际形势，“逆势突围、畅通梗阻、合力崛起、发轫改革”或许应该成为上海新时期强化开放枢纽门户的战略选择。

一、 逆势突围：做密切中国与世界联系的“超级枢纽”

立足国家战略、服务国家战略，一直是上海开放的战略基点。在我国改革开放四十多年的征程中，上海充分展现了鲜明的开放品格和卓越的开放能力，在引领和推动我国开放型经济升级的过程中，也迎来了城市发展无数的“高光时刻”。而上海未来的开放，就是要在中国开放尚未实现突破、与世界联系不够紧密的方面发力，找到自身开放突破的空间，彰显新时代的开放作为，这也正是上海“开放枢纽门户功能”新形势内涵的全新体现。

（一）四十多年开放征程，我国与世界联系日益加深

四十多年改革开放，我国经历了东部沿海城市率先开放、设立经济特区的开放起步、浦东开发开放的开放深化、加入世界贸易组织打开全面开放格局，到设立自贸试验区、国际进口博览会平台、海南自由贸易港的开放升级，经济社会发展取得了巨大成就，我国与世界的联系日趋紧密，国际地位与影响力显著提升。从1978年到2018年，我国国内生产总值年均增长9.4%，远高于同期世界经济年均2.9%左右的增速，对世界经济增长的年均贡献率为18%左

右，仅次于美国，居世界第二。中国国内生产总值从1978年的3 679亿元，增长为2018年的90.03万亿元，占世界经济比重由1.8％到接近16％，经济规模由1978年的第11位，跃居到2010年的世界第2位；制造业增加值自2010年起稳居世界首位。2009年我国成为全球最大的商品出口国，2013年又成为全球最大的商品贸易国；我国是全世界第二大外商直接投资来源国，也是第二大外商直接投资目的地；在最新发布的2020年《财富》世界500强榜单中，我国有124家企业上榜，数量首次超越美国。

(二) 横向对标，我国还尚未实现与世界的全方位融合

在看到开放成就的同时，我们也看到我国经济还尚未实现与世界的全方位融合，麦肯锡全球研究院《中国与世界》报告显示，我国在诸多领域与世界的联系还不够紧密：一是服务贸易份额较低，仅为商品贸易的一半左右(约6％)，我国服务业劳动生产率仅为经合组织平均水平的20％—50％；二是国际企业不够，真正的跨国公司比较少，我国企业的境外营收比例不足20％(而标普500强的企业平均海外营收比例高达44％)；三是金融开放不够，2018年，外资在中国银行系统中的占比仅为2％左右，在债券市场中为2％，在股票市场中约为6％，另外，中国资本流动输入和输出总额(包括外商直接投资、贷款、债券、股权和准备金)仅相当于美国的30％左右；四是数据跨境流量不足，我国宽带数据流量位居全球第八，仅为美国的20％，等等。

(三) 中国与世界联系的“差距”正是上海开放的作为空间

当前，尽管我国融入全球化的进程受到了挑战，但是从长期趋势来讲，未来的方向仍然是要加强与世界的联系，而不是“脱钩”。中国与世界联系的“差距”正是上海作为空间所在，上海要努力做中国密切联系世界的超级枢纽，为我国更深层次地融入并影响全球作出贡献。具体来讲：

一是以服务业开放引领更高水平的对外开放。服务业的开放水平是开放型经济升级的重要体现，也是上海可以相对全国其他地区更具优势的领域。下一步要抓住服务贸易试点机遇，在金融、律师、人力资源、资讯、教育、医疗、文化、增值电信等领域进一步扩大开放，提升服务业总体的发展水平。依托自贸试验区和新片区突破离岸贸易、离岸金融等高端服务功能。

二是做助力中国企业走出去的战略平台。依托自贸试验区、临港新片区，深化对外投资便利化改革，进一步完善企业对外投资服务，在助力中国企业走

出去、提高跨国经营水平方面发挥上海的“平台”和“跳板”作用。

三是积极应对技术封锁，在“关键要素”集聚方面实现突破。持续开放资本、技术、数据等关键要素领域，提高要素的跨境流量。积极应对美国及部分国家对我国的技术封锁，抓住本土科学家回流契机，同时向其他国家开放拓展，充分利用各国的科学家资源，在顶尖人才方面超前布局，为提升创新能力提供支撑。

二、 畅通梗阻：做国内大循环促进双循环的“战略链接”

我国对外开放战略伴随着全球经贸格局的变化而调整，在这样的调整中，上海一直都是战略的存在，而上海也正是在把握全球化发展机遇、应对全球化挑战中，不断实现外向型经济的升级。

(一) 上海始终是我国应对全球经贸格局变化的先手棋

在改革开放之初的 80 年代末 90 年代初，我国重新开始面临着复杂的国内外形势，面临 1989 年政治风波以及国际上的东欧剧变，当时我国的外交工作突出了两个方面的重点：一是开展睦邻外交，稳定和积极发展同周边国家的关系，加强同发展中国家的关系；二是打破西方国家“制裁”，逐步恢复和稳定与西方国家的关系。也正是在这样的背景下，1990 年邓小平在上海过春节时提出“能采取什么大的动作，在国际上树立我们更加改革开放的旗帜”，当时上海市长朱镕基提出了开发开放浦东的想法，得到了中央的支持，浦东开发开放正是在这样的背景下应运而生。浦东新区立即成为投资的热土，仅 10 天内就有来自美国、联邦德国、英国、瑞士、日本、泰国等国家和中国香港、台湾等地区的 100 多位客商接踵而至，到 1991 年 8 月，浦东的“三资”企业已从 10 年前的 37 家激增至 135 家(数据来源于《新中国 70 年》)，一批国际著名的跨国公司已在浦东设点落户，浦东开发开放诞生了无数个中国“第一”，第一个保税区、第一个出口加工区、第一家外资银行、第一家外资保险公司、第一家外商独自贸易公司等，浦东成为中国开放的一面旗帜。

上海另一个重要的开放里程碑是 2013 年设立大陆第一个自贸试验区。2008 年金融危机之后，世界经济进入再平衡阶段，全球经贸格局再次深度调整，各国均在寻找不同的复苏路径，以美国为首的发达国家开始倡导 TPP、TTIP、BIT 等新型贸易规则，为积极应对贸易新规则，我国作出设立自贸试验区的战略决策，着眼于对标国际经贸新规则构建开放型经济新体制。自贸试验区的设立大大提升了上海的开放层级与开放水平，涌现了一大批“首创型”开放，如全国第一家专业再保险经纪公司、第一家合资道路运输公司、第一家独资游艇设计公司、第一家独资国际船舶管理公司和第一家执行国际食品安全标准的独资认证公司等。截至2019年年底，上海已经集聚跨国公司地区总部720家，成为全国乃至全球总部经济的集聚地之一；上海的口岸货物进出口额位列世界城市首位，集装箱吞吐量连续十几年位列世界第一；上海证券交易所股票筹资总额位居全球第一，全年股票交易额、年末股票市场均位居全球第四；上海黄金交易所内现货黄金交易量多年位居全球第一；上海原油期货成为继纽约、伦敦后全球第三大原油期货；2019年上海跨境人民币收支5.2万亿元，占全国50%左右等。围绕“四个中心”功能，上海取得了显著的开放成效。

(二)“双循环”导向下，上海有基础也有责任展现新的作为

当前，世界百年未有之大变局加速演进，国际形势中不稳定不确定性明显增加，新冠肺炎疫情等给各国安全和发展带来新的挑战。面对中美战略博弈的加剧，美国对中国的科技封锁明显加剧，并且愈演愈烈。在这种背景下，我国的开放策略有所调整，一方面继续坚持扩大开放，另一方面强调做好积极应对形势变化的准备，提出以国内大循环为主体，促进国际国内双循环。这对上海新时期的开放提出了新要求，应充分发挥面向两个扇面的开放优势，努力打造双循环的战略链接。

一是打通国际大循环的多元通道。“关上一扇门就再去打开一扇窗”，这是我国应对全球经贸形势的一贯策略，一方面我们仍然积极通过对话避免与欧美“脱钩”，另一方面，也要向“一带一路”、新兴市场国家拓展合作。对于上海而言，要充分发挥自贸试验区、新片区高层次开放平台作用，持续保持对外资的吸附力，同时要深化拓展与“一带一路”沿线国家的合作，不断拓展对外开放的通道。强化进博会的进口功能，一方面通过优质商品的进口为消费者增加福利；另一方面有利于促进进出口平衡，并增强我国在世界经济舞台的话语权。

二是畅通各类要素的统一大市场。深化土地、劳动力、资本、技术、数据要素市场化改革，畅通要素流动、完善要素市场功能，增强要素的国内配置和全球配置能力，构筑各类要素可以在上海高度汇聚、自由流动、价值得到充分彰显与合理回报的格局。着力强化上海金融要素市场功能，不断拓展交易品种、

扩大国际投资者参与,增强市场的定价权和话语权。

三是着力打造国际消费中心城市。打造国际消费中心城市是上海促进双循环的重要发力点,也是上海的优势所在,上海具有百年积淀的商业文明,商贸体量规模优势突出,上海社会消费品零售总额位列全国城市首位,网络零售额国内城市第一,全球零售商集聚度全球城市第二。商贸业发展对上海的重要性在双循环背景下格外突出,也应该是"十四五"可以做的最为出彩的文章之一。上海应努力发挥好消费对内循环的"压舱石"作用,立足于"买全球、卖全国""买全国、卖全球"的双向循环,继续集聚国际品牌和商贸零售企业,打造全球新品首发目的地,并着力在免退税经济方面发力,引进国际消费品牌、引入国际消费人群,把原来国内到国外的消费留在国内、留在上海,把国外的消费吸引、集聚到上海。上海有这样的底气和优势,探索通过刺激消费扩大内需、增强内循环功能的新路。

三、 合力崛起:做引领长三角迈向世界级城市群的"龙头牵引"

谈及上海的开放,必然涉及长三角一体化发展,作为长三角一体化的龙头,强化开放枢纽门户功能,需要思考如何发挥好对长三角开放升级的引领和带动作用。2019 年 5 月,《长江三角洲区域一体化发展规划纲要》发布,提出长三角要打造"一极三区一高地"的新定位,其中"一高地"就是新时代改革开放新高地。长三角打造新时代改革开放新高地,在当前国内循环促进国际双循环的大背景下,具有更加突出的战略意义和引领意义。

(一) 长三角地区在我国整体开放格局中举足轻重

长三角地区一直是我国开放高度活跃的区域,是对外贸易发达、外资高度集聚的地区。2018 年,长三角外贸进出口总额占全国比重为 36.3%,实际利用外资占比 58.2%。同时,长三角地区拥有超 60 个经济技术开发区、34 个综合保税区,占全国比重超过 1/3,并拥有上海、浙江、江苏三个自由贸易试验区。同时,长三角港口群是我国沿海 5 个港口群中港口分布最密集、吞吐量最大的港口群,2018 年长三角港口群中亿吨港口共有 16 个,2018 年 16 个港口货物吞吐量共完成 43.63 亿吨,占全国港口货物吞吐量 32.69%;国内十大机场中长三角占据三席。因此,无论从开放门户的区位交通硬件基础,还是外资外贸发展水平,都显示出长三角在我国整体开放格局中占据着举足轻重的地位。

（二）上海强化开放枢纽门户必须联动长三角共同崛起

对于上海而言，强化开放枢纽门户功能，本身蕴含扩大国内开放的重要内涵，深化与长三角一体化合作是上海国内开放的重要组成部分，在应对异常复杂严峻的国际形势下，上海与长三角需要携手共同建设富有韧性的国内大循环产业链、价值链，共同提高开放型经济水平，齐心协力共建世界级城市群。具体而言：

一是共同构建更富竞争力和更具韧性的产业链、价值链。当前的外部环境、新冠疫情的蔓延、国际技术封锁的加剧，都凸显了产业链安全的重要性，富有竞争力和韧性的产业链是未来应对全球竞争的关键，而长三角产业门类齐全、产业链完整的优势在这种形势下进一步凸显出来，对于上海而言，要进一步推动与长三角之间产业链的合理分工，共同加速一些依赖进口领域国产化替代进程。尤其在集成电路等领域，我国集成电路领域进口额高达国内产值的5倍，进口额甚至超过了原油；再如机器人领域，具体到伺服马达、减速齿轮、控制系统等需要顶尖技术才能生产的核心组件，我国仍然要依靠在国内设厂的外企或者从国外直接进口，在这些方面，长三角要率先体现担当和作为，力争在长三角区域形成完整的产业链布局，代表国家参与到国际竞争之中。

二是联手提升区域创新能力，积极应对国际技术封锁。在当前全球技术封锁加剧的背景下，长三角之间协同创新的战略意义进一步凸显。上海深化与长三角的开放合作，应着力在共同增强长三角创新能力的导向下推进，加强科研院所、高校之间对卡脖子技术的联合攻关；联合发起国际大科学计划；联手吸引全球的科学家在长三角之间提供流动式服务，以区域之合力形成集聚全球高端要素的吸引力；完善科创板面向长三角企业的服务支撑体系，推动更多长三角高科技企业登陆科创板；同行业高科技企业加强产业技术创新攻关合作，共同为“大国重器”和“卡脖子”技术突破提供“长三角解决方案”。

三是加强长三角自贸试验区的联动协同，合力突破国际化高端功能。要充分发挥好上海自贸试验区、浙江自贸试验区、江苏自贸试验区的协同效应，加强彼此之间制度创新的协同和复制推广。聚焦点上发力放大自贸区效应，在一些国际化核心功能方面谋求突破，如深化上海与舟山自贸区的联动、探索油品等大宗商品的期货联动等。

四是深化长三角世界级机场群和港口群建设，强化世界级枢纽功能。上海要发挥好龙头作用，不断强化自身在国际上的优势地位，进一步提高机场、港口的服务功能、服务水平。通过资本牵引作用,实现长三角港口群和机场群的整合,共同提升竞争力。联手推动长三角机场增强货运功能,形成机场货运功能在长三角的合理布局。

四、发轫改革:做开放倒逼改革的“探路先锋”

开放不是目的,开放的意义是为了实现更好的发展。过去四十多年的开放历程一直在证明这样一个逻辑,而让这条逻辑成立的纽带则是“改革”。正是因为开放,倒逼国内改革屡破坚冰,形成了内外叠加的双向动能,从而创造了中国四十多年发展的奇迹。

(一)四十多年发展历程,改革与开放一直相伴相生

这其中,开放倒逼改革的例子举不胜举,如开放之初,为了适应对外经济发展需要,我们开始改革外贸体制,着眼于扩大外贸经营自主权,调动了各方面发展对外贸易的积极性。再比如浦东开发开放初期,当时创新土地利用方式,“资金空转、土地实转”有效地解决了城市功能和城市建设的难题。再比如自贸试验区,我国的自贸试验区诞生本身,就承担了倒逼政府职能转变的重要使命,数据显示我国自贸试验区建设至今,中央层面已累计向全国或特定区域推广了260项制度创新成果,地方层面18个自贸试验区已在省级范围内推广了1 151项制度创新成果。

上海自贸试验区设立以来,外商投资负面清单、商事登记制度改革、国际贸易单一窗口、货物贸易分类监管等,一批批制度创新让“浦东试点”“上海改革”变成“中国经验”。在世界银行营商环境评价中,上海贡献了55%的份额,为我国在世界范围内展示营商环境改进成就作出了重要贡献,向世界传递着中国融入全球化的承诺与诚意。

(二)乘风破浪,开启开放倒逼改革的新征程

经过四十多年的发展,我国的改革进入深化攻坚期,开放形势的变化进一步对改革提出新要求,作为改革开放的前沿,上海未来依然要承担起为中国改革深化探路的角色。总的改革导向,是将改革要求与突破城市功能提升的瓶颈结合起来,并聚焦可以在全国层面形成示范和带动作用的领域努力寻求突破。

当前，上海城市发展也遇到了一定的瓶颈，内生增长动能不足，产业竞争力不强，城市功能突破不明显，要素支撑遭遇天花板……这些问题的背后有很大程度上受制于体制机制的制约，如新兴产业成长壮大的环境土壤还不适应，国有企业改革还不够彻底，民营经济公平竞争的市场环境始终没有大的突破，高端服务功能仍然面临准入壁垒，产业项目落地受到规划土地制约，要素自由流动和优化配置依然不够顺畅，等等。而这些领域的改革涉及国企的竞争中立问题、服务业的开放准入问题，以及商事登记、行政审批方面的问题等，正是我国适应国际经贸新规则、推动下一轮开放中需要突破的方面，上海有需求、有条件在对标国际最高标准的经贸规则方面，率先探索突破。

下一步上海以开放倒逼改革，发挥好开放对改革、创新和发展的促进作用，重点要围绕畅通国际国内双循环的梗阻和障碍来突破，核心是以要素市场化改革为牵引，带动国有企业、民营经济的改革，全面优化营商环境，作为“以不变（良好的发展环境永远是竞争软实力，体现做好自己的事情、练好内功）应万变（外部不确定的形势变化）”的上选之策。具体来讲：

一是发力国有企业改革。完善国有企业的治理结构、薪酬制度、用人机制等，释放国有企业活力、盘活国有企业掌握的大量存量资源，同时，加快推动有实力的国有企业向“一带一路”沿线国家进行战略布局，积极培育世界级跨国经营企业。

二是为民营企业营造最大程度的公平。持续放宽民营经济市场准入，营造更加公平竞争的市场环境，策划民营企业市长咨询年会等平台，畅通民营企业诉求表达渠道，在事关支持企业发展的政策制定、重大科技创新产业项目的参与、人才落户与公租房配置等方面全面给予民营企业公平待遇，真正让民营经济在上海得到重视和发展。

三是“优无止境”深化营商环境改革。按照营商环境3.0版的要求，继续深化“一网通办”“一网统管”。突破传统思维，推动前置审批向诚信体系、监管体系、惩戒体系支撑的事中事后监管转变，放宽新兴产业市场准入，探索在线新经济等业态的包容审慎监管，避免新生事物被扼杀于摇篮之中，激发城市发展活力。

四是依托新片区进行最高标准经贸规则压力测试。试点类自由贸易港政策，为中国加强中日韩、RECP、中欧BIT谈判、中英BIT谈判等区域性经贸规则进行压力测试，推动我国从主动接受国际经贸规则，到逐步引领国际经贸规则，再到以中国规则影响、引领国际规则的转变。

站在世界百年未有之大变局的十字路口，我国的开放再次面临新的战略调整，也为上海“十四五”开局提出了新的命题，面对复杂严峻的国际形势，上海责无旁贷应继续发挥好开放的前沿窗口作用，立足两个扇面、利用好两个市场、两种资源，诠释和发挥好新时代的枢纽门户功能。这其中，对标国际最高标准的经贸规则，全面优化营商环境、做好自己的事情，更好地服务好国家战略，始终是上海开放遵循的根本逻辑。

作者：丁国杰

参考文献：

① 当代中国研究所：《新中国 70 年》，当代中国出版社 2019 年版。

②《麦肯锡全球研究院：〈中国与世界〉研究报告》，2020 年 6 月版。

③《上海市鼓励设立民营企业总部的若干意见》，上海市商务委员会官网，2019 年 5 月 9 日，https://sww.sh.gov.cn/gnmygl/20191223/0023-246080.html。

④《〈上海市优化营商环境条例〉全文公布》，上海民建网，2020 年 4 月 14 日，http://www.shzgh.org/n2967/n2971/n3200/n4502/u1ai1927378.html。

⑤《中共中央　国务院印发〈长江三角洲区域一体化发展规划纲要〉|解读》，中国政府网，2019 年 12 月 1 日，https://www.chinanews.com/gn/2019/12-02/9022892.shtml。

“四十不惑”与“三十而立”:深圳、浦东,引领再造中国让世界刮目相看的更大奇迹

2020年,注定是不同凡响的一年,世界正经历百年未有之大变局,新冠肺炎疫情全球大流行加速变局进程,国际经济、科技、文化、安全、政治等格局都在发生深刻调整。中美战略博弈加剧,我国发展面临的国际形势复杂严峻,国家层面提出国内大循环为主体、促进国际国内双循环的战略调整。2020年也是我国众多重大历史性时间节点的叠加,一方面是全面建成小康社会的收官之年,另一方面也是深圳设立经济特区40周年、浦东开发开放30周年。同为中国改革开放的旗帜,深圳和浦东折射了我国改革开放的巨大成就,是中国经济奇迹的代表和现代化进程的缩影,同样也承载着中国现代化新征程的未来。

本文回顾深圳特区40年的历程和浦东30年开发开放的历程,比较两者在改革、开放、创新方面的不同路径,以期更好地透视我国改革开放的未来。

一、 改革探路:不同使命呈现不一样的逻辑

同样是中国改革开放的排头兵,深圳和浦东的改革逻辑是不一样的。深圳是改革探路,以开放促改革;浦东是开放接轨,以开放倒逼改革。因此,深圳和浦东的改革既有相似的地方,也有很多特色鲜明的差异点。

(一) 改革的初心

深圳的改革初心,是为中国的市场经济探路。改革开放之初,我国仍然是计划经济的格局。市场经济要不要搞?能不能搞成?具体怎么搞?这些在当时都是中央决策层无法回答、无法形成共识的问题。在这样的背景下,需要有人勇敢地站出来做第一个吃螃蟹的人。于是,在邓小平的推动下,深圳经济特区和其他几个特区应运而生。可以说,深圳特区是中国率先探索市场经济道路的“敢死队”,中国当时是抱着“不成功就成仁”的态度来搞深圳特区的。深

圳改革最伟大的历史贡献,就是在计划经济的重重禁锢中"杀出了一条血路",证明了社会主义可以搞市场经济,而且可以比资本主义搞出更好的市场经济。

浦东的改革初心,是为中国的高水平对外开放奠定制度基础。20世纪80年代末,国际社会主义运动遭受严重挫折,中国改革开放遭遇了挑战和回潮。如何突破困局更好地扩大开放?如何顺利实现从计划经济向市场经济的全面转轨?这是当时摆在中央决策层面前最大的难题。谁能够引领国家实现这样的突破?这次中央想到了上海,上海是中央手中的王牌。在这样的背景下,同样是在邓小平的推动下,1990年4月,浦东开发开放启动。打出王牌的时候就是决胜负的时候。浦东开发开放最重大的历史贡献,就是向全世界表明了中国坚定不移改革开放的决心,并开始真正意义上引领中国与国际高水平的市场经济规则制度接轨。

(二)改革的路径

回顾深圳改革路径,主要是遵循率先构建市场经济体制而展开的,其中几个重大改革对于率先成功构建市场经济至关重要。

第一,集聚市场经济主体。1980年,蛇口第一家中外合资企业中宏气体建成投产,之后三洋电机、凯达玩具、广东浮法玻璃等外资企业陆续落户,这些企业是中国改革开放后第一批真正意义上的市场经济企业主体。

第二,推动国有企业改革。在全国率先推动国有企业股份制改革、整体产权转让、强制依法破产等,在做强做优核心国有企业的同时,为民营企业的发展创造了良好条件和宽广空间。

第三,土地制度改革。在资金严重短缺的情况下,罗湖尝试以土地使用权入股,与港商合作开发,这项改革最终导致宪法的修改。

第四,成立深圳证券交易所。深圳证券交易所于1990年12月1日开始试营业,1991年4月11日由中国人民银行总行批准成立,并于同年7月3日正式成立。当时的深圳书记李灏在没有红头文件的情况下决定深交所开业,体现了改革者的魄力。

第五,构建现代社会保障制度。在新加坡经验基础上,设计了深圳社会保险制度,后来这项改革推向全国。这些重大改革构建了深圳市场经济体制的基石,为我国市场经济体制的建立输送了经验和炮弹。

回顾浦东的改革路径,既有与深圳构建市场经济体制异曲同工之处,也有为接轨国际更高标准规则而实现"开放倒逼改革"的独特之处。

第一，深化金融体制改革。1990 年 12 月上海证券交易所正式成立，这是中国扩大和深化改革开放的重要举措，震惊了全世界。

第二，土地批租制度改革。浦东开发开放和当年深圳开发一样，最大的困难是缺钱，所以也同样进行了土地制度创新。1993 年浦东在全国率先尝试“土地批租、滚动开发”的创新开发模式，吸附并聚集了大量开发资金和长期投资项目。

第三，建立上海外高桥保税区。这是中国大陆启动最早的保税区，是中国经济与世界最先接轨的地方之一，倒逼了许多改革率先探路，包括：率先创新海关监管方式、率先实施行政审批制度改革、率先开展进出口经营权试点、率先开展外汇管理试点，等等。

第四，创新政府管理模式。自开发开放之初，浦东就致力于通过“小政府、大社会”管理模式，进一步推动政府职能转变，扩大社会自治功能。此外，还有一个颇具浦东独家特色的综合配套改革试点。2005 年，在浦东开发开放 15 周年的时刻，国务院常务会议批准浦东进行综合配套改革试点，目标是在中国改革进程中三个最艰难的地方实现“三个变”——转变政府职能、转变经济增长方式、改变二元经济与社会结构。

(三) 改革的方向

深圳作为中国市场经济道路开拓者的历史使命已经出色完成。2019 年，在深圳建市 40 周年之际，中央赋予深圳建设中国特色社会主义先行示范区的新的战略使命，未来的目标是要成为竞争力、创新力、影响力卓著的全球标杆城市。

浦东引领国家更高水平对外开放、以开放倒逼改革的使命仍在半途。同时，中央也赋予了浦东建设自贸试验区临港新片区、设立科创板并实行注册制等新的重大改革任务。

在全球百年未有之大变局和我国开启全面建设社会主义现代化国家新征程的背景下，深圳和浦东这两个中国改革开放的排头兵，将各自发挥优势，相互激励、相互支持，在构建更加完善的社会主义市场经济体制、构建更高水平的开放型经济新体制、满足人民群众对美好生活的向往、推动治理体系和治理能力现代化等方面，继续进行改革开拓。

二、开放气质：不同起点走出不一样的精彩

同为中国开放的旗帜，深圳和浦东的开放起点承载了不同的“时代所托”，

在开放的路径和模式上发挥了不同的优势和底蕴，在中国不同阶段的开放征程中发挥了各自的引领和标杆作用。二者的开放“接力赛”向国际社会传递了中国持续扩大开放、积极融入全球的决心和承诺。

(一) 开放的起点

深圳开放的逻辑起点是迈出对外开放第一步，向国际社会传递中国开放信号。深圳是我国1978年确定改革开放后的“第一扇”开放窗口，当时主要的举措是创办经济特区，开展“三来一补”，设立中外合资经营企业、中外合作经营企业。1979年，交通部和广东省向国务院报送了《关于我驻香港招商局在广东宝安建立工业区的报告》，提出招商局初步选定在宝安蛇口公社境内建立工业区，初衷是利用国外的资金、先进技术和原材料。同年3月，深圳设市。7月，我国第一个出口加工工业区深圳蛇口破土动工，之后形成了深圳“以外商投资为主、生产加工贸易为主”的参与全球分工方式，初步形成外向型的工业发展格局。

浦东开发开放的逻辑起点是在复杂严峻的国际形势下，树立新的开放旗帜，实现超越改革开放之初的更高起点。浦东开发开放的形势与深圳开放之初大不相同，在经历1989年政治风波、东欧剧变之后，中国亟须找到改革开放新的突破口。1990年邓小平在上海过春节时提出“能采取什么大的动作，在国际上树立更加改革开放的旗帜”，时任上海市长的朱镕基向邓小平汇报了浦东开发开放的想法，获得了中央的支持。4月30日，上海市政府召开新闻发布会，宣布以引进外资为主的开发浦东十项政策。浦东新区立即成为投资的热土。

(二) 开放的路径

深圳的开放经历了以经济特区起步，发展到前海深港合作区，再到自贸试验区、粤港澳大湾区合作的开放逻辑和路径。毗邻港澳构成了深圳开放最大的优势，深港合作构成了深圳开放最核心的内容。从设立经济特区之初，深圳就吸引了大量的港资集聚，解决了深圳初期的发展资金问题。深圳后续重要的开放节点依然与香港有紧密的关系，2010年深圳设立前海深港合作区。经过10年的发展，前海深港青年梦工场已经累计孵化港澳台及国际团队227家，同时，也探索了跨境人民币贷款业务等“六个跨境”金融业务，在金融开放方面取得重大突破。前海利用外资占到全市的50%以上，占全省20%以上，是深圳名副其实的开放高地与核心承载，其中港资占前海利用外资的近90%。

浦东的开放经历了以高层次开放载体融入全球化，围绕“四个中心”功能突破实现要素机构集聚，到自贸试验区进行经贸新规则压力测试，再到新片区制度型开放的升级，成为引领中国开放持续升级的前沿。浦东的开放充分发挥了上海两个扇面的区位优势，充分彰显了上海深厚的开放底蕴和深入城市血脉的开放基因。在浦东开放历程中，有几个鲜明特点：

一是通过高层次开放载体和平台推进开放。浦东开发开放的载体升级综合了高新技术产业园区、保税区、保税港区、服务业集聚区等各类载体，陆家嘴金融贸易区、金桥出口加工区、外高桥保税区、张江高科技园区都是浦东开发开放后崛起的高能级开放载体，吸引了一批国际著名的跨国公司落户。

二是围绕“四个中心”功能扩大开放。浦东开发开放诞生的无数个中国“第一”都与国际经济、金融、贸易、航运中心功能紧密相关，如第一家外资银行、第一家外资保险公司、第一家外商独资贸易公司，等等，包括自贸试验区和新片区也都是着眼于金融开放、自由贸易、高端航运服务功能突破而进行制度创新。

三是积极参与国际经济治理的试验。2013 年，我国大陆第一个自贸试验区花落上海，浦东 28.78 平方公里成为国际投资热点，自贸试验区的设立大大提升了上海的开放层级与水平，涌现了一大批“首创型”开放，并着眼于对标国际经贸新规则构建开放型经济新体制。之后经历扩区，再到 2019 年设立自贸区临港新片区，新片区是我国立足于新时期国际国内形势、进一步扩大开放的重大战略部署，是新时代彰显我国坚持全方位开放鲜明态度、主动引领经济全球化健康发展的重要举措，并围绕集聚海内外人才开展国际创新协同的重要基地、统筹发展在岸业务和离岸业务的重要枢纽、企业走出去发展壮大的重要跳板、更好利用两个市场两种资源的重要通道、参与国际经济治理的重要试验田“五个重要”进行创新探索。

(三) 开放的趋势

展望未来，深圳和上海的开放深化，要在当前强化国内大循环、促进双循环格局中率先突围，同时着眼长远，继续为提升中国的国际地位发挥更大作用。对于深圳而言，未来开放仍将深度面向粤港澳、引领粤港澳共同融入全球网络，并且发挥本土高科技龙头企业集聚优势，在企业走出去引领开放、打造中国“跨国公司”方面展现作为。对于浦东而言，一方面将围绕上海增强全球资源配置功能、开放枢纽门户功能持续发力，围绕跨境功能需求探索更大力度的开放、围绕应对最高标准经贸规则进行压力测试,将从要素流动开放向规则、规制、管理标准等深度制度型开放转变,营造全面接轨国际的营商环境。

三、创新基因:不同文化孕育了不一样的模式

改革开放以来,深圳和浦东抓住全球产业梯度转移大趋势,嵌入全球产业链,不断推动产业升级和科技进步。尽管深圳和浦东都是产业驱动型创新,但两者的切入点和发力点均有所不同。深圳的创新,走的是民营企业主导,政府通过市场化方式配置创新资源,不断从模仿创新走向自主创新的道路。浦东的创新,前期是引进外资研发中心、国企参与合作创新,后来逐步转向落实国家重大创新战略,从合作创新转向自主创新乃至创新策源的道路。面向未来,深圳重在强基,而浦东则重在强企。

(一)创新的脉络

深圳:从模仿创新到自主创新。模仿创新的起点较低,但通过日积月累实现厚积薄发,一旦走通,潜力巨大。从改革开放到 2008 年国际金融危机前的这段时期,深圳主要通过"三来一补",承接我国香港地区和台湾地区的代加工,在此期间,企业处于资本积累和技术摸索期,产品有价格竞争力,但还谈不上科技竞争力。2008 年金融危机后,深圳将高新技术产业作为全市重大战略来推进,一批民营企业冲到了国际产业链和创新链的前端,前期研发投入的成效开始显现,在信息技术、新能源汽车、生物医药等领域,涌现出华为、大疆、腾讯、比亚迪、华大基因等一批行业龙头。中美从贸易战打到科技战,曾有人将此形象地比喻成是美国与深圳市南山区粤海街道办之间的"战斗"。这是一个创新阶段不断进化、从量变到质变的过程。

浦东:从合作创新到自主创新。合作创新的起点较高,但越往高处和尖端走,发现受到外部的制约因素越多,最终还是要走自主创新的道路。20 世纪 90 年代以来,浦东通过引进外资企业或者设立合资企业等方式,高起点融入全球产业链。在外资企业的带动下,浦东制造业的技术水平、创新能力、产品质量都长期保持全国领先地位,培育了大量的科技、技术、管理等方面的人才,并直接带动了长三角地区的产业链整合以及产业能级提升。但这种模式也存在缺陷,一方面,掌握关键技术的外资企业,其核心研发创新环节并不放在浦东,外资企业研发创新自成体系,不仅技术溢出效应不明显,而且产学研合作的本

地化作用也不明显;另一方面,对外资技术形成路径依赖后,合资企业的内生创新能力和动力都不足。正是看到了这种模式面临的瓶颈问题,浦东在多年前已经开始向自主创新模式转变,一手抓外资研发中心,一手培育和引进本土科技企业。聚焦中国芯、创新药、未来车、智能造、数据港等五大方向,大力培育本土科技企业,力争成为全球创新策源地。目前张江在生物医药的新药研发方面走在全国前列,在全球也有一定的影响力。这是一个创新模式切换的过程。

(二) 创新的特点

深圳:市场化+需求导向。深圳的创新,市场化特点非常明显。深圳创新的主体力量不是国有经济而是民营经济,不在院校、科研机构二线层次而在实体企业一线层次,科技创新十分"接地气"。从1985年引进中科院创办深圳科技工业园,到2003年引进北大、清华、哈工大的研究生院,深圳在引进外部创新机构方面,也始终坚持以科技成果转化为导向,以服务市场需求和企业技术创新需求为首要目标。深圳充分尊重并发挥市场对资源配置的决定性作用,通过市场化方式打通了从基础研究到技术转化的创新链条。深创投是国内首个市场化运作的政府创新投资引导基金,也是运作最成功的政府投资基金;深圳是国内首个探索新型研发机构的城市,也是目前新型研发机构数量最多、运作效果最好的城市,培育了中科院深圳先进技术研究院、光启研究院等一大批领先的新型研发机构;在国家重点实验室、诺奖实验室等基础研究机构的建设方面,也是普遍采用市场化的建设理念。

浦东:国际化+国家战略。浦东的创新,国际化特色非常明显。浦东是全国外资研发中心集聚度最高的区域,浦东开发开放的早期,就开始大力引进外资研发中心,并很快成为浦东创新的招牌。时至今日,外资研发中心仍是浦东创新体系中的重要力量。截至2020年上半年,设立在浦东的外资研发中心达到257家,占上海外资研发中心总量的52.3%。凭借外资企业以及研发中心集聚优势,浦东针对外资企业和海外人才形成了完善的专业服务体系和生活配套环境,也成为海外人才归国创业的首选地。与此同时,浦东的创新,国家战略印记也非常明显。习近平总书记多次要求,以全球视野、国际标准建设张江综合性国家科学中心,集聚建设国际先进水平的实验室、科研院所、研发机构、研究型大学,建立世界一流的重大科技基础设施集群。以张江综合性国家科学中心建设为契机,浦东已成为全国大科学设施和高水平科研机构最集聚的区域之一,通过基础创新领域加快发力,聚焦集成电路、生物医药、航空发动机等重点领域的关键技术进行创新突破。

(三) 创新的趋势

随着我国进入自主创新发展的新阶段,深圳、浦东等一批创新高地也要向世界级的创新策源地迈进。建设创新策源地,需要构建大学、科研机构、大科学设施、科技企业的完整创新生态。

深圳重在补基础创新的短板,我们可以看到,近年来深圳成立了综合性国家科学中心,规划建设光明科学城,大力引进研究型大学、基础科研机构、诺奖实验室,积极推动大科学设施布局。

浦东在继续夯实基础创新的前提下,要更注重补科技企业的短板。在浦东的创新链条上,还缺少世界级科技龙头企业,而关键核心技术突破,最终还是要靠企业来完成。面向未来,浦东应提起十二分精神来发展民营科技企业,要拿出当年支持外资企业和国有企业发展的劲头,为民营科技企业营造更好的发展环境。

四、 并非结束语:三十而立再发力,四十不惑再启航

以史为鉴,是为了更好的启示未来。站在世界百年未有之大变局的历史起点,无论是“四十不惑”的深圳,还是“三十而立”的浦东,都承载着为我国新一轮改革开放、创新驱动探路的历史使命。深圳和浦东,都需要以继往开来、乘风破浪的勇气,拿出“二次创业”的激情,既在当前国内大循环、国际双循环中发挥重要的支撑作用,也要扛起新时期引领中国开启第二个百年新征程的大旗,创造中国让世界刮目相看的更大奇迹。

深圳将围绕中国特色社会主义先行示范区,努力创建社会主义现代化强国的城市范例,努力做好高质量发展高地、法治城市示范、城市文明典范、民生幸福标杆、可持续发展先锋;浦东要按照习近平总书记在长三角一体化座谈会上最新讲话的指示要求,在改革系统集成协同高效、高水平制度型开放,增强配置全球资源能力,在提升城市现代化治理水平等方面先行先试、积极探索、创造经验,引领上海以及长三角一体化高质量发展乃至我国社会主义现代化建设。

作者:丁国杰、杨宏伟、芮晔平、高　平

参考文献：

① 张思平：《深圳改革开放实践的基本经验、主要不足和挑战》，第一财经，2018 年 5 月 24 日，https://www.yicai.com/news/5425998.html。

②《中共中央　国务院关于支持深圳建设中国特色社会主义先行示范区的意见》，新华社，2019 年 8 月 18 日。

③ 杨禹：《改革时评|一个世界级的深圳，意味着什么？》，《中国改革报》2019 年 8 月 20 日。

④ 黄尖尖、王志彦：《临港新片区 + 深圳先示区，中国打出更高水平开放组合拳》，澎湃新闻，2019 年 8 月 20 日，https://www.thepaper.cn/newsDetail_forward_4206452。

⑤ 刘梦、付小悦、严圣禾：《深圳，创造新的更大奇迹》，人民网，2019 年 12 月 26 日，http://cpc.people.com.cn/n1/2019/1226/c415067-31523960.html。

⑥ 唐杰：《深圳 40 年如何从“被谁抛弃”、多次衰退，走向世界城市前沿》，澎湃新闻，2020 年 8 月 21 日，https://www.thepaper.cn/newsDetail_forward_8824654。

⑦ 钱一彬、谢卫群、毕梦瀛：《三十年，浦东先行先试立潮头》，《人民日报》2020 年 11 月 10 日。

⑧ 李成东：《【浦东 30 年】浦东新区区长杭迎伟：开放是浦东与生俱来的使命和特质》，上观新闻，2020 年 11 月 2 日，https://web.shobserver.com/wx/detail.do?id=306581。

⑨ 倪佳、王晨、周扬清：《解读“浦东密码”：31011519900418141PD30》，上观新闻，2020 年 11 月 12 日，https://web.shobserver.com/news/detail?id=310469。

⑩ 秦德君：《浦东开发开放 30 年，先行先试取得了哪些历史性突破？》，上观新闻，2020 年 4 月 18 日，https://web.shobserver.com/wx/detail.do?id=238675。

浦东“三十而立”:开启新征程,创造新奇迹

2020年4月18日是浦东开发开放30周年的纪念日。1990年4月18日,党中央、国务院正式对外宣布了开发开放浦东的战略决策,沉睡许久的浦江之东从此开启了新征程。短短三十年间,浦东从田连阡陌到高楼林立、从冷僻乡间到繁华城区,一路见证着我国改革开放的历史,一路书写着高质量发展的奇迹。浦东以上海1/5的土地、1/4的人口创造了上海1/3的经济总量、1/2的税收总额,地区生产总值从1990年的60.24亿元增长到2019年的1.27万亿元,人均生产总值达到3.32万美元。浦东开发开放的成功实践,已经成为我国改革开放的象征和上海现代化国际大都市建设的缩影。站在“两个一百年”的历史交汇点、面对百年未有之大变局,浦东要继续以敢闯敢试、超越自我的精神,以排头兵的姿态和先行者的担当,奋力创造新时代改革开放新奇迹。

一、 回眸:“五个先行”铸辉煌

回顾浦东开发开放的辉煌历程,既有着深刻的历史背景和机遇条件,也有敢为人先、锐意进取的大胆探索,其中不乏一些极具关键性的制度突破和富有影响力的创新举措,具体表现为以下“五个先行”:

(一) 国家战略先行

20世纪90年代以来,浦东就成为上海承担国家对外开放战略的核心区和试验田,从浦东开发初期获得的重大突破性政策,到中央赋予上海国际金融、航运中心功能,到成功举办世博会、引进迪士尼项目,再到赋予上海全球科创中心、自贸试验区改革试点等功能,这些都是上海和浦东在不同阶段承担国家重大开放战略的表现。2018年,习近平总书记在首届中国国际进口博览会开幕式上,向世界宣示了中国坚定扩大开放的决心,并宣布增设中国上海自由贸易试验区的新片区、在上海证券交易所设立科创板并试点注册制、支持长江三

角洲区域一体化发展并上升为国家战略。浦东作为上海实施上述三项新的重大任务的核心地区，再次被赋予了新时代改革开放的新使命。可以说，通过承担国家开放战略倒逼经济体制、政府管理、社会服务等领域改革，从而促进营商环境优化，并在全国范围内复制推广，是浦东新区开发开放的重要特点。

(二) 基础设施先行

浦东开发开放以来，在从滩涂、农田到国际化大都市的蜕变过程中，坚持基础设施先行的理念发挥着重要支撑作用。一方面，浦东机场、外高桥港区、洋山深水港等国际化交通和物流枢纽建设，确保了浦东始终站在对外开放的最前沿，2019 年，上海港集装箱吞吐量达到 4 330.3 万标准箱，连续 10 年位居世界第一；浦东与全球 223 个国家和地区发生业务往来，多项指标占全国海关特殊监管区比重超 50%；浦东国际机场年旅客吞吐量保障能力已达 8 000 万人次，上海机场的货邮吞吐量突破 400 万吨，连续 12 年排名全球第三。另一方面，横跨黄浦江的多条桥梁、隧道、地铁等交通设施(截至目前，浦东累计建成了 228 千米轨道交通、285 千米高快速路、4 座越江大桥、15 条过江隧道)，使得上海中心城区的服务功能、人才资源有效辐射到浦东，同时也打通了浦东与长三角的联系。通过现代化的基础设施带动国内外人流、物流、资金流的高速融通，正为浦东的发展源源不断地提供动能。

(三) 科学规划先行

与浦东开发办公室同时成立的，还有浦东开发规划研究设计院，这充分表明了浦东开发坚持规划先行理念。1990 年 12 月，浦东新区总体规划审议会召开，研究启动陆家嘴金融贸易区 1.7 平方千米核心区的规划，市政府决定用国际智慧做好陆家嘴的规划，开创了我国历史上为一个地区规划进行国际咨询的先例，国际方案征集了英法日意等多国规划大师的设计理念，产生了第一个汇集国际智慧的规划方案。近年来，在世博会、国际旅游度假区、张江科学城、临港新片区等重要战略区域的开发建设中，我们同样看到了全球顶尖规划设计团队的参与。高起点规划、高标准建设、高质量推进，不仅成为浦东以规划引领开发建设的惯例，也为上海随后的城市规划开辟了新空间，树立了新理念。

(四) 功能塑造先行

在上海对外开放尤其是浦东开发开放的历史进程中，功能先行的特征非常明显,也就是说先明确城市功能定位,再围绕核心功能定位进行区域开发布局、产业规划引进、基础设施配套以及政策机制设计。中国共产党第十四次全国代表大会报告提出上海要打造“一个龙头、三个中心”,后来上海逐步明确“四个中心”功能定位,浦东就是围绕经济、金融、航运、贸易等中心建设,发挥对外开放的龙头作用,四大开发区、港口、机场、桥隧等都是为实现这个功能定位而进行的布局,完善金融市场、发展总部经济等也是为实现功能开展的工作。随着上海全球科创中心功能的提出,浦东围绕科创中心建设展开了新一轮布局,如张江科学城规划、国家大科学设施布局、“双自联动”政策推进等。

(五) 制度创新先行

在我国地方改革实践中,近年来真正敢为天下先的改革创新举措相对较少,更多地是在有基础、有共识的情况下,通过科学设计和实践探索,将国家层面改革方案具体化、系统化、制度化。而浦东作为我国改革开放的窗口和全面深化改革的试验田,不断通过开放倒逼改革,取得了一系列立足上海、服务全国大局的制度创新成果。从开发初期的“资金空转、土地实转”“小政府、大社会”,到自贸区成立后的外商投资负面清单、商事登记制度改革,一批批制度创新让“浦东试点”变成“中国经验”。2019 年 6 月,《关于支持浦东新区改革开放再出发实现新时代高质量发展的若干意见》正式发布,20 条支持浦东发展的举措,赋予了浦东新区更大改革自主权。浦东新区将继续以制度创新为核心,对标最高标准、最好水平,大胆试、大胆闯、自主改,为全国改革发展探索新路径、积累好经验。

二、 展望:“六个引领”谱新篇

展望未来,浦东站在了改革开放再出发的全新起点,承载着引领我国开启社会主义现代化新征程新的历史使命。“开发浦东、振兴上海、服务全国、面向世界”的初衷被赋予了新的时代内涵,“再造浦东、引领上海、服务全国、胜出全球”或应成为浦东新时期的使命担当。李强书记在《高举浦东开发开放旗帜,奋力创造新时代改革开放新奇迹》一文中,明确提出浦东要成为“我国推动和引领经济全球化的开放旗帜”“我国建设社会主义现代化强国的重要窗口”“我国深度融入全球经济格局的功能高地”“我国超大城市的治理样板”。分解来看,浦东未来应在六个方面着力引领、创造“新奇迹”。

(一)开放引领:创造引领经济全球化的新奇迹

应开放而生、因开放而兴,浦东一直是我国对外开放的一面旗帜,也是一张王牌。过去30年来,浦东一直站在引领中国开放的前沿,从开发之初无数个“第一”的外资破冰,到“四个中心”国际化程度的不断提高,到设立中国大陆第一个自由贸易试验区,再到增设自贸试验区临港新片区,浦东开放不断走向纵深,开放型经济水平不断升级。浦东开放的意义十分明显,发挥了外资进入中国的窗口作用、内陆企业走向国际的平台作用、链接国内和国际市场的通道作用、国际化营商环境的标杆作用和接轨国际经贸投资规则的试验田作用。

如今,我国对外开放再次站在了十字路口。当前,经济全球化出现了阶段性调整,“逆全球化”强势抬头,贸易保护主义加剧,美国“退群”、英国脱欧,全球多边贸易规则受阻,区域贸易规则碎片化,加之新冠肺炎疫情全球蔓延对未来全球经贸投资格局冲击的不确定性,我国对外开放正面临着复杂的形势变化和前所未有的挑战,亟须找到新的路径和突破口,这和当时浦东开发开放的背景有诸多相似之处,再次为上海、为浦东提出了新的“考题”。

中国的开放枢纽门户在上海,上海的开放枢纽门户在浦东。新形势下更需要浦东、上海进一步向全球传递中国扩大开放、推进世界开放型经济建设的信心与决心。未来浦东开放的意义可能不再是或不仅仅是外资蜂拥而至的数量增长、贸易额的规模增长,取而代之的是在提升上海乃至国家在全球开放格局中引领地位的“软实力”领域发力,拓展高质量外资领域、促进高附加值贸易结构升级、探索高标准经贸投资规则、打造高水平的营商环境,从而成为我国推动和引领经济全球化的开放旗帜。浦东需要用好“新片区”这张新的王牌,按照新片区“五个重要”的定位,打造新的开放枢纽门户:一是拓展开放领域,在律师、征信调查、医疗、教育等不具备全面开放条件的领域率先开放,在区域性、专业化国际组织或功能性机构集聚方面力争破冰。二是探索更加自由的双边或多边贸易规则压力测试(如“三零”原则),并在竞争中立、国际通行法律衔接等方面建立与国际接轨的监管标准和规范制度。三是打造服务“一带一路”和企业走出去的桥头堡。

(二)功能引领:创造全球经济功能高地的新奇迹

浦东开发开放的过程中,一直把培育功能、提升功能作为努力追求的目标方向,持续在金融中心功能、贸易中心功能、航运中心功能方面实现新的突破和超越。目前,浦东已经成为全球要素市场类型最丰富、金融机构最集聚、金融交易最活跃的地区之一,金融要素市场和金融基础设施累计达 13 家,持牌金融机构 1 078 家,金融专业服务机构 2 000 余家,外资资产管理公司占全国总数 90%以上,上海期货交易所商品期货和期权成交量已跃升至全球第一,上海证券交易所股票市场总市值和 IPO 融资额均名列全球第四。

全球资源配置能力是一国国际地位的重要承载,是一个地区或城市功能高端化的根本体现。当前,全球要素资源流动和配置出现了新的趋势,全球化与逆全球化博弈成为影响全球资源配置的重要变量,西方主导全球资源配置的格局逐步被打破;全球金融资源逐步向新兴行业配置,跨境金融交易有望成为我国加速人民币国际化、增强金融资源配置功能的重要突破口;传统货物贸易地位持续下降,服务贸易和数字贸易成为贸易资源配置能力的重要体现;全球数字化升级改变资源配置方式,促进全球资源配置载体和形式趋于网络化。

全球资源配置出现的新趋势与新变化,为浦东下一轮功能突破提供了新机会,也提出了新要求。下一步,一是充分利用自贸区临港新片区,尤其是洋山特殊综合保税区,争取离岸贸易功能的突破,打造辐射全球的供应链贸易枢纽。二是通过建立跨境金融资产交易平台、离岸债券市场,加速人民币国际化,提升上海全球金融资源配置功能。三是努力打造全球资产管理、融资租赁、国际船舶管理、总部经济和国际专业服务等全球服务高地。

(三) 产业引领:创造世界级产业集群的新奇迹

浦东开发开放以来,通过外资企业引进、重大项目推进,不断形成产业集聚,初步建立起现代产业体系,浦东以全国 1/8 000 面积创造 1/80 的 GDP,正是来自产业发展的核心支撑。当前,浦东“中国芯、蓝天梦、创新药、未来车、智能造、数据港”的六大产业版图已逐步清晰。浦东的产业引领一方面体现了自身向高端化的升级,另一方面也体现与长三角、国内城市的辐射联动。长三角各城市借助浦东开发开放契机,积极调整产业结构,提升产业发展能级,与上海、浦东形成了较为合理的产业分工。

当前,全球产业革命和产业链分工格局正发生深刻变化。一方面,全球产业链面临重构,西方发达国家纷纷实施“再工业化”“制造业独立”战略,疫情的全球蔓延进一步强化了发达国家“制造业回流”的决心;另一方面,新兴市场国家通过国家政策,利用资源、成本优势,加快工业化进程,积极融入全球产业链分工。产业链治理权成为竞争关键,抢占新兴产业、掌握核心技术、占据关键环节成为大国竞争核心策略，一方面加强技术攻关、自主创新，另一方面也强化新兴产业、科技创新主体的并购。

面对新形势，浦东应积极应对全球产业竞争的挑战，不断摘取战略性新兴产业和先进制造业的“皇冠明珠”，成为“大国重器的国家名片”，助力上海和我国不断实现全球产业链地位攀升。具体来讲：一是围绕中国芯、蓝天梦、创新药、未来车、智能造、数据港六大领域，在基础材料、关键器件、核心设备、工作母机、基础算法等“基础能力”不断突破。二是聚焦临港、张江、金桥等高端产业集聚区，打造浦东产业引领的“地标高峰”，带动浦东其他板块、联动浦西发展、辐射长三角。

（四）创新引领：创造全球创新枢纽的新奇迹

浦东开发开放的过程也是创新活力持续迸发的过程。当前的浦东，已经在全球创新版图中占据了一席之地。张江科学城正在努力迈向学术新思想、科学新发现、技术新发明、产业新方向的重要策源地，大科学装置加快布局，李政道研究所、张江药物实验室、复旦张江国际创新中心等一批顶级研发机构和平台加快落户，创新人才加快集聚，关键技术不断突破，至今，浦东已诞生了全国15%的原创新药和10%的创新医疗器械，中芯国际、华虹、中微、上微等企业的研发创新能力不断向国际先进水平迈进。

当前，全球创新链呈现新的趋势格局。全球科技创新呈现多元爆发、交汇叠加的“潮涌”现象，特别是信息技术、生命科学、新能源和空间海洋等领域呈现突破态势。为占据新科技革命的制高点，发达经济体持续强化科技战略布局以巩固竞争优势，如2019年美国国防部相继推出《国防部云战略》和《国防部数字现代化战略》；日本发布《2019年科技创新综合战略》，制定日本未来在生物技术、量子、人工智能、环境能源等关键领域的发展目标；欧盟发布的《加强面向未来欧盟产业战略价值链报告》报告，提出在清洁型互联自动驾驶汽车、氢技术和能源系统、工业互联网等前沿科技领域的支持举措。全球创新区域性集聚态势进一步强化，创新集群成为全球创新网络的核心节点。国际协同创新成为整合创新资源、提高创新效率的有效途径，等等。

面对新的全球科技创新趋势格局，浦东需要发挥好创新的主力军和引擎作用，为上海全球影响力科技创新中心建设、我国融入全球创新网络提供核心支撑。一是推动张江科学城打造“科创特区”。成为深化科技体制改革、深化创新要素资源配置的主战场，成为展现中国未来科创全球影响力的核心地标。

二是依托新片区打造“国际协同创新枢纽”。继续办好世界顶尖科学家论坛，打造国际顶尖科学家社区，发起“临港国际科学计划”，依托国际创业孵化平台、国际创新大赛、金融科技开放创新等，加强国际协同创新。三是联动长三角打造世界级的创新集群。推动浦东大科学装置、科研基础设施、公共平台面向长三角乃至全国开放，加强原创成果在长三角的孵化和转化。

（五）改革引领：创造生产要素市场化改革的新奇迹

改革是浦东开发开放三十年的核心基因，浦东开发开放的过程正是刀刃向内、不断改革突破、大胆创新的过程。30年来，浦东始终以先行改革闯新路，探索资本、土地、劳动力、技术等生产要素的市场化配置，设立各类金融要素市场平台，率先推动土地使用权有偿转让，率先开展综合配套改革试点，率先推进自贸试验区行政审批的一系列制度创新等，通过多项首创性改革、引领性改革不断挖掘要素潜能、释放市场活力、激发内生动力，形成大量向全国复制推广的模式经验，成为国内改革的一面旗帜。

当前，我国改革进入到深化攻坚的新阶段。党的十九届四中全会通过《中共中央关于坚持和完善中国特色社会主义制度　推进国家治理体系和治理能力现代化若干重大问题的决定》，2020年4月9日，党中央、国务院印发《关于构建更加完善的要素市场化配置体制机制的意见》，是我国全方位推进要素市场化改革的纲领性文件，也是牵一发而动全身、引领全面改革的总纲。《意见》围绕“完善要素市场化配置，推动经济高质量发展”的总目标，明确了促进土地、劳动力、资本、技术、数据“五大要素”自由流动的要求，提出了市场竞争和价格机制实现效率最优、政府调节与监管纠正市场失灵并兼顾公平、“渐进+增量+试点”推动改革稳步实施的举措。

对于浦东而言，下一步发挥改革引领的作用，就是要在深化资源要素市场化配置方面率先突破。一是提高土地资源配置效率。深化产业用地制度改革，开展产业用地高效复合利用，推进产业用地标准出让，创新存量用地盘活机制，探索构建促进盘活存量建设用地的税费制度。二是强化人才关键要素的集聚辐射。完善积分落户制度，探索与长三角各城市之间户籍准入年限同城化累计互认。依托新片区人才自由流动的开发优势，设置“科学家”绿卡制度，通过发起国际科学计划、设立国际孵化基地、举办创新大赛等各种方式集聚创新人才。三是提升数据资源配置能力。按照分级分类、风险可控的原则推动数据公开，打造全国“数字政务示范区”。引入数据增值服务机构，拓展数据增值服务业务,在新片区试行“允许境外机构提供数字贸易增值服务”。搭建国内数据交易、跨境数据流动交易平台,建设数字贸易枢纽港。

(六) 治理引领:创造超大城市现代化治理的新奇迹

三十年浦东开发开放,由田连阡陌华丽转身为一座璀璨的现代化新城,这其中既有城市基础设施、城市形态、面貌品质的外在表现,也有呼应人民群众对高品质生活、不断提升城市现代化治理水平的内化支撑。三十年发展,浦东既是中国经济高质量发展的一个缩影,也为现代化的城市治理树立了标杆。浦东自开发之初,就确定了“小政府、大社会”的目标,近年率先组建了城市运行中心,建立“城市大脑”,推进智能化、精细化管理,有效防控城市运行的重大风险;同时,完善“家门口”服务体系,通过把居村委改造成服务站、服务中心,打造服务群众的“最后一百米”,做到服务零距离,使城市管理更加贴近群众需求。

推进城市治理现代化是治理体系和治理能力现代化的重要内容。党的十九届四中全会通过《中共中央关于坚持和完善中国特色社会主义制度推进国家治理体系和治理能力现代化若干重大问题的决定》,对推进现代化治理能力建设描绘了宏伟蓝图。习近平总书记在第二届中国国际进口博览会上海考察时明确提出“城市是人民的城市,人民城市为人民”“不断提高社会主义现代化国际大都市治理能力和治理水平”,对上海落实十九届四中全会精神寄予了期待。

下一步,浦东提升现代化治理能力,一是要加强经济、社会、城市的系统协同治理,完善城市公共安全、公共卫生应急管理体系。二是推动政府数字化治理,抓好“一网通办”和“一网统管”两张网建设,提高治理的科学化、精细化、智能化水平。三是创新基层治理,推动管理服务向社区重心下移,深化基层自治共治。

“沧海横流,方显英雄本色;青山矗立,不堕凌云之志。”三十而立、未来已来,浦东更加需要以舍我其谁的勇气担当、海纳百川的开放胸怀、披荆斩棘的创业激情、勇攀高峰的攻坚精神和破解难题的政治智慧,创造新时代改革开放新奇迹,探索中国经济高质量发展的“浦东模式”,提供新时期改革开放的“浦东方案”,树立现代化治理的“浦东样板”。

作者:丁国杰、高　平

参考文献:

① 徐敏栩:《浦东的科创使命》,第一财经,2019 年 12 月 27 日,http://n.eastday.com/pnews/1577439382011499。

② 上海市城乡建设和交通发展研究院:《2019 年上海市综合交通运行年报》,2020 年 4 月 23 日,http://www.cs.com.cn/sylm/jsbd/202004/t20200403_6042281.html。

③ 李强:《高举浦东开发开放旗帜　奋力创造新时代改革开放新奇迹》,搜狐网,2020 年 4 月 28 日,https://www.sohu.com/a/389009931_99959851。

④ 舒抒,王志彦:《浦东三十年,新理念创造新奇迹》,上观新闻,2020 年 4 月 18 日,https://web.shobserver.com/journal/article/share?id=291565。

上海如何构建面向全球的开放创新体系：旧金山湾区和特拉维夫的经验借鉴

纵观全球科技创新趋势，尤其是美国、欧盟、德国、以色列等发达国家和地区创新发展的实践，打破区域乃至国别界限，构建起一个覆盖全球的开放型创新网络体系，从而实现全球创新要素的自由流动与整合，无疑是最重要的发展趋势。创新活跃的国家和地区，共同点都是以高科技企业为主导，以产学研协同发展为支撑，以科技与金融高度结合为特色，集聚来自全球的科技人才，源源不断地从全球创新网络中汲取资源、信息、技术、人才，让全球的科技创新资源在本地区发挥最大化的作用。

一、美国旧金山湾区的开放型创新体系

以硅谷为代表的美国旧金山湾区，无疑是当今全球最具创新活力的区域，其开放型创新体系主要表现在两个方面：一是吸引全球的科技创新人才，形成创新思想的汇聚；二是通过高科技企业的产业链、创新链开放布局，建立起全球化的创新网络和产业分工协作网络。

(一) 吸引全世界的科技人才

旧金山湾区自然环境优越，拥有斯坦福、伯克利等一批享誉全球的大学，是美国多元文化最典型的区域之一，良好的自然气候条件、一流的高等学府与多元文化为湾区吸引全球技术移民营造了良好的发展环境。20世纪六七十年代以来，大批来自中国、印度和以色列等国家的留学生、技术移民来到硅谷，目前硅谷地区来自全球的技术移民占总人口的比重近40%，技术移民创建的企业占硅谷全部高科技企业三分之一以上，源源不断地来自全球的科技创新人才，是硅谷长盛不衰的重要因素。尤其是1995年至2005年的10年间，硅谷高科技企业中有一半以上是由移民创立或联合创立的，

这个时期也恰恰是硅谷创新活力空前爆发的10年。在硅谷的带动下，旧金山湾区的专利数量占全美比重从1976年的不足5%上升至目前的近20%。英特尔前总裁克雷格·巴雷特曾提出建议："每一个博士学位，都应该附一张美国绿卡。"

(二) 形成动态开放的创新生态系统

硅谷地区的信息、知识、技术、资本、人才以及其他创新资源自由流动性非常强，企业对此都秉持开放包容甚至大力促进的态度，为新技术、新商业模式诞生提供了绝佳的土壤。作为硅谷创新核的斯坦福大学建立起了不同于其他大学的更加开放和自由的学籍管理办法，并向附近一些公司开放实验室，共同研制新产品。开放式办学成为斯坦福大学知识创造和创新能力的主要来源。近年来，随着硅谷地区的商务成本不断上升，部分高科技企业转向湾区的其他区域寻求发展空间，旧金山市政府利用商务成本低的优势，并出台"社区优惠法案"，吸引高科技企业和年轻创业者，取得了显著成效，目前湾区已形成"硅谷—旧金山"双中心的科技创新格局。

(三) 建立全球化的产业分工和创新协作网络

硅谷是全球最重要的创新源，通过全球产业创新分工，硅谷的高科技企业将触角延伸到了世界各个角落，整合了全球的创新资源。如苹果公司在硅谷的总部主要负责技术和产品研发以及战略决策，苹果的手机、电脑、平板等产品，绝大部分零件和配件都是全球采购，产品组装也在国外完成的。硅谷的高科技企业还通过建立国外研究中心以及全球并购等方式，网罗全球的先进技术与人才。如引起全球广泛关注的围棋人机大战，其人工智能主角的AlphaGo，就是Google收购的英国公司Deep Mind的研究成果。此外，硅谷还通过人才流动来不断延伸以硅谷为核心的全球创新协作网络，中国台湾新竹、印度班加罗尔、以色列特拉维夫等区域高新技术产业的崛起，就是由大量在硅谷工作的科学家和工程师带着技术与项目回到故土创业所催生，这些高科技企业与硅谷创新领军企业保持着千丝万缕的联系，很多都是硅谷企业创新链和产业链的成员。与此同时，世界各地的科技企业为充分利用硅谷的科技优势和创新人才，也纷纷在硅谷设立研究中心。

二、以色列特拉维夫的全球创新之路

特拉维夫是以色列的经济和科技中心，被誉为“欧洲创新领导者”和“仅次于硅谷的创业圣地”。特拉维夫的崛起，一方面得益于其精准的定位，深度对接全球科技创新与新兴产业网络，大量培育服务于科技龙头企业的中小企业；另一方面得益于来自世界各地的犹太裔科技人才和金融资本。

（一）依托全球科技巨头促进科技中小企业发展

特拉维夫及周边地区集聚了以色列三分之二的新创企业总部及200余家著名跨国企业，包括谷歌、微软、通用、夏普等公司的研发中心。政府大力支持中小企业在跨国公司产业链、创新链上某些环节的探索，近年来，特拉维夫几乎每年都有四五十家创新企业被欧美的大公司收购，由此也形成了特拉维夫独特的创新战略定位——服务全球企业巨头、融入全球创新网络、科技中小企业快速更替。特拉维夫集聚了以色列近70％的创新种子企业，大量的企业孵化器、加速器和研发中心遍布全城。从2012年至2018年，特拉维夫各种创新中心、公共工作空间、孵化器、加速器的数量增加了两倍以上，科技创新中小企业的数量增加了50％，形成了互联网、通讯、信息技术与软件和生命科学四个主要的产业集群。

（二）汇聚以犹太裔科技人才为核心的全球创新资源

在整个科技创新体系中，人才至关重要。20世纪70年代，犹太移民潮兴起，大量的科技工作者从俄罗斯、波兰、法国、德国等国涌入以色列，包括后来获得诺贝尔奖的162人。2009年，以色列又制定了“回到祖国”战略，吸引了2 400名欧美国家的犹太裔顶尖科学家回到以色列。在以色列的大学里，教授几乎都有海外背景，不是从海外回来的，就是接受过海外教育、有在海外研究治学的经历。犹太科学家与世界各类前沿研究机构的紧密联系，促进了特拉维夫与世界的科技交换与信息交换。具备多元文化背景的高素质移民，让以色列拥有了将创新的热情转化为实际行动的能力，而特拉维夫的异军突起，正是以色列全球人才战略的成功果实。而犹太人在金融领域的巨大成功，为他们在特拉维夫进行风险投资提供了资本和理由。

(三) 着力打造全球科技创新中心的国际形象

特拉维夫将构建全球创新中心作为城市发展主题，每年通过举办大型活动，在世界主要城市进行游说和招商。如“DLD特拉维夫创新节”，包含大约100项各式国际创新活动，吸引全球数百家创新公司、风投基金等。邀请各国商界、政界精英人物，参与创新机制与城市创新发展的讨论。利用全额奖学金吸引国外优秀的留学生，为来特拉维夫创业的外国人提供特殊的创业签证。定期组织以“创业、创新”为主题的城市旅游和考察，加强城市品牌宣传，鼓励记者将特拉维夫最内在、最真实的创业、工作、休闲状态传播到全世界。

(四) 政府为开放创新提供全方位、精准化服务

特拉维夫市政府将自己定位为服务型政府，并且与其构建全球创新中心的城市战略相匹配。政府推动实现了 Wi-Fi 全城覆盖与免费使用，推出专门的服务于创业者的网站，详细列出了全市所有可用的办公空间及信息、所有投资机构的地点与联系信息、所有初创企业与加速企业的类别与联系方式、所有研发中心的研究领域与联系方式以及所有这些不同企业正需要的工作人才等各种信息。政府还建立了企业数据库，涵盖全市各类企业的就业人数、所在区位、产品市场、发展阶段、生产规模、主要融资形式、面临的主要问题等方方面面的信息，并不断进行动态更新，从而实现精准服务。通过专业的金融分析工具，分析各类企业的最优融资模式和规模，减轻政府财政负担，优化社会资本配置。

三、 对上海建设全球科技创新中心的重要启示

上海是大陆国际化水平最高的城市，开放一直是上海最大的优势和品格，是最受外国人欢迎的中国城市。上海要建的是全球性科技创新中心，开放创新是上海必须坚持的发展方向，而旧金山湾区和特拉维夫的很多做法都值得上海借鉴和学习。

(一) 吸引全世界的科技人才尤其是华裔科技人才

与硅谷地区技术移民占总人口比重40%相比，上海外籍移民占常住人口

总量尚不到4%，技术移民就更少了。上海是一个开放的城市，但不是一个有深厚科学精神和氛围的城市，如果要建设具有全球影响力的科技创新中心，仅靠上海现有的人力资源和科技人才是绝对无法实现的。因此，上海必须要学习硅谷，面向全球集聚优秀的科技人才，并推出技术移民计划，每年可以拿出几万张技术移民绿卡，快速壮大上海的科技人才队伍。同时，要学习特拉维夫的做法，向全球优秀的华裔科学家和科技人才推出"回到祖国、来到上海"战略，为他们切实解决各种难题，把上海作为他们工作、创业和举家生活的家。

(二) 着力打造开放包容的科技创新生态系统

在硅谷，第二次创业、第三次创业的人得到风险投资的可能性最大，因为投资人认为他们曾经失败的经历对于未来的创业成功至关重要。创新是一个走在无人区的过程，创业更是需要很强的综合素质和能力，失败在所难免。上海要建设以策源能力为核心的科技创新中心，就一定要建立一套包容失败甚至"欣赏失败"的制度和文化，否则科技创新的种子很难开花结果。硅谷还有一个非常独特的文化，就是对员工跳槽持开放态度，有些企业甚至鼓励员工跳槽，因为这样可以保持公司持久的创新活力，防止由于人员沉淀导致公司死气沉沉，同时，科技人员的流动也可以为企业带来更多的创意和良性竞争。而在上海，员工跳槽很多时候被视为对企业不忠诚、做人不靠谱。上海要建设创新中心，就必须引导企业尤其是政府、事业单位和国有企业，逐步改变传统以"终身、忠诚"为内核的职场文化，对员工离职和创业给予包容、鼓励和支持，因为创新资源只有流动才能创造更大的价值。

(三) 积极打造上海全球性科技创新中心的国际形象

上海要建设全球科技创新中心，就一定要让全球的创新企业和科技人才知道。上海"建设全球科技创新中心"这句话不能仅仅是频繁出现在政府文件、规划、政策和官员的讲话中，更要通过各种市民喜闻乐见的形式，让广大市民都知道上海要建设全球科技创新中心，要让市民有由衷的期待并主动参与。同时，要以建设科技创新中心为城市发展主题，积极策划各类大型活动，定期在国内各大城市组织以"上海创新创业"为主题的品牌宣传，在世界主要城市进行游说和招商。主动邀请国内外科技界、商界、政界精英人物，参与上海城市创新发展的讨论。推出全额奖学金计划，吸引国外优秀的留学生来上海。可以在自贸区临港新片区，为来上海创业的外国人提供特殊的创业签证。鼓励国际科技工作者和记者将上海创新、创业、工作、生活状态传播到全世界。

作者：杨宏伟

参考文献：

① 温嘉瑜：《旧金山湾区创新体系对粤港澳大湾区的发展借鉴》，参考网，2019 年 9 月 12 日，http://www.fx361.com/page/2019/0912/5548753.shtml。

② 黄秀连、潘雪：《旧金山湾区发展启示：从淘金胜地到科技硅谷的涅槃之路》，第一财经，2017 年 7 月 26 日，https://www.yicai.com/news/5321467.html。

③ 曲广宁：《"以色列硅谷"特拉维夫带来的创新启示》，《南方日报》2017 年 6 月 29 日第 2 版。

④ 车库咖啡：《以色列何以成为创新国度？》，搜狐网，2019 年 3 月 12 日，https://www.sohu.com/a/300806648_355033。

⑤ 周其仁：《以色列的启示：我们该如何思考我们的未来？》，搜狐网，2018 年 12 月 4 日，https://www.sohu.com/a/279600673_827781。

以体制改革激发创新活力:三类研究机构体制机制创新的经验启示

习近平总书记在2014年两院院士大会上强调:“实施创新驱动发展战略,最根本的是要增强自主创新能力,最紧迫的是要破除体制机制障碍,最大限度解放和激发科技作为第一生产力所蕴藏的巨大潜能。”随着我国科技创新从跟跑阶段向并跑乃至领跑阶段发展,当前科研管理的体制机制已经无法适应科技创新的需求,必须破除一切制约科技创新的思想障碍和制度藩篱。本文通过重点分析三类研究机构在体制机制创新方面的探索尝试,以期为我国在破除体制机制障碍方面提供几点启示。

一、 三类典型研究机构体制机制创新的探索尝试

(一) 研究型大学——以上海科技大学为例

上海科技大学是由上海市政府与中科院共同筹建的新型研究型大学,是我国高等教育改革的试验田。尽管建校还不到7年,但上海科技大学的高端科研成果已在全国高校中居于领先地位,据统计,2020年1—5月,中国学者在Cell、Nature及Science上共发表论文108篇,其中上海科技大学发表了11篇,与清华、复旦并列第二,仅次于中科院。

上海科技大学为何能在短短7年内迅速崛起为高水平的研究型大学,这主要得益于上海科技大学从成立之初,就对标世界一流大学进行制度设计,结合中国实际,最大程度对管理体制、科研模式、人才培养等方面的体制机制进行了一系列有效的创新探索。

1. 全员不设行政级别

不同于传统高校在行政管理岗位从副部级到办事员设三到十级岗位的行政管理模式,上海科技大学在人事制度上进行了改革创新,全员不设行政级别

别，行政岗位人员是为大学日常运行和科研活动提供服务支撑，从管理转向服务，避免高校运行的“行政化”色彩过浓。

2. 全面实行国际同行评议、“非升即走”和常任教授制

不同于传统高校的教师纳入事业编制的管理模式，上海科技大学在教师队伍管理方面，不设事业编制，充分借鉴国外顶级高校教师管理模式，全面实行国际同行评议、“非升即走”和常任教授制。上海科技大学建立了国际化的任职资格评审机制，教师在合同到期或是教职晋升时，必须要经过国际同行对其学术水平进行评估，以及学校对其教学、服务进行综合考核后，再决定教师的去留和教职晋升，保证了教师队伍的持续高水平。而常任教授制（即终身教授制）的设立，则打破了以往学科带头人搞创新畏首畏尾的局限性，为教授们提供了宽松、和谐的学术环境，更有利于专心于学术研究，出大师级成果。

3. PI 制小团队

不同于传统高校的大团队科研模式，上海科技大学充分借鉴国外顶尖高校研究经验，统一采用 PI 制小团队科研模式，给予同一专业领域，所有助理教授、副教授、教授乃至是院士同样的资源配置，赋予课题负责人充分的主导权和指导权，充分激发了青年科学家的工作积极性，保证了教师队伍的创新活力。

4. 学院制 + 书院制

不同于传统高校的单一“学院制”人才培养模式，上海科技大学充分借鉴国外顶级高校办学经验，实行“学院制 + 书院制”的协同培养体系。学院侧重于专业能力培养，书院侧重于综合素质培养。“书院制”实行不同年级、专业学生混住制，促进学科间的交叉，同时导师也会入住书院，增进与学生间的交流，并通过通识教育、社团活动、科创竞赛等方式来提升学生的综合素质。

表 1　上海科技大学与传统高校体制机制对比

体制机制领域	传统高校	上海科技大学
管理模式	管理岗位从副部级到办事员设三到十级岗位	全员不设行政级别
	教师纳入事业编制管理	无固定编制，全面实行国际同行评议、“非升即走”和常任教授制
科研模式	大团队	PI 制小团队
人才培养	学院制	学院制 + 书院制

资料来源：根据互联网资料整理。

(二) 新型研发机构——以江苏省产业技术研究院为例

2013 年成立的江苏省产业技术研究院，是江苏省成功开辟出的科技体制改革试验田。江苏省委省政府给它的定位是，从科学研究到成果转化的关键环节，着力破除制约科技创新的思想障碍和制度藩篱，探索促进科技成果转化的体制机制，打通科技成果向现实生产力转化的通道。

截至 2020 年 4 月，江苏省产业技术研究院已在先进材料、能源环保、信息技术、装备制造、生物医药等五大领域布局建设了 53 家专业研究所，与江苏省细分领域的龙头企业共建了 61 家企业联合创新中心，拥有各类研发人员约 8 000 人；聘请产业领军人才担任项目经理 114 人，引进 JITRI 研究员 131 位，集聚近 1 000 名高层次人才；在产业孵化方面，累计衍生孵化 760 家科技型企业，转化 4 500 多项科技成果，服务企业累计超过 10 000 家，实现研发产业产值 200 亿元。

1. 理事会领导下的院长负责制

研究院不设行政级别，实行理事会领导下的院长负责制，理事会由来自政府、企业、高校的人员构成，分管副省长任理事长，主要开展研究所的遴选、业务指导、绩效考评、前瞻性科研资助以及重大项目组织、产业技术发展研究等，研究院下设若干产业技术创新中心以及专业研究所，研究所都是独立法人，与研究院是加盟关系而非上下级行政管理关系。

2. 一所两制

专业研究所实行“一所两制”，将高校院所运行机制下开展创新研究的科研人员和独立法人实体聘用的专职从事二次开发的技术人员，整合到一起，对两类人员实行两种管理体制，充分调动地方和企业的积极性，促进高校院所研究人员创新成果向市场转化。

3. 合同科研

通过合同科研管理机制，突破以往政府财政对研究所支持方式，打破按项目分配固定的科研经费，而是根据研究所服务企业的科研绩效决定支持经费，科研绩效由合同科研绩效、纵向科研绩效、衍生孵化企业绩效等综合计算。

4. 项目经理

围绕产业需求，以市场化方式和国际化视野，全球招聘专业化领军人才，组织实施集成创新项目。实行项目经理负责制，赋予项目经理组织研发团队、提出研发课题、决定经费分配的权力，集中资源攻克重大关键技术，形成先发优势。

5. “拨投结合”与“团队控股”

研究院以“拨投结合”推动重点项目产业化，遴选原创技术项目，先以财政资金予以立项支持，达到阶段性目标进行社会融资时，再将项目经费按市场价格转变为股权投资。同时通过与地方政府、人才团队共同组建研究所，地方政府出“大钱”、持中股，产研院出“小钱”、持小股，研发团队出“零钱”、持大股，最高可持股70%。该模式创新了财政资金的使用方式，撬动各方资金，解决了研发资金不足的问题，充分发挥了财政资金对原始重大创新项目和团队的支持作用，同时利用市场机制来确定项目的支持强度和获得研发成果的收益。

6. 股权激励

研究院不与高校争学术之名，也不与企业争产品之利，研究所拥有科技成果的所有权和处置权，鼓励研究所让科技人员更多地享有技术升值的收益，通过股权收益、期权确定等方式，充分调动科技人员创新创业的积极性。

(三) 科研实验室——以深圳鹏城实验室为例

作为广东省探索培育国家实验室“预备队”的首要培育对象，深圳鹏城实验室成立两年来，快速聚合了23位院士和1 800多位国内外优秀青年学者为主体的人才队伍。这主要得益于鹏城实验室在成立之初，便充分借鉴欧美国家实验室的管理运作经验，在管理运行模式、人才机制、合作共建等方面进行了一系列体制机制的创新探索。

1. 理事会领导下的主任负责制

不同于传统的实验室行政化管理模式，鹏城实验室已初步形成了“不定编制、不定级别、社会化用人、事业单位法人”的新型机制，同时实行“政府所有、自主运行、理事会领导下的主任负责制”的运行模式，理事会由来自政府、高校、科研院所的人员组成，深圳市市长陈如桂任理事长，赋予实验室本身充分的人财物自主权和独立科研管理事权。

2. “双聘制”与“合同制”

鹏城实验室实行“双聘制”与“合同制”两种人才机制并行的模式，对国内人才实行“双聘制”，对国际人才实行“合同制”，有利于国内外人才的有序流动，激发了人才创新活力。

3. 合作共建

鹏城实验室以哈工大(深圳)为依托，与北大(深圳)、清华(深圳)、南方科大、深圳大学、港中文(深圳)、深圳先研院、华为、中兴、腾讯、深圳国家超算中心等高校、科研院所和高科技企业合作共建，同时按照市场化的原则，在重大科研项目联合攻关、高水平联合实验室建设等方面，实现了共建单位的人才优势与鹏城实验室的科研设施资源优势互补，共同分享科研成果。

二、对我国创新研究机构破除体制机制障碍的启示

(一) 多元共治

江苏省产业技术研究院和鹏城实验室均采用了理事会领导的治理模式，理事会由政府、高校、科研院所或是企业等多元化主体构成。理事会中各主体各司其职，政府在研究机构建设运行中，提供了大量的资金支持和政策配套，其他主体单位则为创新研究的发展方向和技术路线提供专业支撑，形成了较为灵活的多元共治体系。在创新机构改革中，要积极构建多元共治的体系，既要发挥好政府在资金支持和政策配套方面的支撑作用，又要发挥好高校、科研院所和企业等主体的专业支撑作用，各方形成有效合力，充分激发科技创新活力。

(二) 管理去行政化

无论是江苏省产业技术研究院和鹏城实验室的“理事会领导下的院长/主任负责制”，还是上海科技大学的“党委领导下的校长负责制”，它们在行政管理中均不设行政级别。传统科研机构的行政化管理导致研究机构“行政化”现象严重，容易造成科研人员的官僚思维、学术腐败和创新惰性。在创新研究机构改革中，要采取去行政化的管理方式，从根本上破除“技而优则管”的把担任行政职务当作一种激励人才、尊重人才和挽留人才的惯性思维，要让每位科研人员轻“官员”身份，重视学术研究，靠学问和科研水平来赢得尊重。

(三) 赋予科研负责人主导权

江苏省产业技术研究院的“项目经理制”、上海科技大学实行的“PI 制小团队”，均对项目经理或课题负责人赋予了科研自主权和主导权，包括自行组织科研团队、提出科研课题、决定科研经费分配的权力。在创新研究机构改革

中，要尊重科研规律，尊重科研人员，赋予项目负责人科研自主权和主导权，充分调动科研人员的创新积极性和自主性，避免过多干预而导致科研人员在科研创新中畏首畏尾。

（四）创新财政资金使用方式

江苏省产业技术研究院通过“拨投结合”和“团队控股”等模式，创新了政府财政资金的使用方式，有效撬动了各类资金参与，解决了创新研发资金不足的问题。在创新研究机构改革中，要积极创新财政资金使用方式，充分利用灵活的市场机制，撬动各类资金参与，形成放大效应，有效解决研发资金不足的问题，为原始重大创新项目和研发团队提供重要支持。

（五）建立科学的评价激励机制

上海科技大学建立了科学规范的“全面实行国际同行评议、非升即走和常任教授制”评价激励机制，这也是国际顶尖高校通行的人才评价激励制度，有利于激发人才创新活力，持续保持创新研究高水平。江苏省产业技术研究院通过股权激励机制，让科研人员获得“学术之名”的同时，享受到技术升值的收益。在创新研究机构改革中，要建立科学的评价激励机制，充分激发科研工作者的创新活力，要让有能力者真正实现“名利双收”。

（六）践行“揭榜挂帅”理念

无论是江苏省产业技术研究院推行的“项目经理制”，还是鹏城实验室的高标准建设，均是以市场化方式和国际化视野，在全球招募专业化领军人才，开展重大科技项目攻关，突出“揭榜挂帅”“谁能干就让谁干”的理念。在创新研究机构改革中，要积极践行“揭榜挂帅”的理念，构建开放式社会创新模式，激发全社会创新潜能，让真正有能力、有时间、有意愿的专业化领军人才发挥所能，开展重大科技项目攻关。

作者：朱加乐

参考文献：

① 朱光喜、刘梦茹：《体制约束、制度同构与地方高等教育政策创新——基于南方科技大学和上海科技大学的比较分析》，《领导科学论坛》2019 年第 23 期。

②《研究院来了项目经理》，新华网，2020 年 6 月 1 日，http://www.xinhuanet.com/mrdx/2020-06/01/c_139104620.htm。

③《江苏省产业技术研究院：产业协同，科技创新》，中共江苏省委组织部官网，2020 年 6 月 1 日，http://www.jszzb.gov.cn/rcgz/info_16.aspx?itemid=29837。

④ 高文：《鹏城实验室的实践与探索——兼论国家实验室建设定位》，搜狐网，2020 年 4 月 18 日，https://www.sohu.com/a/388946528_120381555。

外滩大会:上海剑指全球影响力的金融科技中心

2020年9月24—26日,首届外滩大会在上海成功举办,这是迄今为止全球范围内最高级别的金融科技盛会,并将永久落户上海。本次论坛主题为:科技让未来更普惠。大会通过线上线下相结合的方式,聚集了全球超500余名经济学家、诺奖得主、企业家、技术大咖,共同探讨最前沿的金融科技及商业落地。外滩大会既是上海致力打造的又一个世界级国际会议品牌,也顺应了当下科技创新与传统金融加速融合的趋势,展现了从"硬科技到暖科技"赋能金融、实现更加普惠未来的全新理念与全新图景。同时,金融科技(Fintech)作为未来金融发展的制高点,是上海国际金融中心建设的全新突破口,也是上海超越老牌国际金融中心的一把钥匙。2020年外滩大会的举办,对于打造上海金融科技品牌、助力上海金融科技中心建设具有积极意义。

一、 外滩大会——上海致力于打造的又一个世界级国际会议品牌

外滩大会对于上海而言,意义非同一般,这种意义可以从多个维度来理解。回归"大会"本身,这无疑是上海致力于打造的又一个世界级的国际会议品牌。作为最具全球化视野的中国城市,上海在经济外向度、机构国际化程度和国际影响力方面均位列全国第一。上海拥有金融机构1 600多家,其中外资机构占近三分之一。外滩大会的举办,对于进一步提升上海国际大都市的影响力无疑形成了重要的推力,这也正是上海提升城市能级与核心竞争力的重要体现。

成为世界级会议的举办地,是国际大都市的普遍功能和特征,通过举办国际会议,能为举办地带来经济效益,但更为重要的是,全球瞩目的国际盛会搭建沟通平台、促进举办地与世界各国进行先进理念、技术、人才和成果的交流,既是一次展现超群实力的机会,也能有效提升举办地城市的国际影响力。如世界上最大的外交集会——联合国大会已在美国纽约举办了75届,纽约变身

“世界首都”、全世界举足轻重的城市之一；巴黎是欧洲举行世界性会议最多的城市，在全球经济领域拥有广泛影响力的经济合作与发展组织（OECD）部长年会每年在法国巴黎举办；英国伦敦“国际战略研究所”和新加坡国防部共同举办的亚洲安全会议每年在新加坡举行，是世界安全对话机制中重要的组成部分。

上海正在打造更多世界级品牌会议，以此不断地提升上海城市的国际地位与影响力，这也是上海国际大都市软实力的重要体现。作为全国最大的经济中心城市，上海担负着全球资源配置、科技创新策源、高端产业引领、开放枢纽门户等四大功能。承担举办世界级的品牌会议，是上海强化四大功能的重要路径，也是内在的本质要求。多年来，上海在举办世界级会议方面不懈努力，逐步形成了一些国际会议品牌，除去综合性的进博会、世博会、工博会以及APEC等顶级盛会或展会，上海也打造了一批永久落户的专业会议，如陆家嘴论坛、浦江创新论坛、世界人工智能大会、世界顶尖科学家论坛等，这些会议的效应已经或者正在逐步地显现出来。

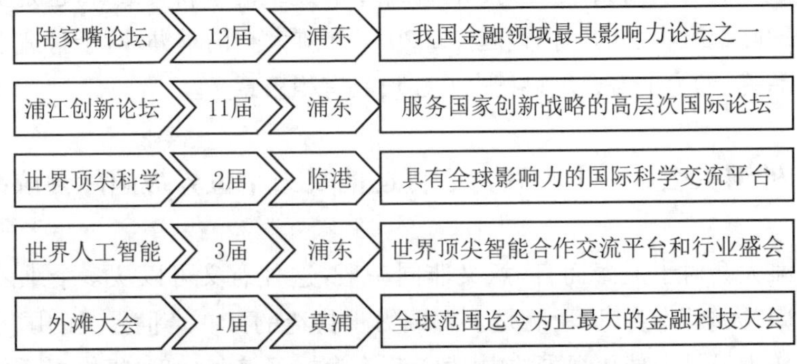

图1　上海举办的知名专业国际会议论坛

外滩大会是传统金融发源地与现代新兴金融完美融合的展现，将成为百年外滩乃至上海又一张“新名片”和“金名片”。早在20世纪30年代，上海已成为我国最大的金融中心和远东国际金融中心之一。百年外滩是中国近现代金融的发源地和发祥地，曾经是世界第三的国际金融中心，被誉为“远东华尔街”，金融底蕴十分深厚，也一直是上海传统金融集聚的重要承载地。本次会议主题聚焦金融科技，在传统金融积淀的外滩举办，更加折射出传统金融到现代金融的变迁和未来。相较于2008年诞生于金融危机之后的陆家嘴金融论坛，今日的外滩大会更显其新意和深意。

二、大会亮点——从“硬科技”到“暖科技”:科技赋能金融展现的普惠未来

本次大会的主题是“科技让未来更普惠”,致力于推动金融科技的普惠,搭建开放的国际交流、共享平台,邀请全球金融科技领军企业和专家学者,探讨区块链、物联网、人工智能等前沿技术在金融、经济、商业、环境等领域的应用和创新。大会主要涵盖全球普惠开放、金融科技创新、全球生态与合作伙伴、绿色和可持续发展等前沿话题,全面展示了上海在金融科技关键技术、金融科技应用场景、金融科技产业集聚等方面的发展成果。

科技与金融,其实一直是“孪生”关系,科技赋能的过程,也是金融功能不断演化的过程,技术进步一直丰富着金融的产品与服务,也提高着传统金融的效率。从1967年英国巴克莱银行伦敦北区支行门口出现的ATM机(世界第一台ATM),到20世纪80年代国内第一批信用卡诞生,到上海证券交易所的系统程序,再到淘宝电商为解决第三方支付问题催生的“支付宝”,之后,网络支付、移动支付、智能理财、科技保险、智能风控等相继出现,科技创新不断改变着传统金融。可以说,科技改变金融的步伐从未停止,而其终极指向其实还是服务于实体经济发展、解决金融痛点、提高金融服务效率。

而最新科技的应用无疑也是本次大会的重要亮点。外滩大会打造线上云展览+线下外滩数字生活节,展示了最新普惠方面的科技应用,包括为解决外贸交易中买卖双方的信任问题而诞生的区块链应用Trusple;能识别最多107种医疗、理赔凭证,将保险产品的理赔核赔效能提升70%的智能理赔技术“理赔大脑”;全球首次将卫星遥感技术应用于农村信贷的“天地握手”技术;融合了支付宝理财智库多位行业投资专家和机构的投研智慧,为平台上的每位用户提供个性化的专业服务的国内首款智能理财AI——支小宝;支付宝保险平台首次上线针对人类以外的医疗险产品——宠物鼻纹识别投保技术等,形成了诸多科技赋能金融的“全新注脚”。

三、金融科技:国内外金融中心的“兵家必争之地”

大会在展现普惠金融未来的背后,实际上也折射出国内外金融中心的竞

争格局。作为未来金融的制高点，金融科技早已经成为“兵家必争之地”。

金融科技已成为全球性的议题。各国十分重视金融科技产业发展，出台了多项促进金融科技健康发展的政策措施。2017 年 1 月美国国家经济委员会发布《金融科技框架》白皮书，提出要从推进金融科技发展的角度来制定相关政策，在金融科技创新中提高竞争优势；2018 年 3 月欧盟发布《金融科技行动计划》，宣布一系列旨在鼓励金融部门创新商业模式，采用新兴技术的政策措施；英国财政部 2018 年 3 月发布《金融科技产业战略》，宣布了一系列支持金融科技发展的新举措；2019 年我国央行印发《金融科技（FinTech）发展规划（2019—2021 年）》，明确提出到 2021 年推动我国金融科技发展居于国际领先水平，等等。

关于金融科技的全球格局，我们通过毕马威与 H2Ventures 联合发布《全球金融科技 100 强》（Fintech 100）年度报告进行分析。从百强企业所在地来看，美国保持领先，亚太发展强劲。2017—2019 年全球百强榜单中，美国连续三年以绝对优势始终保持领先地位，但 2019 年亚太地区企业表现亮眼，其中中国由 8 家增长到 10 家，跻身第 3 位，而印度更是由 4 家增至 8 家，紧随中国之后，日本也从 1 家增至 4 家，进入全球前 10 行列。

从百强企业分布来看，全球竞争局面正在形成。百强企业所在国从 2016 年的 22 个国家扩展到 2019 年的 31 个国家，表明各国正抓紧发展本国金融科技产业，全球金融科技竞争范围持续扩大。

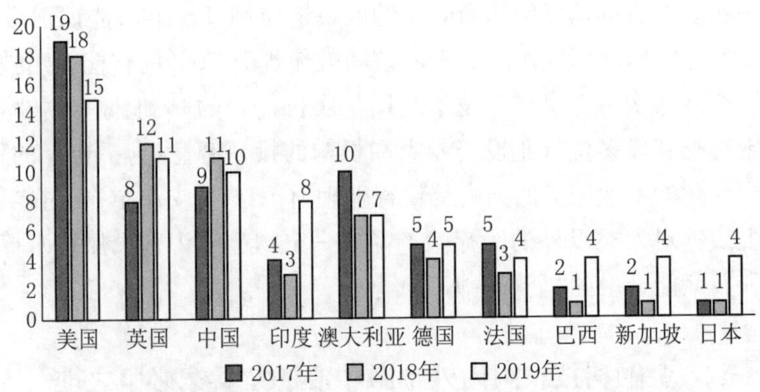

图 2　2017—2019 年全球金融科技百强企业所在国分布 TOP 10

数据来源：根据 2017—2019 年全球金融科技 100 强榜单（Fintech 100）整理。

从行业分布来看，行业格局快速变化，行业逐渐偏向多元业务和“新银行”企业。支付行业升至主导地位，但支付和信贷企业绝对优势逐渐减弱，拥有多种金融服务的“多业务”公司表现强劲。早期的金融科技创新企业主要依靠单一的产品，现在为满足主流客户的需求，逐渐开始提供多元产品和服务。2018—2019 年越来越多从事“新银行”业务企业的出现，表明整个金融行业格局正在发生变化，数字化银行模式正在全球范围内加速发展。

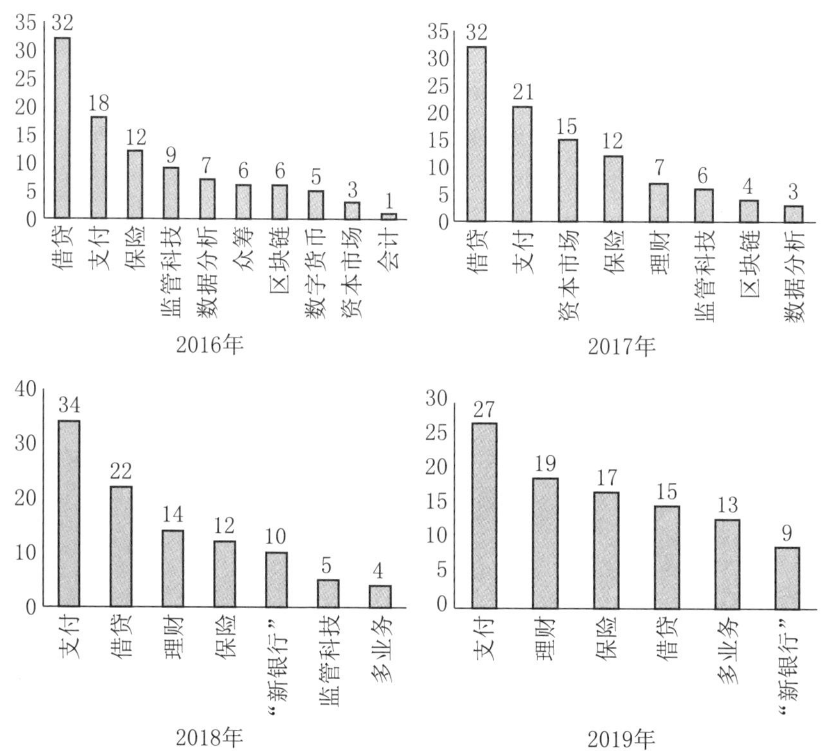

图 3　2016—2019 年全球金融科技百强企业业务类型

数据来源：根据 2016—2019 年全球金融科技 100 强榜单（Fintech 100）整理。

从龙头企业所在国来看，中国头部企业实力凸显。尽管中国企业在 10 强榜的数量有所下降，从 2016 年的 5 家减至 2019 年的 3 家，但中国仍引领全球金融科技 100 强排名，企业实力保持强劲态势，作为金融科技龙头，蚂蚁金服已连续 4 年居于榜首，京东金融也从 2016 年的第十位升至全球第二位。

表 1　2016—2019 年全球金融科技企业 TOP 10

全球 TOP 10	2016 年	国家/地区	2017 年	国家/地区	2018 年	国家/地区	2019 年	国家/地区
1	蚂蚁金服	中　国	蚂蚁金服	中　国	蚂蚁金服	中　国	蚂蚁金服	中　国
2	趣店	中　国	众安保险	中　国	京东金融	中　国	Grab	新加坡
3	Oscar	美　国	趣店	中　国	Grab	新加坡	京东金融	中　国
4	陆金所	中　国	Oscar	美　国	度小满金融	中　国	GoJek	印　尼
5	众安保险	中　国	Avant	美　国	Sofi	美　国	Paytm	印　度
6	Atom Bank	英　国	陆金所	中　国	Oscar	美　国	度小满金融	中　国
7	Kreditech	德　国	Kreditech	德　国	Nubank	巴　西	Compass	美　国
8	Avant	美　国	Atom Bank	英　国	Robinhood	美　国	Ola	印　度
9	Sofi	美　国	京东金融	中　国	Atom Bank	英　国	Opendoor	美　国
10	京东金融	中　国	Kabbage	美　国	陆金所	中　国	Oaknorth	英　国

数据来源：根据 2016—2019 年全球金融科技 100 强榜单（Fintech 100）整理。

关于金融科技的国内格局，我们通过近年来毕马威领先金融科技 50 企业名单进行分析。

从行业分布来看，我国金融科技头部企业加快变革转型的广度与深度，创新银行和银行科技子公司加入竞争行列。随着我国金融科技的发展，底层科技能力不断演化和升级，金融科技行业呈现金融归向金融、科技归向科技的趋势。从事科技服务的金融科技公司在技术和金融服务方面呈现“垂直”和“横向”并存的特点。另一方面，传统银行加速推动和深化金融科技的应用，创新银行和银行系金融科技子公司初显实力。

从地域分布来看，头部企业分布集中。由于一线城市在科技和金融人才的培养、聚集和储备上有较大优势，50 强企业主要分布在北上广深等一线城市。同时也应看到，随着我国一些地方政府对金融科技的重视和扶持，非一线城市的金融科技企业正加速迈入金融科技行业的竞争赛道。

国家层面高度重视金融科技发展，各地也纷纷制定金融科技的支持政策，推动金融科技健康发展。2019 年，中国人民银行推出了《金融科技发展规划（2019—2021 年）》，形成中国金融科技发展的顶层设计。2020 年 8 月商务部印发《全面深化服务贸易创新发展试点总体方案》，提出央行数字货币先由深圳、雄安、成都、苏州四地展开试点。2020 年 4 月，央行将上海纳入全国第二批金融科技创新监管试点范围，目前上海共有 23 项金融科技应用试点项目正

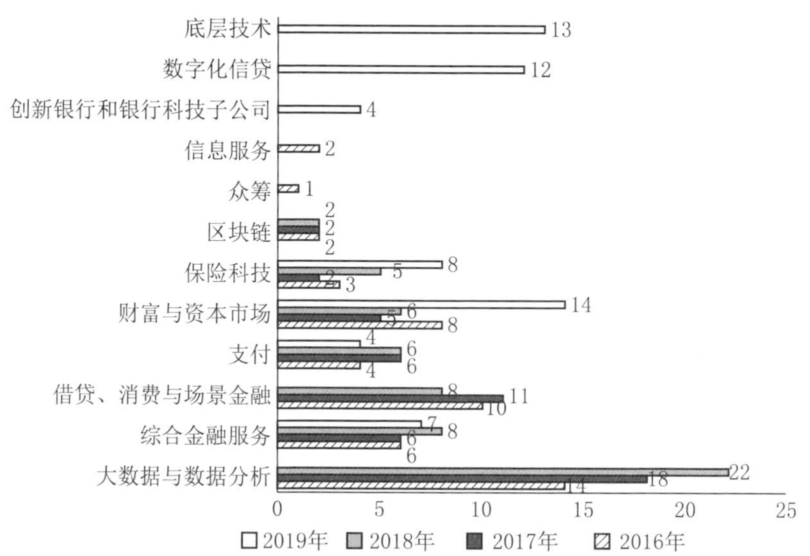

图 4　2016—2019 年中国金融科技 50 强商业模式

数据来源:根据毕马威中国 2016—2019 年领先金融科技 50 企业整理。

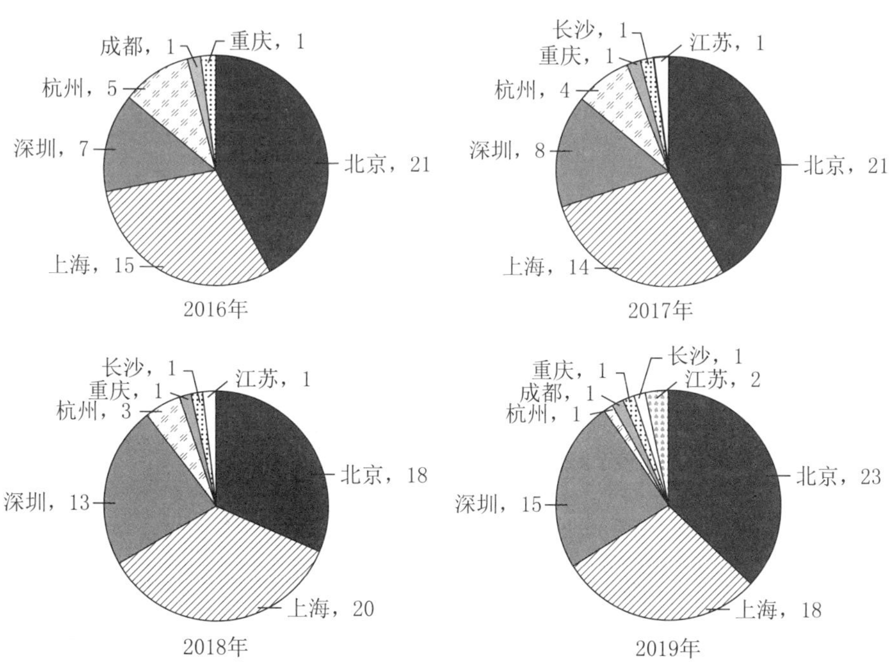

图 5　2016—2019 年我国金融科技 50 强企业区域分布

数据来源:根据毕马威中国 2016—2019 年领先金融科技 50 企业整理。

在稳步推进。2020 年 1 月，上海出台《加快推进上海金融科技中心建设实施方案》，明确提出力争用 5 年时间将上海建设成为具有全球竞争力的金融科技中心，并提出 25 条创新措施。近期，国务院发布的《中国（北京）自由贸易试验区总体方案》，提出支持金融科技重大项目落户，发挥金融科技创新监管试点机制作用，支持人民银行数字货币研究所设立金融科技中心，建设法定数字货币试验区和数字金融体系，等等。

表 2　全国及地方关于金融科技政策

时　间	地　区	发　布　机　构	政　策　名　称
2020 年 9 月	北　京	国务院	《中国（北京）自由贸易试验区总体方案》
2020 年 6 月	海　南	中共中央、国务院	《海南自由贸易港建设总体方案》
2020 年 8 月	全　国	商务部	《全面深化服务贸易创新发展试点总体方案》
2020 年 1 月	上　海	上海市人民政府	《加快推进上海金融科技中心建设实施方案》
2019 年 10 月	上　海	人民银行上海总部	《关于促进金融科技发展支持上海建设金融科技中心的指导意见》
2019 年 8 月	全　国	中国人民银行	《金融科技（FinTech）发展规划（2019—2021 年）》
2018 年 10 月	北　京	中关村科技园区管委会、北京市金融工作局、北京市科学技术委员会	《北京市促进金融科技发展规划（2018—2022 年）》
2018 年 11 月	北　京	北京市金融工作局、中关村科技园区管委会、西城区人民政府、海淀区人民政府	《关于首都金融科技创新发展的指导意见》
2018 年 2 月	雄　安	中国银行、中国雄安建设投资集团有限公司、英国金丝雀码头集团	《关于雄安新区金融科技城项目战略合作协议》
2019 年 2 月	粤港澳大湾区	中共中央、国务院	《粤港澳大湾区发展规划纲要》
2018 年 9 月	苏　州	苏州市人民政府	《关于加强科技金融结合促进科技型企业发展的若干意见》
2019 年 5 月	长　沙	湖南金融中心	《湖南湘江新区管委会关于支持金融科技发展的实施意见（试行）》
2018 年 10 月	广　州	广州市金融工作局	《广州市关于促进金融科技创新发展的实施意见》
2019 年 5 月	杭　州	杭州市人民政府	《杭州国际金融科技中心建设专项规划》
2020 年 4 月	重　庆	重庆市人民政府	《重庆市人民政府办公厅关于推进金融科技应用于发展的指导意见》
2020 年 5 月	成　都	中国人民银行成都分行	《成都市金融科技发展规划（2020—2022 年）》

四、展望建议：上海如何领跑金融科技的未来赛道

科技支撑上海金融中心建设早有历史，20世纪80年代初期开始的银行业联机实时处理，最早是在上海南京路一条街进行6家储蓄所联网。2015年，中国人民币跨境支付系统(CIPS)在上海启动，如今这一系统已经覆盖全球6大洲94个国家和地区，业务实际覆盖167个国家和地区的300多家银行法人机构，这一系统是非常基础和重要的金融基础设施。

目前，上海在集聚金融科技企业方面也显示出明显优势，集聚了中国银联、支付宝、金融壹账通、万向区块链、云从科技、冰鉴科技等一批行业龙头。根据零壹研究院的数据可以看出，2020年第一季度，中国金融科技获投项目地区分布中，上海遥遥领先于国内其他城市。金融科技也逐步成为上海国际金融中心竞争力的重要支撑，根据英国智库Z/Yen最新一期国际金融中心榜单，上海首次进入全球金融中心指数排名第三，其中上海在金融科技方面的表现已连续四期排名前三，其对上海国际金融中心地位的影响可见一斑。

表3　近5期全球金融中心指数TOP 10

城　市	GFCI 28	GFCI 27	GFCI 26	GFCI 25	GFCI 24	GFCI 23
纽　约	1	1	1	1	1	2
伦　敦	2	2	2	2	2	1
上　海	3	4	5	5	5	6
东　京	4	3	6	6	6	5
新加坡	6	5	4	4	4	4
香　港	5	6	3	3	3	3
北　京	7	7	7	9	8	11
旧金山	8	8	12	16	14	8
深　圳	9	11	9	14	12	18
苏黎世	10	14	14	8	9	16

数据来源：根据第23—28期全球金融中心指数整理。

近年来，国家大力支持上海金融中心的建设，多项利好政策不断涌现，为上海加快建成国际金融科技中心建设创造了良好的环境。上海市委书记李强指出，金融科技是联动上海国际金融中心和科创中心建设、促进双向赋能的重要着力点。2020年1月，上海发布《加快推进上海金融科技中心建设实施方

案》，提出要把上海打造成为金融科技的技术研发高地、创新应用高地、产业集聚高地、人才汇聚高地、标准形成高地和监管创新试验区，未来上海仍需在这些方面持续发力，其中比较重要的几点包括：

着眼于形成丰富的行业生态。在金融科技中心的建设中，上海应加强细分领域龙头企业的孵化和培育，推进支持性基础设施建设，加大全过程、多角度、分阶段的资金支持体系，鼓励持牌金融机构、科技企业和独角兽企业等多方参与，通过金融科技产业合作平台建设生态圈。

强化金融科技的人才支撑。整体而言，上海与北京相比，在整体金融科技基础层面仍有许多不足，科技企业活力仍显不足，金融科技人才还存在质和结构的问题。未来上海发展金融科技应加快发力科技基础，加强金融科技人才引进，加强国际交流合作。

注重防范金融风险。上海发展科技金融一方面要“先行先试”，面向全球开展更多前沿探索；另一方面，要坚持“底线思维”，进一步强化金融安全。未来金融科技产业的发展要把握好原则性和灵活性，要在守住底线的同时给予创新的环境。

作者：许倩茹

参考文献：

①《毕马威 2019 中国领先金融科技 50 企业大揭秘，你认识几家？》，搜狐网，2019 年 12 月 24 日，https://www.sohu.com/a/362387962_120070887。

②《毕马威：2018 年金融科技公司 100 强》，搜狐网，2018 年 10 月 31 日，https://www.sohu.com/a/272354735_204078。

③《【聚焦】外滩大会明天举行，亮点先睹为快！》，上海发布，2020 年 9 月 23 日，https://mp.weixin.qq.com/s/jTGKRXDzmLskURISlfBg1Q。

④《中国人民银行：金融科技发展规划（2019—2021 年）》，《经济日报》2019 年 8 月 22 日。

⑤《第 28 期全球金融中心指数发布　中国 4 个城市跻身前十》，《中国青年报社》2020 年 9 月 26 日。

透视深圳方案传递的改革开放信号

近日，中办、国办印发《深圳建设中国特色社会主义先行示范区综合改革试点实施方案（2020—2025 年）》（以下简称《实施方案》）。这是在深圳设立经济特区 40 周年的重大历史节点，中央立足新时代要求，推动深圳改革开放再出发的又一重大举措，也是建设中国特色社会主义先行示范区的关键一招。《实施方案》从完善要素市场化配置体制机制、打造市场化法治化国际化营商环境、完善科技创新环境制度、完善高水平开放型经济体制、完善民生服务供给体制、完善生态环境和城市空间治理体制等方面，提出诸多具有创新性和突破性的举措，充分体现了国家赋予深圳在重点领域和关键环节改革上更多自主权的明确导向。那么《实施方案》重点体现了哪些亮点，带来了哪些突破，又传递了怎样的改革开放信号，本文一一解读。

一、 要素市场化改革——打造高标准市场体系的城市范例

完善要素市场化配置是我国建设统一开放、竞争有序市场体系的内在要求，也是坚持和完善社会主义基本经济制度、加快完善社会主义市场经济体制的重要内容，尤其在双循环背景下，加速国内统一市场建设、促进资源要素自由流动的意义进一步凸显。《实施方案》将要素市场化改革作为推动新一轮改革的重点，着重突出了对现有要素自由流动体制机制障碍的突破，有利于加快提高资源配置效率。

（一）土地要素：审批授权、聚焦存量

《实施方案》提出授权和委托用地审批权、推动二三产混合用地、盘活存量工业用地、完善自然资源资产交易及监管机制、开展土地二级市场预告登记转让制度等改革试点。其中，开展土地二级市场预告登记转让制度试点是首次由全国人大授权开展的试点政策（之前宁波市和临沂市等地在土地二级市场

试点过程中,已经探索允许未完成开发投资总额25%以上的国有建设用地使用权,在签订转让合同后,依法办理预告登记,待开发投资总额达到法定要求时,再依法办理不动产转移登记),该试点增加了闲置工业用地的处置方式,将明显提高闲置工业用地处置的灵活性。

(二) 劳动力:实施针对新经济的特殊工时制度

《实施方案》提出"允许探索适应新技术、新业态、新产业、新模式发展需要的特殊工时管理制度"。早在2018年,人社部就在深圳市启动了国家特殊工时管理改革试点工作,围绕清单范围、调整机制、民主程序、监管机制、服务机制五个方面开展试验,而此次深化改革的亮点在于更加与时俱进,针对新经济业态发展探索更大范围、更加灵活的特殊工时模式。

(三) 资本:强化资本市场功能、聚焦数字人民币突破

《实施方案》提出推进创业板改革并试点注册制,试点创新企业境内发行股票或存托凭证(CDR)、建立新三板挂牌公司转板上市机制,随着上述试点政策的落地,深交所将在科技型企业、精选层挂牌企业、具有一定规模的成熟企业三个层面的上市资源形成新的吸引力和竞争力,将进一步增强深圳资本市场功能。同时,《实施方案》还提出优化私募基金、创业投资企业市场准入环境,将进一步私募基金、投资机构在深圳的集聚和发展。尤其值得关注的是,《实施方案》提出,"支持开展数字人民币内部封闭试点测试,推动数字人民币研发应用和国际合作",此前,深圳已经是国家批准的四个数字货币试点城市之一,此次方案进一步强调了数字人民币国际合作问题,可以理解为我国将通过数字货币来深入推进人民币的国际化。

(四) 技术:优化创新资源配置、完善科技成果转化制度、突出海外人才便利制度

在科技成果转化方面,《实施方案》提出科技项目立项和组织方式、深化科技成果使用权、处置权和收益权改革,赋予科研人员职务科技成果所有权、使用权、分配权,完善技术成果转化公开交易和监管体系等,有利于促进深圳科技成果转化。

在创新资源优化配置方面,《实施方案》提出探索完善国家实验室和大科学计划管理机制,优化科研机构技术转移机制,完善金融支持科技创新的体制

机制。其中，围绕国家实验室和大科学计划探索实行建设运行资金负面清单管理是政策一大亮点。

在国际化人才制度方面，《实施方案》提出赋予深圳外国高端人才确认函权限、推进外籍人才签证便利化，探索完善外籍高层次人才居留便利，以及实施高度便利化的境外专业人才执业制度等，未来将有利于深圳集聚各类海外人才。

(五) 数据：数字资产确权、交易与数据开放

《实施方案》提出安全有序放开基础电信业务，加快放开增值电信业务，逐步取消外资股比等限制，在开放领域方面，与海南自贸区总体方案基本一致。同时，《实施方案》提出研究论证设立数据交易市场或依托现有交易场所开展数据交易，将推进深圳的数据交易市场建设。本次《实施方案》还提出，在符合国家相关政策规定的前提下，研究探索离岸数据平台，这一方面，国内的海南自由贸易港、上海临港新片区等也有类似改革试点。同时，方案提出支持建设粤港澳大湾区数据平台，有利于区域数据资源的整合与利用。

二、 营商环境改革：进入营商环境改革4.0版

近年来，党中央、国务院高度重视深化“放管服”改革优化营商环境工作。2020年1月，《优化营商环境条例》正式施行，全国优化营商环境工作纳入法治化轨道。2020年7月，国务院办公厅专门印发了《关于进一步优化营商环境更好服务市场主体的实施意见》，要求加快打造市场化法治化国际化营商环境。一直以来，深圳按照中央部署，把优化营商环境列为“一号改革工程”，近三年每年推出一批重大改革举措，持续优化营商环境，在2019年全国营商环境评估中，深圳市在政务服务一级指标中取得满分，位列全国第一。本次《实施方案》营商环境改革主要围绕完善公平开放的市场环境、打造保护知识产权标杆城市、完善行政管理体制和经济特区立法三个方面。

(一) 完善公平开放的市场环境

《实施方案》提出，制定深圳放宽市场准入特别措施清单，放宽能源、电信、公用事业、交通运输、教育等领域市场准入，进一步放宽前沿技术领域的外商投资准入限制，具体包括“完善经营邮政通信业务审批机制”“试点能源领域许

可审批告知承诺制"等,这些行业开放举措深圳都基本走在全国前列。同时,方案还提出开展破产制度改革试点,试行破产预重整制度、完善自然人破产制度等,都属于深圳首创型改革试点。

(二) 保护知识产权标杆城市

《实施方案》提出开展知识产权法律保护试点,完善互联网信息等数字知识产权财产权益保护制度,顺应了当前数字资产交易的快速发展的趋势要求。深圳在数字确权方面走在全国前列,2020 年 7 月,深圳已经出台《深圳经济特区数据条例》,明确了数字确权、数据保护等内容。

(三) 完善行政管理体制和经济特区立法权

《实施方案》提出要在新兴领域加强立法探索,将有力推动新兴产业的加快发展。深圳分别于 1992 年和 2000 年被授予"特区立法权"和"较大市立法权",其中,在细化和具体实施上位法规定时,运用较大市立法权立法;而当深圳需要在一些领域进行突破及创新性改革时,则运用特区立法权。截至目前,深圳超过 1/3 的法规是在国家和地方立法没有先例的情况下开全国先河、填补国家立法空白,为国家层面立法积累经验(例如,《深圳经济特区股份有限公司条例》和《深圳经济特区有限责任公司条例》是我国第一批公司法,为国家制定公司法提供了立法试验;《深圳经济特区人体器官捐献移植条例》是全国第一个人体器官捐献移植条例;《深圳经济特区知识产权保护条例》探索粤港澳大湾区全链条知识产权保护政策法规体系)。

三、扩大金融航运开放,发展开放型经济

《实施方案》重点聚焦加大制度型开放力度和扩大金融业、航运业等对外开放两个方面内容。

(一) 扩大金融业开放

《实施方案》提出开展企业境外融资、本外币合一跨境资金池业务试点、支持外资金融机构在深圳依法发起设立证券公司和基金管理公司、开展第三方支付业务等。从全国范围来看,这些政策并非深圳首创,但会持续推动深圳的金融开放深化。

(二) 扩大航运业开放

《实施方案》提出,要完善国际船舶登记制度、赋予深圳国际航行船舶保税加油许可权、进一步放开保税燃料油供应市场等。此前保税燃料油加注一直是浙江自贸试验区制度创新的重头戏,2019 年舟山直供保税燃料油超过 350 万吨,已经成为国内沿海最大的保税燃油加注港,虽然保税天然气加注尚未突破,但正在推动二期建设中的新奥舟山液化天然气(LNG)接收及加注站远期规划处理能力将达到 1 000 万吨。《实施方案》在这些方面的突破,将进一步推动我国南部沿海航运中心的建设,完善我国沿海航运开放格局。

四、 民生服务供给、生态环境与空间治理:打造可持续发展的城市典范

《实施方案》在完善民生服务供给体制中,提出放宽国际新药准入,支持在深圳开展国际前沿药品临床应用,这有利于加速国际新药在医疗服务领域的应用,提高医疗服务水平;教育方面支持扩大办学自主权,支持深圳引进境外优质教育资源,开展高水平中外合作办学,有利于进一步提升深圳的教育服务水平;在文化方面提出"支持适用国际通用规则的文化艺术品拍卖中心";在体育方面提出"体育消费城市试点"等。以上都是深圳民生服务供给提质的表现,也将为全国层面改善民生供给、更好地满足人民群众日益增长的美好生活需要,先行探索、积累经验。

在完善生态环境和城市空间治理体制中,提出探索优化建设项目用地用林用海审批机制,允许深圳统筹用地用林规模和指标,这些也都属于相对创新的举措,另外也涉及"三线一单"等生态环境分区管控体系内容,以及地上、地表、地下资源使用权分设等改革。这些创新举措,为探索生态文明建设、实现空间资源高效统筹利用以及城市和区域的可持续发展提供了重要的制度保障。

《实施方案》是深圳建设中国特色社会主义先行示范区的具体落实举措,是中央层面改革的顶层设计和战略部署,也是创新改革方式方法的全新探索。站在深圳设立经济特区 40 周年的重要节点,立足我国衔接两个百年奋斗目标、开启社会主义现代化新征程的全新起点,深圳将进一步发挥特区精神,以更具突破性的改革激发新的动力活力,开始新一轮的改革开放再出发,必将为

全国深化改革开放、推动现代化建设树立新的城市范例和时代样板。

作者：高　平、丁国杰

参考文献：

①《中共中央办公厅　国务院办公厅印发〈深圳建设中国特色社会主义先行示范区综合改革试点实施方案（2020—2025年）〉》，中国政府网，2020年10月11日，http://www.gov.cn/xinwen/2020-10/11/content_5550408.htm。

②《〈关于促进中国（上海）自贸试验区临港新片区高质量发展实施特殊支持政策的若干意见〉相关情况》，上海市财政局官网，2019年8月30日，http://www.czj.sh.gov.cn/zys_8908/xxgk/gkml0/xwfb/201909/t20190902_181050.shtml。

③《中共中央　国务院关于构建更加完善的要素市场化配置体制机制的意见》，中国政府网，2020年4月9日，http://www.gov.cn/zhengce/2020-04/09/content_5500622.htm。

④《中共中央　国务院关于新时代加快完善社会主义市场经济体制的意见》，中国政府网，2020年5月18日，http://www.gov.cn/zhengce/2020-05/18/content_5512696.htm。

第六章

实施长三角一体化战略

长三角城市融入一体化发展应注重“贡献长板”

自2019年中国首届国际进口博览会习近平总书记宣布长三角一体化发展上升为国家战略以来，各界对长三角始终保持着持续的关注热度，长三角各城市也纷纷制定接轨大上海、融入长三角的规划或计划，以期通过融入国家战略拓展城市发展空间、增强城市发展动能，提升城市能级与竞争力。

长三角一体化国家战略的落实继续演绎着我国传统“城市竞赛”的发展模式，不可否认，这样的做法有利于调动长三角各个城市正向的积极性和发展动力，但从另外一个角度考虑，也要关注各地在接轨融入过程中因定位、思路和领域的相似，可能导致区域一定程度资源错配和同质强化的倾向。

一方面，需要注意长三角各城市个性化发展、差异化发展是否会因此有所弱化；另一方面，也要关注同质竞争加剧可能并不利于区域形成发展合力和整体竞争力提升。因此，长三角一体化发展既需要立足于三省一市和城市分工的顶层设计和规划引导，也需要各个城市深入思考为什么要接轨融入、接轨融入什么以及如何接轨融入等深层次的问题。基于此，对长三角各城市融入长三角一体化发展提出几个建议：

一、 加强顶层设计、明确城市分工

长三角一体化发展，不同的视角有不同的理解，资源要素的跨区域流动、产业合理分工、创新协同、公共服务共享、交通互联互通、环境污染的共同治理等，这些都构成了长三角一体化发展的组成部分和主要任务。

如果用一个词可以概括长三角一体化发展的实质，可能用“协调”比较贴切。“协调”的词条解释为“正确处理组织内外各种关系，为组织正常运转创造良好的条件和环境，促进组织目标的实现”，可见“协调”一词可以比较好地体现长三角一体化发展的初衷，那就是处理好长三角一体化中的各种关系，推动长三角发展形成发展合力，以共同实现打造世界级城市群、引领我国改革开放和高质量发展的目标。

这其中，最重要的就是长三角之间各城市分工关系的协调，这种分工关系有依赖市场因素自发形成的基础，但在各个城市的同质竞争中，往往需要更高层面的顶层设计予以引导，《长江三角洲区域一体化发展规划纲要》从很大程度上可以发挥这样一个协调作用，对区域内部分工和圈层功能布局予以明确。另外，三省一市高层之间的协调会议以及城市之间经济协调会也会在一定程度上发挥信息互通和引导资源配置的作用。

但是城市分工并没有办法也不需要达到一个完全的理想状态，每个城市都形成一个与其他城市截然不同的定位，或者说严格限制这个城市可以发展什么、不能发展什么，这是一种计划和僵化的思维，也并不符合长三角区域各个城市的发展实际。

相对合理的方式是每个城市从实际出发，选择1—2个相对突出的优势领域作为主攻方向，在资源配置、政策导向上有所聚焦，与其他城市水平相当或其他城市优势非常明显的领域则是择机发展的思维，采取营造环境“筑巢引凤”的方式来发展，这样有利于每个城市资源配置的优化，也有利于提高接轨融入的成效。

从长三角大的城市分工格局来看：

第一层级，上海作为核心龙头城市，要借助三大任务的落实，结合“五个中心”“四大品牌”的建设，不断提升城市能级与核心竞争力，着力增强全球资源配置能力和前沿创新策源能力，将依托开放窗口优势、高能级城市功能平台优势、科技人才集聚优势、优质公共服务资源优势、标准规则制度领先优势等，发挥好助推长三角链接全球资源、提升区域综合服务能级品质、区域整体创新策源、强化人才支撑和高标准营商环境的带头和引领作用，始终以卓越全球城市的打造引领长三角走向卓越。

第二层级，次一级中心城市，包括杭州、南京、合肥三个省会城市和苏州、宁波等“强功能节点”城市，需要在培育壮大城市创新发展新动能方面发力，同时，要着力提升城市能级与城市功能，向准一线城市迈进，应该说，“单极”龙头是长三角与粤港澳大湾区最明显的一个差距，尽管长三角区域整体实力领先粤港澳，但是在核心城市的数量、量级方面还有差距。因此，次中心城市的崛起，甚至向准一线城市的进阶，是长三角一体化发展的重要课题。

第三层级，主要功能性节点城市，长三角各个城市在区域内部可能存在一定落差，但是放眼全国，长三角城市总体领先，因此，次一级的节点城市，都需要发挥各自的优势和特色，找准城市定位，成为长三角乃至全国某个领域的“单打冠军”或“双料冠军”，这样长三角城市体系就会形成梯度有序、良性互动的发展格局，增强区域的耦合度和协同性。

二、既要补齐短板，也要做强长板

从各地接轨上海的规划、计划或各类行动方案中可以看出，各地均抓住了产业、创新、公共服务、交通、环境治理、城市与社会治理等领域，很多地方都提出了“全市域、全方位”融入的思路。

大部分城市的接轨思路都是希望通过接轨上海、融入长三角，努力弥补城市发展的短板，着眼于吸引上海的项目、资源到当地投资布局，在产业合作中强调承接上海产业转移，在科技合作中强调承接上海科技成果转移转化，在公共服务资源共享中强调吸引上海的高校、医院资源到当地设立分部，等等。

这样的接轨融入思路从每个城市角度是有其合理性的，也覆盖了《长三角地区一体化发展三年行动计划（2018—2020）》的主要领域，符合《长江三角洲区域一体化发展规划纲要》导向，体现了每个城市在对接这些领域的积极作为与担当。

但是，个体城市的合理行为放到整个区域，却未必是最优的解决方案。以产业为例，长三角各城市产业结构类似，产业升级的方向趋同，在此基础上提出的相对接近的接轨融入思路，可能会进一步加剧各个城市产业的同质化和产业资源的分散化，从而可能淡化每个城市的自身特色，个性化发展、差异化发展趋于弱化。

因此，各个城市在接轨融入长三角的过程中，需要从“弥补短板”向“做长长板”“贡献长板”的思维转变。做长长板，目的是为了凸显城市在长三角一体化发展格局中的地位，不会在极力弥补发展短板中失去城市发展的优势地位，短板要补，但是重心放在“做长长板”上、凸显每个城市的个性化、差异化发展。

同时，这样的思维也有利于长三角形成区域发展合力，提升区域整体的竞争力，也就是说，每个城市都把“最卓越的自己”贡献给长三角，那么就会在彰显城市地位的同时把长三角地位抬高到一个新的量级，这应该是长三角更高质量一体化发展的题中应有之义。

三、坚持不求所有，但求为我所用

在各地接轨上海、融入长三角的行动计划中，我们可以看到，很多城市将引进多少项目、落地多少投资、集聚多少研发机构、引进几家医院或学校等作为接轨上海和融入长三角工作的考核指标。

这从单个城市理性发展的角度是没有问题的，也不乏在这样的竞赛中激励每个城市在融入长三角一体化中积极作为，提升城市的发展能级和竞争力，但是放大到整个区域的竞争中，可能会带来一些资源错配、收效甚微的问题。

尤其是上海作为核心城市，每个城市都希望能够承接上海的资源溢出，但是这些资源从满足各城市需求的角度还是非常有限的，尤其是科研院所、高校、医院等资源，是比较难走出去的，即使是设立分院、分部，数量也极其有限，对于解决城市公共服务需求其实是杯水车薪。

为了实现这些目标，各地会成立专门机构，包括本地机构或上海驻地机构，配置一定的物力和人力资源，并将每年定期举办多少招商推介活动、举办活动次数、拜访频次等作为考核指标，而接轨成效可能并不能完全匹配各地付出的资金、人力和资源消耗，所以各地在接轨融入的过程中需要尽量避免“不计成本”的付出，要做足深入的研究，找准方向聚焦发力，以成效为导向推进融入，同时，更加注重市场化的思维和手段，顺应和把握市场规律，尽量避免行政手段的“拉郎配”。

长三角各地都非常注重的人才，也面临同样的问题，人才的集聚有很多因素，收入水平、住房补贴等是人才考虑的一个方面，但是事业发展的平台、用武之地的空间才是人才更为关注的核心要素，按照这样的条件，不是每个城市打出“人才战略”、实施人才政策，就可以吸引到城市发展所需要的人才。

因此，这就需要各个城市在接轨融入思路中，有一个理念的转变，即“不求所有，但求所用”，这类似于华为整合利用全球的科学家资源，但并不是要把这些人招进华为是一个道理（华为在日本横滨设立研究所，整合 400 多名工程师为华为研发智能手机）。

如何更好地“嵌入”上海的城市功能、产业链条、创新环节，可能不失为一条更加有效的路径，这里面包括农产品的直供基地、特色产业链环节的供应商、采购商、科技成果直转基地等等。

在公共服务领域，最为重要的还是探索公共服务资源共享的机制，会成为比单纯的机构引进更为有效的方式，当然这些机制的探索并非易事，也是长三角一体化发展在制度层面需要探索突破的重要课题。

四、 善于视野向外，共同做大蛋糕

长三角一体化发展，还需要跳出长三角来思考和谋划。对于长三角每个城市而言，需要抓住区域一体化发展带来的机遇，促进资源要素在区域内的流动，凸显每个城市在长三角整个区域的显示度和竞争力。

但更为重要的是，需要着眼于长三角“一极三区一高地”的定位，秉持“视野向外”的思维，力争在彰显强劲活跃增长极、经济高质量发展样板区、率先基本实现现代化引领区、区域一体化发展示范区、新时代改革开放新高地中做出“地方样板”，在全国发挥引领和示范带动作用，共同把长三角的引领作用发挥出来。

跳出接轨上海、集聚上海资源的框框，更多考虑如何通过上海对外开放前沿窗口和平台功能，去链接、集聚、利用、整合全球的优质资源。这样的思维，一方面是充分发挥上海城市功能和核心龙头作用价值的更好体现，另一方面，也有利于共同做大长三角整个区域的蛋糕，共同把长三角的竞争力提升到世界级水准。

总之，长三角作为我国经济发展最活跃、开放程度最高、创新能力最强的区域之一，未来孕育着无限的发展潜能和想象空间，长三角一体化发展上升为国家战略，对长三角每个城市都意味着新的机遇，当然对不同城市而言面临的机遇程度不同。

未来长三角城市中，具备良好交通区位、拥有腹地、拥有土地承载空间、创新资源相对丰富、处于信息枢纽地位以及营商环境优越等某项特征或多项特征的城市将有望获得更多的发展机会，在长三角一体化进程中脱颖而出。而长三角一体化发展将始终遵循“一体化”是手段和方式，“高质量”是目的和目标的逻辑，“一体化”一切的推进举措、形式内涵最终在于服务区域的高质量发展。

作者：丁国杰

参考文献：

①《中共中央　国务院印发〈长江三角洲区域一体化发展规划纲要〉解读》，中国政府

网,2019 年 12 月 1 日,http://www.gov.cn/home/2019-12/01/content_5459043.htm。

② 薄小波:《上海部分区:和苏浙“邻居”共同唱响“长三角更高质量一体化发展”这台大戏》,文汇报,2018 年 6 月 2 日,http://www.whb.cn/zhuzhan/cs/20180602/199737.html。

③ 袁杰:《对话长三角一体化“智囊”:沪苏浙皖大合唱,各扬其长讲故事》,澎湃新闻,2018 年 6 月 7 日,https://www.thepaper.cn/newsDetail_forward_2178978。

④ 杜玉虎:《长三角开发区一体化路在何方》,礼森园区智库官方微信,2018 年 7 月 13 日,https://mp.weixin.qq.com/s/quuRRsQj1n211_kwDGKLQg。

⑤ 谢文、李慧:《上海如何当好长三角的龙头?〈光明日报〉今天用四个整版论述!》,搜狐网,2018 年 9 月 26 日,https://www.sohu.com/a/256276039_100199095。

⑥ 宁越敏:《用更大流动再造更广泛公平,或是长三角一体化上升为国家战略的隐含动机之一》,学术慧议官方微信,2019 年 1 月 9 日,https://mp.weixin.qq.com/s/VXQC-WAlW8-Zow7YckMiKXA。

⑦《长三角一体化决策咨询专家陈雯:区域一体化的红利与障碍》,搜狐网,2019 年 1 月 21 日,https://www.sohu.com/a/290524213_114986。

⑧ 陶希东:《借助大都市圈推动长三角高质量一体化发展》,光明网—理论频道,2019 年 3 月 22 日,https://theory.gmw.cn/2019-03/22/content_32671099.htm。

破立之间开新局：长三角一体化示范区到底要示范什么？

8月26日，以“跨域一体、绿色共生”为主题的长三角生态绿色一体化发展示范区开发者大会在上海举办，会上不仅成立了长三角生态绿色一体化发展示范区开发者联盟，还举行了一体化示范区重大合作项目签约仪式，示范区江南水乡客厅设计方案也公开向全球招募设计方案。一体化示范区正在从“一张蓝图”加快向“施工图”和“项目表”转化。一周之前，习近平总书记在安徽调研期间主持召开了扎实推进长三角一体化发展座谈会并发表重要讲话，要求实施长三角一体化发展战略要紧扣一体化和高质量两个关键词，率先形成新发展格局，勇当我国科技和产业创新的开路先锋，加快打造改革开放新高地。一体化示范区建设作为推进长三角一体化发展的“先手棋”，面对当前严峻复杂的外部环境，面对构建新发展格局的战略要求，到底承担着哪些先行先试的使命，又将探索哪些可复制可推广的路径和经验呢？

一、破圈：不破行政隶属，打破行政边界

古往今来，行政区划作为一种空间治理的手段，始终是影响区域发展格局的重要因素。早在西周时期，随着“封建亲戚，以藩屏周”政策的实施，共形成了71个诸侯国，但这些诸侯国多为据点式分布，各国之间存在大量无主土地和田野，并没有明确的边界。秦统一六国后，废分封，行郡县，初分天下36郡，后增加桂林、南海、象郡等至46郡。随后，历经汉朝的州、郡、县三级制，隋朝的州、县两级制，唐宋的道、州、县三级制，行政区划大多采用“山川形便”的原则，即区划边界与山川走势基本一致。但这种区域划分方式难免会形成“形胜之区，四塞之国”，出现地方割据势力凭险对抗朝廷的局面。为此，元朝在行省制度上改“山川形便”为“犬牙相入”，使相邻政区彼此交错从而相互牵制，以达到“以北制南”的目的。以后各朝各代虽对省制进行过多次改革，但犬牙交错

的状况不仅没有改变，反而有所加剧。这种做法虽然在一定程度上避免了军事上的分裂割据，但也人为造成了文化、经济上的区域分割。而这种影响随着时代的发展也一直延续至今。

中华人民共和国成立至今，我国省级行政区划建制经历过多次调整，形成了目前的 34 个省级行政区，包括 23 个省、5 个自治区、4 个直辖市、2 个特别行政区。根据 2012 年发布的《中华人民共和国省级行政区域界线详图集》，我国共有省级陆地行政区域界线 68 条、62 400 多千米。随着经济、社会的迅速发展和人口的增加，在资源主要由政府配置的条件下，“行政边界”也逐渐演化为“行政壁垒”，而省域交界处则往往成为“经济洼地”，设施不联通、贸易不畅通、资金不融通、人文不相通的现象普遍存在，甚至于部分区域有意识的将钢铁化工等高污染行业、垃圾焚烧厂等邻避设施向交界处布局，省域之间分歧大于共识、竞争大于合作，难以有效实现全国一盘棋的治理格局。

正是因为看到了我国区域协调发展面临的新情况新问题，2018 年，中共中央、国务院印发了《关于建立更加有效的区域协调发展新机制的意见》，明确提出要完善市场一体化发展机制、深化区域合作机制、优化区域互助机制、健全区际利益补偿机制等，到 21 世纪中叶，建立与全面建成社会主义现代化强国相适应的区域协调发展新机制。在此背景下，长三角生态绿色一体化发展示范区应运而生。在 2019 年发布的一体化发展示范区总体方案中提出，要率先探索从区域项目协同走向区域一体化制度创新，不破行政隶属、打破行政边界，实现共商、共建、共管、共享、共赢。

然而，在一体化示范区规划建设推进过程中，长期存在的政策不统一、标准不统一等问题纷纷浮出水面。在产业发展方面，两区一县在产业用地分类、产业项目准入、产业用地政策和项目评审机制等方面存在较大差异，产业项目同质竞争等问题依然存在。在生态环境方面，连接青嘉吴三地的太浦河，70 个监测段面上，分别有数十种考核标准，数据、标准、行动尚未实现有效连通。在公共服务方面，虽然两省一市已经基本实现了医保卡的异地直接刷卡结算，但是由于药品目录、诊疗项目不统一，收费标准、报销标准不一致，在实际操作中仍然面临不少问题。诸如此类的问题，在不同领域都普遍存在。

为此，一体化示范区未来的制度创新，就是要在跨省级行政区、没有行政隶属关系、涉及多个平行行政主体的框架下，探索建立统一规划、统一管理、合作共建、利益共享的合作新机制，通过行政管理体制上的“破圈”，为全国其他区域的协调发展探索路径和积累经验。

二、 破局：在危机中育新机，于变局中开新局

长江三角洲地区是我国经济发展最活跃、开放程度最高、创新能力最强的区域之一，在国家现代化建设大局和全方位开放格局中具有举足轻重的战略地位。2019年，长三角常住人口占全国16.2%，GDP总量占全国23.9%，一般公共预算收入占全国地方财政一般公共预算收入的25.9%，外贸进出口总额占全国35.8%，实际利用外资总额占全国的55.5%。在当前全球经济政治格局动荡变革、我国发展所具有的要素禀赋发生巨大变化的背景下，长三角一体化更成为引领全国高质量发展、打造我国发展强劲活跃增长极的重大战略举措。

当今世界正经历百年未有之大变局，受全球疫情冲击，世界经济严重衰退，经济全球化遭遇逆流，产业链供应链循环受阻，国际贸易投资大幅萎缩，国际经济、科技、文化、安全、政治等格局都在发生深刻调整。面对错综复杂的国际环境带来的新矛盾新挑战，我国提出要推动形成以国内大循环为主体、国内国际双循环相互促进的新发展格局。习近平总书记在2020年8月10日召开的扎实推进长三角一体化发展座谈会上指出，长三角区域要发挥人才富集、科技水平高、制造业发达、产业链供应链相对完备和市场潜力大等诸多优势，积极探索形成新发展格局的路径。一体化示范区作为长三角共建强劲活跃增长极的重要抓手，责无旁贷要在探索形成新发展格局方面发挥先行先试作用。

一是探索要素市场化改革，率先构建区域统一大市场。发挥上海国际化、功能性要素市场集聚优势，加快构建以技术要素市场为牵引，资本要素市场、数据要素市场、人才要素市场为支撑，土地要素市场为基础的一体化要素市场体系，探索形成要素跨区域市场化自由流动和配置的规则制度体系，为建立区域乃至全国统一要素大市场进行先行探索。

二是完善产业链协同机制，率先构建区域创新共同体。围绕打造世界级产业集群加强顶层设计，统筹安排两区一县在产业链条上的所处环节，共同构建最经济和最有效率的产业生态。着力消除区域间产业技术创新合作与交流的政策壁垒，共同搭建产业创新平台、推进主导产业“卡脖子”问题的联合攻关，协同推进科技成果转移转化、强化协同创新政策支撑，构建区域创新共同体。

三是创新一体化合作机制，率先构建区域合作大平台。一体化示范区要积极推动共建特色合作园区、高新产业联盟、信息共享平台、产业投资平台、人才流动平台和金融服务平台，推动产业高起点、多层次、全方位的交流合作，推动全产业链整体跃升。一体化示范区的开发建设虽然并不以追求经济规模、发展速度为导向，但其在跨区域产业合作、创新协同、要素流动方面的先行探索，毫无疑问将成为我国以畅通国民经济循环为主构建新发展格局的最佳“试验场”，成为通过一体化示范区的“微循环”引领长三角区域“小循环”、带动全国经济“大循环”的突破口。

三、破题：守护绿水青山，铸就金山银山

2005 年 8 月 15 日，时任浙江省委书记的习近平在安吉考察时首次提出“绿水青山就是金山银山”这一科学论断。“两山理论”阐述了经济发展和生态环境保护的关系，揭示了保护生态环境就是保护生产力、改善生态环境就是发展生产力的规律。2020 年是“两山论”提出 15 周年，“绿水青山就是金山银山”早已成为新发展理念的重要组成部分，成为全国上下的共识和行动。

习近平总书记在长三角一体化发展座谈会上强调，长三角地区是长江经济带的龙头，不仅要在经济发展上走在前列，也要在生态保护和建设上带好头。一体化示范区自诞生之初就被冠以“生态绿色”的特定名称，承担着率先走出一条跨行政区域共建共享、生态文明与经济社会发展相得益彰新路径的历史使命。一体化示范区打造“生态优势转化新标杆”应当围绕“生态优先、绿色发展”算好三笔账：

一是算好绿水青山的“生态账”。目前，一体化示范区河湖水面率达到 20.3%，根据一体化示范区总体方案，到 2025 年绿化覆盖率将达到 42%以上，森林覆盖率达到 20%。然而，如何实现从“生态环境”到“生态价值”的转化却始终是各地面临的难题。以浙江丽水为例，作为我国首个生态产品价值实现机制改革试点市，据测算 2018 年其生态产品总值为 5 024.47 亿元，而同期 GDP 总量为 1 394.67 亿元，简单测算 GEP 向 GDP 的转化率为 27.8%。一体化示范区探索生态价值转化新通道，必须首先摸清“生态底账”，加快制定实施促进绿色生态发展的全新考核办法，构建生态系统生产总值(GEP)核算体系，依托湖区生态、水乡资源等天然优势，积极探索资源资产化的生态产品价值实现机制。

二是算好绿色创新的"经济账"。好风景带来好经济,随着技术进步和产业升级,产业发展和生态保护完全可以实现和谐共处。瑞士日内瓦湖、苏州金鸡湖、东莞松山湖、杭州青山湖的案例都是很好的例证,只要能够守住生态保护的红线,把好产业准入的底线,生态区域一样可以发展成为绿色创新的高地。2020 年 7 月,沪苏浙两省一市产业部门联合发布了一体化示范区产业发展指导目录和先行启动区产业项目准入标准,功能型总部经济、特色型服务经济、融合型数字经济、前沿型创新经济、生态型湖区经济的"五大经济"发展方向,以及产业契合度、环境友好度、创新浓度和经济密度的"四度标准"准入门槛,也为我国其他生态区域的产业发展提供了新的思路和新的视角。

三是算好生态宜居的"民生账"。一直以来,部分地区因为生态保护在一定程度上是牺牲了经济和社会发展权的,不仅产业发展相对薄弱、就业机会稀缺,而且基础设施、公共服务等都成为区域发展的"洼地",居民生活质量和水平提升相对滞后。为此,2015 年召开的中央城市工作会议提出,要统筹生产、生活、生态三大布局,提高城市发展的宜居性。因此,一体化示范区还应积极共建便捷、绿色、智能、安全的现代化基础设施体系,增加多层次、高水平的教育、医疗、文化等公共服务资源供给,促进城乡有机融合,为居民创造更高品质的生活环境,而这也是统筹生态保护和经济发展的最终落脚点。

如果说自贸试验区是我国对接国际高标准贸易投资规则,推进新一轮高水平对外开放的"试验田",那么一体化示范区则是我国破除地区之间利益藩篱和政策壁垒,加快建立一体化区域协调发展新机制的"实践区"。蓝图已绘就,扬帆正当时,一体化示范区正在"破"与"立"之间积极探索创新区域协调发展模式、畅通区域经济循环体系、突破生态价值转化瓶颈的新路径,这片乘风破浪的热土和创造奇迹的福地让我们对未来充满了想象和期待。

作者:高　平

参考文献:

① 周亚:《长三角一体化发展取得新成效》,澎湃新闻,2020 年 8 月 28 日,https://www.thepaper.cn/newsDetail_forward_8912137。

②《护美绿水青山　做大金山银山——写在"两山论"提出 15 周年》,《人民日报》2020 年 8 月 15 日。

③ 涌馨:《中国2000年的行政区划演变:来看看你的故乡在古代属于哪》,搜狐网,2019年10月25日,https://www.sohu.com/a/392421132_120250211。

④《2018年丽水GEP达5 024.47亿元增长5.12%》,丽水网,2019年10月12日,http://news.lsnews.com.cn/sz/201910/t20191012_261850.shtml。

⑤ 金太军、汪旻艳:《现行省级行政区划改革的系统思考》,《南京师大学报(社科版)》2006年第1期。

同心同梦、共建共享：长三角生态绿色一体化发展示范区一周年“成绩单”

2020年9月27日，长三角生态绿色一体化发展示范区的重大标志性项目——华为青浦研发中心正式开工建设；9月30日，连接青浦、吴江两地东航路—康力大道全线贯通；10月24日，长三角（上海）智慧互联网医院体验中心投入运行；10月28日，沪苏浙两省一市生态环境部门、一体化示范区执委会联合发布《长三角生态绿色一体化发展示范区生态环境管理“三统一”制度建设行动方案》……从2019年11月1日揭牌到现在，长三角一体化示范区这片备受瞩目、生机勃勃的“试验田”始终保持“热点”不断、“热度”不减，迅速推动政策举措落地，迅速彰显集聚度显示度。本文与您一起回顾长三角一体化示范区建设带来的变化和成果。

一、规划先行：从“美好蓝图”到“密集施工”

一体化示范区作为两省一市共同打造的试点探索区域，在体制机制、规划体系等很多方面往往没有先例可循。在这种情况下，加强顶层设计、坚持规划先行成为一体化示范区开发建设的首要任务。2019年11月，《长三角生态绿色一体化发展示范区总体方案》公布。总体方案指出，建设长三角一体化示范区是实施长三角一体化发展战略的先手棋和突破口。一体化示范区范围包括上海市青浦区、苏州市吴江区和嘉兴市嘉善县，面积约2 300平方千米，其战略定位是生态优势转化新标杆、绿色创新发展新高地、一体化制度创新试验田、人与自然和谐宜居新典范。同时，总体方案还提出了“世界级滨水人居文明典范”的总体发展愿景。

2020年6月18日，国内首个省级行政主体共同编制的跨省域国土空间规划——《长三角生态绿色一体化发展示范区国土空间总体规划》公示。总体规划的形成，意味着示范区统一了基础底板、用地分类、规划目标、核心指标，背后是打破行政区划的顶层设计和一体化体制机制，真正实现“一张蓝图管全域”。规划指出，以示范区生态敏感性最高、生态本底最优质的淀山湖、元荡及周边湖荡为主体构建生态绿心，构建示范区“一心、两廊、三链、四区”的生态格局。在锚固生态格局的基础上，以虹桥商务区为发展动力核，以环淀山湖区域为创新绿核，形成“两核、四带、五片”的城乡空间布局。同时，一体化示范区的生态环境、水利、产业、综合交通、文旅、燃气、电力等专项规划都已进入征求意见阶段。

其中，“江南水乡客厅”作为一体化示范区最具样板意义的区域，2020 年 8 月份也已启动了设计方案的国际征集，计划由三地合力打造体现东方意境、容纳和谐生境、提供游憩佳境、共聚创新环境的“江南庭院、水乡客厅”，集中实践和示范城水共生、活力共襄、区域共享的发展理念。

二、 制度创新：从项目协同到一体化制度创新

一体化示范区总体方案指出，一体化示范区要率先探索从区域项目协同走向区域一体化制度创新，不破行政隶属、打破行政边界，实现共商、共建、共管、共享、共赢。一年多来，两省一市制定实施了一批具有突破性和首创性的制度和政策。

在政策创新方面，2020 年 7 月，两省一市出台《关于支持长三角生态绿色一体化发展示范区高质量发展的若干政策措施》，围绕改革赋权、财政金融支持、用地保障、新基建建设、公共服务共建共享、要素流动、管理和服务创新、组织保障 8 个方面，提出了 22 条推动高质量发展的举措。与此同时，金融支持政策、产业发展指导目录、先行启动区产业准入标准、政府核准的投资目录、外国高端人才许可互认等一系列政策陆续出台，为示范区建设保驾护航。

表 1 一体化示范区挂牌成立以来出台的部分政策一览

序号	政策名称	发布时间
1	《关于在长三角生态绿色一体化发展示范区深化落实金融支持政策推行先行先试的若干举措》	2020 年 4 月 2 日
2	《长三角生态绿色一体化发展示范区产业发展指导目录(2020 年版)》	2020 年 7 月 15 日
3	《长三角生态绿色一体化发展示范区先行启动区产业项目准入标准(试行)》	2020 年 7 月 15 日
4	《长三角生态绿色一体化发展示范区政府核准的投资项目目录(2020 年本)》	2020 年 8 月 28 日

续表

序号	政 策 名 称	发布时间
5	《长三角生态绿色一体化发展示范区专业技术人才资格和继续教育学时互认暂行办法》	2020 年 9 月 16 日
6	《一体化示范区外国高端人才工作许可互认实施方案》	2020 年 9 月 1 日
7	《关于促进和保障长三角生态绿色一体化发展示范区建设若干问题的决定》	2020 年 9 月 25 日
8	《长三角生态绿色一体化发展示范区统一企业登记标准实施意见》	2020 年 10 月 9 日
9	《长三角生态绿色一体化发展示范区人民法院生态环境保护司法协作备忘录》	2020 年 10 月 19 日
10	《长三角生态绿色一体化发展示范区生态环境管理“三统一”制度建设行动方案》	2020 年 10 月 28 日

这些政策的落地见效使得长三角企业迁移、跨省转账等手续冗杂的办事流程变得越来越便捷高效：企业仅用一天时间就完成了“企业跨省迁移一件事”所有办事流程；行政服务中心已有部分银行率先试点有人值守的“移动智能柜台”；企业授信主体在长三角区域内取消重复授信审批累计减免转账 30 多万笔，降低资金成本 500 多万……“半天内开办企业”“一天内企业跨省迁移业务办理”“降低重复授信审批的注册成本”等也正在逐渐成为可能。

在开发机制方面，一体化示范区创新探索了“多方参与、业界共治”的体制机制。一体化示范区实行“理事会 + 执委会 + 发展公司”的“三层次”管理架构，理事会由两省一市政府常务副省（市）长轮值，广泛吸纳国内外知名企业家、国际机构领导人、知名科研机构、智库等，参与示范区治理。执委会由两省一市抽调精兵强将共同组成，主要负责一体化示范区发展规划、制度创新、改革事项、重大项目、支持政策的研究制定和推进实施。

2020 年 8 月 26 日，在一体化示范区开发者大会上，中国长江三峡集团、阿里巴巴集团、华为技术有限公司等 12 家行业巨头、高校院所聚首上海，正式形成一体化示范区开发者联盟，致力于深度对接示范区建设需求和项目，深度链接联盟创始成员，助力市场主体共同成长、共同发展。10 月 30 日，开发者联盟第二次创始成员会议在东方绿舟举行，中国移动、中国联通、同济大学等在内的 13 家单位作为第一批新成员加入开发者联盟。

三、产业协同：从同质竞争到统筹联动

产业协同是长三角高质量一体化的重点领域和重要体现。7 月 15 日，一体化示范区执委会正式发布了《长三角生态绿色一体化示范区产业发展指导目录（2020 年版）》和《长三角生态绿色一体化发展示范区先行启动区产业项目准入标准》。其中，“指导目录”提出了大力发展功能型总部经济、特色型服务经济、融合型数字经济、前沿型创新经济、生态型湖区经济“五大经济”；“准入标准”从产业契合度、环境友好度、创新浓度和经济密度四个维度，提升新项目招引质量。

与此同时，西岑科创中心、祥符荡科创绿谷、吴江高铁新城、中新嘉善现代产业园、长三角金融产业园等一批标志性产业载体正在加快建设；英诺赛科苏州第三代半导体基地、博升光电半导体光芯片项目、北斗长三角综合集成应用项目、京东方创新中心、恒力国际新材料产业园、中车绿地长三角绿色智能制造协同创新示范区等重大项目陆续签约落户。一体化示范区正在加快实践新技术、新业态、新模式，努力打造国际一流的创新生态系统，构建充满活力的长三角创新核。

目前，一体化示范区还在深入研究招商引资统筹协调机制，下一步将形成产业分区引导、重大项目会商、产业联合招商、首谈利益保障、合理迁移利益共享、规范有序迁移等合作机制，共同推动示范区产业发展，共享一体化红利。

四、民生共享：从属地服务到共建共享

人民群众获得感是长三角一体化发展成果的最好检验。在长三角一体化示范区建设一周年中，交通建设、医疗建设、教育建设齐头并进，同样取得了一批丰硕成果。

在交通建设方面，正在建设中的通苏嘉甬高铁与沪苏湖高铁将在一体化示范区形成十字交汇；上海 17 号线将向西延伸，与规划中的苏州地铁 10 号线在“江南水乡客厅”实现对接，并继续向南延伸至浙江嘉善；示范区 1 号线、长三角水乡旅游线、上海市域铁路嘉青松金线等一批重大工程，将进一步织密一体化示范区的交通网络。

在医疗服务方面，青浦区、嘉善县和吴江区三地医保局签署《长三角生态

绿色一体化示范区医保一体化建设合作协议》，力争率先实现医疗保障领域同城化，全力打造示范区“医保一卡通2.0版”，目前三地的参保人员在示范区区内的85家医保定点医疗机构看门诊急诊，无需提前备案，可以直接刷社保卡挂号、看病、结算。同时，基于青浦区朱家角人民医院的长三角智慧医院于2020年10月开始挂牌试运行，未来将推动“互联网医院平台”“远程医疗协同平台”“数据互联互通平台”的三个平台和“远程会诊、远程影像、远程检验、远程病理、远程示教”的五个中心建设，旨在使上海的优质医疗资源更好地向长三角区域辐射。

在教育服务方面，上海世外教育集团与嘉善签约，托管嘉善县西塘小学、嘉善县第三中学；上海大学在嘉善成立基础教育发展集团；上海大学、上海理工大学等高校附校正在加紧建设。2020年8月6日，一体化示范区执委会还发布了《长三角生态绿色一体化发展示范区职业教育一体化发展平台建设方案》，计划实现示范区内7所职业学校招生入学、学籍管理、教学实施、就业升学等教育工作的一体化，实现“籍随人走，学分互认，毕业互通”的一体化管理模式，为三地初中毕业生升学提供更多更优的选择。

五、 环境治理：从区域协作到联保共治

一体化示范区的生态基底非常突出，蓝绿空间（蓝色水体＋绿化面积）占比约为69％，河湖水面率为19.76％，面积在50公顷以上的湖荡有76个。为此，在更高水平上体现“绿水青山就是金山银山”重要理念是一体化示范区开发建设的核心主线。

2020年10月29日，上海市、江苏省、浙江省两省一市生态环境局（厅）会同一体化示范区执委会共同发布了《长三角生态绿色一体化发展示范区生态环境管理“三统一”制度建设行动方案》，主要包括生态环境标准统一、环境监测统一和环境监管执法统一，明确了三方面56项具体工作清单。这也意味着，一体化示范区将率先形成跨域一体的生态环境监管尺度和生态环境行为准则。

跨界水体向来是水环境治理的难点。2020年7月，水利部太湖流域管理局联合江苏省、浙江省、上海市河长办印发出台《关于进一步深化长三角生态绿色一体化发展示范区河湖长制　加快建设幸福河湖的指导意见》，提出了全面深化河湖长制组织体系、提高水资源协同保障水平、深化河湖水域岸线协同

管理、强化水污染联防联控等十二个方面的工作任务。

2020年10月12日，《长三角生态绿色一体化发展示范区重点跨界水体联保专项方案》正式印发，方案把7个主要跨界水体纳入联保，其中太浦河、淀山湖、元荡湖、汾湖"一河三湖"是加强跨界水体联保共治的重点，2020年47个主要跨界水体将完成联合河（湖）长制的建立，三地治水从单兵作战转向握指成拳。

六、展望：打造高质量发展样板区、美丽中国新典范

十九届五中全会提出了"十四五"时期我国经济社会发展"六个新"的主要目标：经济发展取得新成效、改革开放迈出新步伐、社会文明程度得到新提高、生态文明建设取得新进步、民生福祉达到新水平、国家治理效能得到新提升。一体化示范区不仅是推进长三角一体化发展的先手棋，也是率先实现高质量发展的样板区，是彰显江南水乡魅力、建设美丽中国的新典范。展望未来，期待一体化示范区能够进一步提升一体化制度创新的显示度、产业创新资源的集聚度、各类要素自由流动的便捷度、优质均衡公共服务的感受度和江南水乡生态的知名度，为全国区域协调发展探索可复制可推广的制度模式，共创长三角发展的新奇迹。

作者：龙彦霖

参考文献：

① 缪琦：《揭牌不到一年，长三角一体化示范区实现了这些创新》，搜狐网，2020年9月29日，https://baijiahao.baidu.com/s?id=1679173780651026230&wfr=spider&for=pc。

② 付鑫鑫：《长三角一体化示范区：提密度、减距离、破分割，打造跨省域最江南超级都市圈》，中国新闻网，2020年9月30日，https://www.chinanews.com/cj/2020/09-30/9304001.shtml。

③ 许海燕：《长三角生态绿色一体化示范区一周年回眸》，中国新闻网，2020年10月25日，https://www.chinanews.com/sh/2020/10-25/9322354.shtml。

④ 胡洁菲：《长三角一体化示范区发布生态环境管理"三统一"制度》，新华网客户端，2020年10月29日，http://www.xinhuanet.com/2020-10/29/c_1126672388.htm。

⑤ 姜燕：《长三角一体化示范区一周年"国考"交卷》，新华网，2020年10月30日，http://www.sh.xinhuanet.com/2020-10/30/c_139478603.htm。

“全家福”来了：“双循环”格局下长三角四大自贸试验区的新使命

2020 年 9 月 21 日，国务院印发了北京、湖南、安徽自由贸易试验区总体方案及浙江自由贸易试验区扩展区域方案。自 2013 年上海自贸试验区设立至今，我国已经先后批准设立 6 批共 21 个自贸试验区。其中，北京自贸试验区的设立实现了京津冀的全覆盖，而安徽自贸试验区则补上了长三角“三缺一”的自贸试验区版图。

从空间范围来看，上海自贸试验区从 2013 年设立时的 28.78 平方千米，到 2015 年扩区至 120.72 平方千米，再到 2019 年临港新片区 870 平方千米(先行启动区 119.5 平方公里)，仍然是我国除海南自贸试验区之外面积最大的自贸试验区；而浙江自贸试验区也从 2017 年的 119.95 平方千米，新增宁波、杭州、金义三个片区，面积扩大至 239.45 平方千米。

从功能定位来看，相较于上海自贸试验区突出全方位开放功能、临港新片区致力于打造特殊经济功能区，江苏、浙江和安徽三个自贸试验区更加侧重于差异化的功能塑造。江苏自贸试验区定位于打造开放型经济发展先行区、实体经济创新发展和产业转型升级示范区；浙江自贸试验区则从 1.0 版本的聚集油气全产业链拓展到 2.0 版本的“五大功能定位”，即打造以油气为核心的大宗商品资源配置基地、新型国际贸易中心、国际航运与物流枢纽、数字经济发展示范区和先进制造业集聚区；安徽自贸试验区定位于加快推进科技创新策源地建设、先进制造业和战略性新兴产业集聚发展，形成内陆开放新高地。

与此同时，此次新设立的三个自贸试验区和浙江自贸试验区扩展区，也是习近平总书记提出“加快形成以国内大循环为主体、国内国际双循环相互促进的新发展格局”的战略布局以来新批准设立的自贸试验区，承担着为加快形成新发展格局探索路径、积累经验的新使命和新要求。通过梳理长三角四个自贸试验区方案提出的改革试点举措，可以看出自贸试验区新一轮改革试点的脉络，也可以看出其在我国构建新发展格局中所代表的特殊意义。具体表现在：

一、突出要素市场化改革，以畅通循环构建新发展格局

2020年3月，中共中央、国务院发布《关于构建更加完善的要素市场化配置体制机制的意见》，明确提出推动土地、劳动力、资本、技术和数据五大要素市场化配置。此次，安徽自贸试验区和浙江自贸试验区扩区方案中，对除了土地以外的四大要素均提出了具体的改革举措。

在资本要素方面，上海作为国际金融中心在金融开放创新特别是人民币国际化方面一直走在全国自贸试验区前列。2019年获批的临港新片区，更是提出要在风险可控的前提下，进一步简化优质企业跨境人民币业务办理流程，推动跨境金融服务便利化；支持符合条件的金融机构开展跨境证券投资、跨境保险资产管理等业务；先行先试金融业对外开放措施，积极落实放宽金融机构外资持股比例、拓宽外资金融机构业务经营范围等措施，支持符合条件的境外投资者依法设立各类金融机构，保障中外资金融机构依法平等经营。在浙江自贸试验区1.0版方案和扩区方案中，先后提出了扩大金融服务领域开放、拓展金融服务功能、积极发展融资租赁与保险业务和推动金融创新服务实体经济，其突出的特点在于发挥金融对大宗商品贸易和数字经济的支撑作用。江苏和安徽自贸试验区除了提出扩大金融对外开放，还分别提出了推进科技金融创新的内容。例如，安徽自贸试验区提出支持自贸试验区符合条件的商业银行探索设立金融资产投资公司；支持依法合规设立商业银行科技支行、科技融资租赁公司；鼓励保险公司发展科技保险；支持金融小镇依法依规开展私募投资基金服务；鼓励社会资本探索设立跨境双向股权投资基金等。

在数据要素方面，在上海临港新片区方案中，明确提出实施国际互联网数据跨境安全有序流动，具体包括加快5G、IPv6、云计算、物联网、车联网等新一代信息基础设施建设，构建安全便利的国际互联网数据专用通道，聚焦关键领域试点开展数据跨境流动的安全评估，建立数据保护能力认证、数据流通备份审查、跨境数据流通和交易风险评估等数据安全管理机制，主动参与引领全球数字经济交流合作等。浙江作为我国数字经济发展先行区，在自贸试验区方案中除提出推动数据跨境安全流动之外，还在打造新型国际贸易中心中提出：支持以市场化方式推进世界电子贸易平台（eWTP）全球布局，探索数据交互、业务互通、监管互认、服务共享等方面的国际合作及数字确权等数字贸易基础

设施建设,打造全球数字贸易博览会。

表1 临港新片区和浙江自贸试验区扩区方案中关于数据要素流动的内容

自贸试验区	试点举措	具 体 内 容
上海临港新片区	实施国际互联网数据跨境安全有序流动	● 建设完备的国际通信设施,加快5G、IPv6、云计算、物联网、车联网等新一代信息基础设施建设,提升宽带接入能力、网络服务质量和应用水平,构建安全便利的国际互联网数据专用通道。 ● 聚焦集成电路、人工智能、生物医药、总部经济等关键领域,试点开展数据跨境流动的安全评估,建立数据保护能力认证、数据流通备份审查、跨境数据流通和交易风险评估等数据安全管理机制。 ● 开展国际合作规则试点,加大对专利、版权、企业商业秘密等权利及数据的保护力度,主动参与引领全球数字经济交流合作。
浙江自贸试验区扩展区	打造新型国际贸易中心	● 支持以市场化方式推进世界电子贸易平台(eWTP)全球布局,探索在数据交互、业务互通、监管互认、服务共享等方面的国际合作及数字确权等数字贸易基础设施建设,打造全球数字贸易博览会。
	打造数字一体化监管服务平台	● 在国家数据跨境传输安全管理制度框架下,试点开展数据跨境流动安全评估,探索建立数据保护能力认证、数据流动备份审查、跨境数据流动和交易风险评估等数据安全管理机制。 ● 加大对专利、版权、企业商业秘密等权利及数据的保护力度,主动参与引领全球数字经济交流合作。

在人才要素方面,长三角四个自贸试验区在各版本方案中都非常重视海外人才的自由流动。其中,上海的制度相对最为全面和开放,特别是临港新片区致力于打造海内外人才高地,在方案中明确了放宽现代服务业高端人才从业限制,在人员出入境、外籍人才永久居留等方面实施更加开放便利的政策措施;允许具有境外职业资格的金融、建筑、规划、设计等领域专业人才经备案后,在新片区内提供服务,其在境外的从业经历可视同国内从业经历;给予海外高层次人才办理工作许可、永久或长期居留手续“绿色通道”等突破性政策。江苏、浙江在方案中,也分别提到了完善外国人来华工作许可制度和人才签证制度、探索开展职业资格国际互认等相关内容。安徽方案主要聚焦科技创新人才的激励机制,但“支持与境外机构合作开发跨境商业健康保险产品,探索开展商业健康保险跨境结算试点”,成为提升海外人才服务和保障水平的一个政策亮点。

在技术要素方面,在上海、浙江、江苏自贸试验区的各版本方案中,并没有涉及技术等要素交易市场开放的内容。而此次安徽自贸试验区方案则首次提出了完善自贸试验区内技术等要素交易市场，允许外资参与投资。长三角作为我国经济发展最活跃、开放程度最高、创新能力最强的区域之一，依托自贸试验区率先探索要素市场化配置改革路径，在促进资本、数据、人才、技术等要素的跨境自由流动方面先行先试，进而构建区域一体、内外畅通的统一大市场，对于全国实现要素自主有序流动、提高要素配置效率将具有重要的示范意义。

二、突出提升产业链水平，以科技创新催生新发展动能

在 2020 年 9 月 21 日召开的国务院新闻发布会上，商务部副部长兼国际贸易谈判副代表王受文表示，在这 4 个地区新设或者扩区，将通过科技创新从源头上补链强链，依靠产业链集成创新进一步稳链固链，提升产业链供应链先进性、稳定性和竞争力，引领产业高质量发展，这将会为加快形成以国内大循环为主体、国内国际双循环相互促进的新发展格局做一些有益的探索。梳理四个自贸试验区的方案可以看出，产业发展和科技创新在自贸试验区建设中的重要性日益凸显。

在产业发展方面，上海自贸试验区的前三版方案更多强调服务业和制造业扩大开放，提升国际金融、航运、贸易功能，并没有在实体产业发展方面提出明确的导向和要求。直到临港新片区方案中，提出打造以关键核心技术为突破口的前沿产业集群，具体包括：建设集成电路综合性产业基地、建设人工智能创新及应用示范区、建设民用航空产业集聚区、建设面向“一带一路”沿线国家和地区的维修和绿色再制造中心等。而在浙江、江苏、安徽方案中，对于产业发展均有较大篇幅的表述。例如，江苏方案提出支持制造业创新发展，包括建设下一代互联网国家工程中心、建设国家集成电路设计服务产业创新平台、国家健康医疗大数据中心、推进 5G 试商用城市建设，打造国家级车联网先导区等。浙江自贸试验区 1.0 方案主要聚焦绿色石化、大宗商品贸易领域，同时还提出了航空制造、海洋经济等发展方向；在扩区方案中进一步提出打造数字经济发展示范区和先进制造业集聚区（包括新材料、智能制造、生命大健康、海水淡化与综合利用以及海洋可再生能源等领域）。安徽方案则提出支持生物医药、高端智能装备、新能源汽车、硅基新材料等高端制造业发展，以及培育布局量子计算与量子通信、生物制造、先进核能等未来产业。

表2 长三角四大自贸试验区产业发展重点领域

自贸试验区	重点发展的产业领域
上海临港新片区	● 集聚发展集成电路、生物医药、人工智能、航空航天等我国高质量发展亟需产业的关键环节和技术。 ● 拓展金融、贸易、航运领域和总部经济的国际市场服务能力。
浙江自贸试验区	● 大宗商品贸易、保税燃料油供应、石油石化产业配套装备保税物流、仓储、制造等产业;航空制造、零部件物流、研发设计及相关配套产业,建设舟山航空产业园;着力发展水产品贸易、海洋旅游、海水利用、现代商贸、金融服务、航运、信息咨询、高新技术等产业。
浙江自贸试验区扩展区	● 加大物联网、工业互联网、人工智能等新型基础设施的建设力度,积极打造数字经济发展示范区。 ● 聚焦新材料、智能制造、生命大健康、海水淡化与综合利用以及海洋可再生能源等领域,打造先进制造业集聚区。
江苏自贸试验区	● 发展前瞻性先导性产业;建设下一代互联网国家工程中心;建设国家集成电路设计服务产业创新平台、国家健康医疗大数据中心;推进5G试商用城市建设,打造国家级车联网先导区;探索开展高端装备绿色再制造试点等。 ● 推动现代服务业集聚发展。打造健康服务发展先行区。推动邮轮、游艇等旅游出行便利化;促进文物及文化艺术品在自贸试验区内的综合保税区存储、展示等;打造品牌化、市场化、国际化的展会平台。
安徽自贸试验区	● 支持高端制造业发展。支持将生物医药、高端智能装备、新能源汽车、硅基新材料等产业纳入新一批国家战略性新兴产业集群。 ● 培育布局未来产业。支持超前布局量子计算与量子通信、生物制造、先进核能等未来产业。支持量子信息、类脑芯片、下一代人工智能等新技术的研发应用。重点发展第三代半导体、金属铼等前沿材料产业,培育发展石墨烯产业。 ● 大力推动数字商务新模式、新业态发展,探索建立反向定制(C2M)产业基地。

在科技创新方面,上海、浙江、江苏发布的各版本自贸试验区方案中,并没有针对科技创新设置单独的章节。而此次安徽自贸试验区方案,专门对推动创新驱动发展提出了明确要求,包括提升安徽创新馆运营水平,积极探索“政产学研用金”六位一体的科技成果转移转化机制,推动科技创新、产业创新、企业创新、产品创新和市场创新,加快构建一体化科技的大市场。积极探索符合国际通行规则的科技交易合作机制,着力打造具有重要影响力的科技创新策源地。

随着我国自贸试验区建设进入新的发展阶段,势必要进一步提高在全球产业链、创新链、价值链上的地位和势能。长三角四个自贸试验区依托自身产业基础优势,瞄准国际前沿水平、聚焦国家战略布局,通过建立健全功能性产业政策和科技创新制度体系,将有利于引领带动全国产业基础高级化、产业链现代化进程,为实现“国内大循环”提供新动能。

三、突出投资贸易便利化，以高水平开放打造新发展优势

习近平总书记在2020年8月24日召开的经济社会领域专家座谈会上指出："当前，国际社会对经济全球化前景有不少担忧。我们认为，国际经济联通和交往仍是世界经济发展的客观要求。我国经济持续快速发展的一个重要动力就是对外开放。对外开放是基本国策，我们要全面提高对外开放水平，建设更高水平开放型经济新体制，形成国际合作和竞争新优势。要积极参与全球经济治理体系改革，推动完善更加公平合理的国际经济治理体系。"自贸试验区从设立之初，就承载着为全面深化改革和扩大开放探索新途径、积累新经验的使命，促进投资便利化、贸易便利化的理念也始终贯穿于自贸试验区改革试点工作的方方面面。

2013年上海自贸试验区推出了第一张自贸试验区外资负面清单，清单中，限制或禁止外资进入的行业达到了190项，而在2020年最新公布的自贸试验区投资负面清单中，限制或禁止外商投资的行业只有30项，和第一张清单相比，下降了80%，这些放开的领域绝大部分都在全国放开，带动了全国的对外开放，提升了全国对外开放度和透明度。与此同时，第一个试点国际贸易"单一窗口"、第一个自由贸易账户都是在自贸试验区率先试点的，在贸易、融资、人才等便利化方面也都是在自贸试验区最先探索。此次浙江扩区方案和安徽方案，也基本延续了更高水平扩大开放的原则。例如，浙江扩区方案提出了两个"单一窗口"，即进一步丰富国际贸易"单一窗口"功能，将服务贸易出口退(免)税申报纳入"单一窗口"管理；支持建立国际投资"单一窗口"，研究放宽油气产业、数字经济、生命健康和新材料等战略性新兴产业集群市场准入等。安徽方案提出，在科研和技术服务、电信、教育等领域加大对外开放力度，放宽注册资本、投资方式等限制；完善和推广"海关ERP联网监管"，大力推进网上监管，开展"互联网+核查""线上+线下"核查等创新试点；支持内销选择性征收关税政策在自贸试验区内的综合保税区试点等。

四、展望

在自贸试验区努力探索更高水平自主开放，彰显了我国坚定不移扩大对外开放、建设更高水平开放型经济新体制的坚定决心。长三角四个自贸试验

区将继续在投资、贸易、金融、人员流动等方面开展一系列先行先试,开展规则、规制、管理、标准等一系列制度型开放,为我国形成国际合作和竞争新优势做出更大贡献。

对于长三角一体化而言,此次安徽自贸试验区的设立以及浙江自贸试验区的扩区,并不仅仅意味着队伍的壮大和空间的拓展,而是在构建新发展格局的大背景下被赋予了更加丰富的内涵,更重要的是形成了以上海临港新片区特殊经济功能区为“尖兵”,以四大自贸试验区作为改革开放“先锋”的雁阵格局。未来,长三角四大自贸区将围绕要素跨境流动、科技创新协同、产业分工协作、数据互联互通、对外投资合作等领域,全面加强沟通联络、协调配合,积极探索创新合作模式,不断提高合作水平。面对更多逆风逆水的外部环境,长三角自贸试验区要勇于开好“顶风船”、种好“试验田”、当好“新引擎”、下好“一盘棋”,在更高水平上打造改革开放新高地。

作者:王　珏、高　平

参考文献:

①《中国一带一路网:七年,上海自贸区进阶简史》,新华网,2020 年 8 月 26 日,https://www.thepaper.cn/newsDetail_forward_8895833。

② 芦磊、李杨、贾白雪等:《中国(浙江)自由贸易试验区的“浙”三年》,国际商报,2020 年 4 月 7 日,http://www.xinhuanet.com/energy/2020-04/07/c_1125821065.htm。

③ 孙红丽:《江苏自贸试验区:全力支持三大片区大胆闯、大胆试、自主改　已形成 115 项制度创新成果》,人民网,2020 年 9 月 7 日,http://news.cyol.com/content/2020-09/07/content_18767942.htm。

③《中国自贸区总数增至 18 个！自贸发展历程梳理增加自贸区可以给老百姓什么利好》,搜狐网,2019 年 9 月 5 日,https://www.sohu.com/a/343309539_825181。

战疫“五字诀”:看长三角城市如何快速修复经济活力

引　言

2020年伊始,突如其来的新冠肺炎疫情席卷全国,使得国内外经济形势更趋严峻复杂。受疫情影响,春节假期延长、人员流动受限、各地延迟复工,疫情对我国经济的短期冲击不可避免。新冠肺炎疫情发生以来,上海、江苏、浙江、安徽充分发挥长三角区域一体化发展形成的联防联控、政策协同优势,在初步遏制疫情蔓延势头的基础上,及时有序地推动企业复工复产,长三角地区“六稳”工作切实见效、经济社会平稳运行,为全国完成决胜全面建成小康社会、决战脱贫攻坚的目标任务形成了有力支撑。

此前,国家发改委明确表示,各地要做好疫情防控和经济发展“双线”作战的准备,坚持抗击疫情和复工复产两手抓两手都要硬。长三角地区在全国发展大局中具有重要的地位,坚决打赢疫情防控阻击战,修复长三角经济活力、增强长三角发展动能,不仅是长三角自身发展的内在要求,更是三省一市担负的使命责任。基于此,“上海中创研究”专门推出了全新的季度刊物《长三角观察》,本文重点从企业复工生产、稳定投资外贸、优化营商环境、发展新兴产业、统筹联动布局等方面梳理了三省一市稳增长的重要举措和经验做法,以供读者参考。

一、早字诀:早复工早开工,经济发展不停摆

面对疫情耽误经济进程,长三角各省市在恢复经济、把时间抢回来上表现了极强的决心和精准的执行力。沪苏浙多城市通过开展“点到点、一站式”直达运输,有组织地接回安徽、河南、贵州、四川等地务工人员,有力解决“返程难”问题,迎接新老员工安全到岗;通过设立面向企业、从业人员和就业服务机构的补助专项资金等争夺人才。各地还密集出台惠企政策,通过减税降费、融

资便利、供应链协调保障等方式为企业“减负”,助力企业早开工。

表 1　长三角各省市规模以上工业企业复工率统计(%)

城　市	复工率	统计截至	城　市	复工率	统计截至
上海市	72.6	2020 年 2 月 21 日	泰　州(海陵区)	98.3	2020 年 2 月 21 日
浙江省	99.8	2020 年 2 月 24 日	徐　州	80	2020 年 2 月 20 日
杭　州	73.77	2020 年 2 月 18 日	连云港	已复工 233 家	
宁　波	84.9	2020 年 2 月 20 日	淮　安(工业园区)	93.8	2020 年 2 月 25 日
嘉　兴	100	2020 年 2 月 19 日	宿　迁	100	2020 年 2 月 24 日
湖　州	95.6	2020 年 2 月 18 日	**安徽省**	92	2020 年 2 月 25 日
绍　兴	94.9	2020 年 2 月 16 日	合　肥	77.2	2020 年 2 月 22 日
金　华	83.7	2020 年 2 月 17 日	芜　湖	90—95	2020 年 2 月 25 日
舟　山	100	2020 年 2 月 23 日	马鞍山	90—95	2020 年 2 月 25 日
台　州	76.53	2020 年 2 月 23 日	铜　陵	90—95	2020 年 2 月 25 日
温　州	79	2020 年 2 月 22 日	安　庆	85—90	2020 年 2 月 25 日
丽　水	99.55	2020 年 2 月 19 日	滁　州	97.3	2020 年 2 月 25 日
衢　州	94.22	2020 年 2 月 18 日	池　州	90—95	2020 年 2 月 25 日
江苏省	96	2020 年 2 月 24 日	宣　城	95.9	2020 年 2 月 25 日
南　京	96	2020 年 2 月 20 日	淮　北	90—95	2020 年 2 月 25 日
无　锡	87.4	2020 年 2 月 18 日	亳　州	90—95	2020 年 2 月 25 日
常　州	84	2020 年 2 月 18 日	宿　州	90—95	2020 年 2 月 25 日
苏　州	92	2020 年 2 月 18 日	蚌　埠	90—95	2020 年 2 月 25 日
南　通	83	2020 年 2 月 18 日	淮　南	85—90	2020 年 2 月 25 日
盐　城	87.8	2020 年 2 月 24 日	六　安	90—95	2020 年 2 月 25 日
扬　州	已复工 2 664 家		黄　山	98.5	2020 年 2 月 25 日
镇　江	81	2020 年 2 月 18 日	阜　阳	85—90	2020 年 2 月 25 日

数据来源:根据官方公开数据整理。

(一) 点对点一站式接送解决返岗难题

疫情下企业复工面临员工返岗难的突出问题。长三角城市加强与劳务输出地的对接协调,通过包机、包车、包专列(车厢)等“点对点”接送方式,帮助员工尽早返岗。早在 2020 年 2 月 14 日,浙江省海宁市就组织大巴接回外地员工,到 2 月 16 日,全国绝大多数地方的企业还在艰难等待复工审批时,海宁企业的复工率已达到了51%，复工员工6万多人。2月16日，浙江省嘉善县企业的154名返岗员工乘坐全国首次返工包机航班从四川广元机场抵达杭州萧山机场，机场外无缝对接政府统一调配的大巴抵达嘉善，送往缺工量大的规模以上企业。此次包机费用由嘉善县政府对企业给予2/3的补助，企业承担1/3。同日，60余家浙江省杭州市企业的近300名贵州籍员工搭乘G4138次列车从贵阳北站到杭州东站，成为春节后首趟复工人员定制专列。2月21日，两台省际定点包车从安徽抵达上海航头站，这是中建八局32位建筑工人的返沪专车，也是上海首批省际包车接工人返工。江苏省南京市、苏州、无锡等多地均成功组织"点到点"一站式复工专列，协调从非湖北地区符合健康条件的员工返岗。

（二）真金白银补贴企业新招员工

为进一步解决用工难问题，一些城市及时出台企业复工专项资金和人才补贴，开启新一轮"抢人大战"。具体举措包括：对新招员工实施一次性补贴，如浙江省湖州市设立不少于1亿元的企业复工复产补助奖励资金，对企业新招员工，给予1 000元/人的一次性生活补助，对于20人以上市外人员到湖州就业的，给予200元/人的一次性奖励。上海松江区对相关企业，新增1 500万元援企抗疫人才薪酬扶持专项基金，新增5 000个租房补贴名额，对复工人才给予一次性补贴900元/人。对聘用新员工的企业给予补助，如浙江省宁波市鼓励企业多途径扩大招工规模，疫情解除后当月企业参加社会保险人数较上年同期每新增1人，按每人500元标准补助企业，每家企业补助总额最高不超过30万元。此外，浙江省温州市、江苏省扬州市、南京经开区等还对就业服务机构给予一定的补助。

表2　长三角各城市复工招人扶持政策

补助方式	各城市复工招人扶持政策
对新招员工一次性补贴	湖州市对企业新招员工，给予每人1 000元的一次性生活补助。
	上海松江区新增5 000个租房补贴名额，对复工人才给予一次性补贴900元/人。
	淮安市为留在本地稳定就业的农民工发放一次性1 000元留乡就业补贴。
	宁波市对来甬高校毕业生和中级以上技能人才，按浙江省内宁波市外200元/人、华东地区500元/人、其他地区800元/人的标准给予交通补助。
	绍兴市按省内市外200元/人、华东地区500元/人、其他地区800元/人的标准给予自行来绍兴员工交通补助。

续表

补助方式	各城市复工招人扶持政策
对聘用新员工的企业给予补助	湖州市设立不少于1亿元人民币的企业复工复产补助奖励资金,专项用于企业(包括工业、服务业、建筑业)复工复产。
	上海松江区对疫情防控作出重大贡献的企业、区重点扶持企业、受疫情影响较大的中小企业,新增1 500万元援企抗疫人才薪酬扶持专项基金。
	宁波市对"打包"组合包车接送外地员工中产生的包车费用给予50%的补助,鼓励企业多途径扩大招工规模,每家企业最高可获得30万元的招工补助。
	义乌市非公企业直接招用首次在义就业员工并依法缴纳社会保险的,给予1 000元/人的奖励。
	绍兴市鼓励企业多途径扩大招工规模,一级响应解除后当月企业参加社会保险人数较上年同期每新增1人,按每人500元标准补助企业。
	温州市疫情防控期间,我市企业直接招用市外首次来温就业员工,签订1年以上劳动合同并依法缴纳社会保险的,由就业补助资金按照每人1 000元的标准给予一次性补贴。
对就业服务机构给予一定的补助	南京经开区人力资源机构组织招聘的给予1 000元/人的奖励,企业招用本市失业人员的给予1 000元/人的奖励,人力资源机构招录的灵活就业人员则给予500元/人的奖励。
	苏州市人力资源服务机构成功介绍劳动者到经市工信局认定的重点疫情防控保障企业和市政府确定的重点企业就业,签订劳动合同且缴纳社会保险满2个月的,按1 000元/人标准给予人力资源服务机构职业介绍补贴。
	扬州市重点企业就业新签订劳动合同且缴纳社会保险满2个月的人力资源服务机构,按200元/人给予就业服务补助;对成功招录20人(含)以上的,按400元/人给予补助。
	温州市人力资源服务机构为本市企业成功招聘在温依法参加社会保险并工作3个月以上员工的,由所在地政府根据上岗时间不同分三档给予人力资源服务机构每人400元、300元、200元标准的补贴。引进市外首次来温员工的,补贴标准每人提高至1 000元、600元、300元。一次性招进20人及以上的,分别在上述标准基础上再增加300元/人,每家机构补贴总额不超过50万元。

(三)精准对接解决企业资金短缺困境

疫情之下,经营难、资金短缺等问题困扰着企业的生存与发展,不少企业举步维艰。长三角众多城市出台一揽子政策,为企业"减负",推进企业早日复产步上正轨。2020年2月2日,苏州率先出台苏"惠"十条。仅2月5日一天,江苏泰州出台惠企"双十条",上海市嘉定、静安、杨浦等三区出台中小企业减负政策;浙江出台支持小微企业渡过疫情难关的17条政策。江苏省南京市根据中小微企业对地方经济发展所作贡献,采取地方留成税收奖补、流动资金贷款贴息、降低社保费用、减免房租、专项资金定向拨付等多种举措给予支持，预计中小微企业将获益 30 多亿元；淮安市针对企业煤电油运及原辅料、资金等困难，加大协调保障力度；南通市各地派驻联系干部 6 500 人，挂钩联系超过 1 万家企业，帮助解决用工、融资等问题。浙江省宁波市出台政策依照不同情形，减免增值税、进口关税、房产税和城镇土地使用税等，支持企业延期申报或缴纳。丽水、嘉兴市为困难企业办理延期申报或延期缴纳，减免房产税、城镇土地使用税。

二、稳字诀：抓项目扩投资，拓市场稳外贸

疫情对城市经济短期内将造成较大冲击，在疫情趋于稳定后，需要第一时间在各个方面稳定城市经济，最大程度降低疫情影响。当前，长三角各城市正在着力从投资、外贸、市场三个方面念好“稳”字诀。

(一) 抓好重大项目稳定投资需求

为了稳定投资，增强投资者信心，同时发挥项目建设作为逆周期调节手段的作用，上海、江苏在复工后第一时间公布年度重大项目计划，投资金额以千亿元计。其中江苏省年度计划投资高达 5 410 亿元，比上年增加 80 亿元。与往年相比，江苏省新列项目大幅增多，注重提高新列项目和计划新开工项目比例，确保更多“增量”项目能够得到倾斜支持和重点推进。目前，上海、江苏在疫情可控情况下，重点有序推进重大项目的续建和新开工。浙江出台政策意见，在一定条件下对重点项目给予便利，能开快开、应开尽开，夯实稳增长基础。如对于急需开工的重点项目容缺受理，允许重大产业项目提前申请预支用地指标。此外，面对突发疫情影响，江浙两省实行重点项目动态调整机制，新增或优先安排医疗卫生领域项目，补足城市公共卫生短板。如江苏省新增安排了南京市第二医院（省传染病医院）扩建等公共卫生项目。对各地新招引落地的大项目、好项目，也将在动态调整时予以增补。

(二) 多措并举稳定外贸企业发展

疫情的爆发在短期内已经影响到外贸进出口，且对出口的影响大于进口。长三角不少城市外向型经济特征明显，为最大程度、最快时间化解此次“黑天鹅”对外贸的冲击，一些城市第一时间出台针对外贸企业的优惠政策，尽可能

稳定外贸出口。

表 3　长三角各省市支持外贸企业发展的主要政策

城　市	文件名称	主　要　亮　点
苏州市	《关于应对新型冠状病毒感染的肺炎疫情支持外贸企业稳定发展的政策意见》	支持企业出口转内销、对外贸企业在疫情期间投保的国内贸易信用险保险费率降低 30%,保费予以 50%补贴。 实施原产地证书“不见面申领”。 对外贸企业采用“一企一策”的方式逐步解决防控物资保障、原材料供应、物流运输等问题。
无锡市	《关于应对新型冠状病毒感染的肺炎疫情支持外贸企业稳定发展的政策意见》	“外贸小微贷”单户贷款额度提升至 1 000 万元。 对企业进口防疫物资投保的进口预付款保险保费全额补贴。 开辟疫情服务通关和信保定损核赔绿色通道。 建立跨境贸易法律综合支援平台。
南通市	《关于应对新冠肺炎疫情支持外贸企业稳定发展的十二条政策意见》	加大进出口信用保险扶持力度,增加信用保险核定损失部分 5%的支持。 实施原产地证书“不见面申领”。 支持企业出口转内销。
泰州市	《泰州市人民政府关于抗疫情稳外贸的意见》	进出口企业开展贸易融资,给予融资成本的 80%的贴息。 承租国有企业或国有控股企业用房的进出口企业,减免上半年房租。

如江苏省苏州市第一时间出台“惠外十二条”政策;无锡市发布《关于应对新型冠状病毒肺炎疫情支持外贸企业稳定发展的政策意见》;南通市出台《关于应对新冠肺炎疫情支持外贸企业稳定发展的十二条政策意见》,这些政策从减免税费、给予补助、信贷支持、开设通关绿色通道等方面有针对性的、及时地为外贸企业减负。浙江省近期出台《关于进一步支持我省外贸企业渡过难关的若干意见》,从金融、财税、信用保险、参展补助、法律援助、防疫物资进口、稳岗等方面提出了 10 项帮扶举措,帮助外贸企业“减少损失、保住市场、渡过难关”。

(三) 推进大型商贸市场正常运转

长三角很多产业在全国乃至全球市场链中具有非常重要的地位,也对整个城市的商贸流通具有非常重要的意义。为确保城市重要产业供应链和商品流通的正常运转,不少城市在疫情可控的前提下,率先推进大型商贸市场复工,进而带动全产业链复苏。如浙江省明确指出在确保疫情防控的前提下,优先支持义乌中国小商品城、绍兴中国轻纺城、余姚中国塑料城等 41 家年成交额百亿元以上的市场复市。2020 年 2 月 18 日,在精密智控、疫情可控的前提下,全球市场风向标义乌中国小商品城国际商贸城一区、二区率先开市。

三、优字诀：云签约云招聘，不见面审批优服务

招商引资和招才引智是经济发展的源动力。新冠肺炎疫情期间，长三角各地优化招商引资方式，推动重点项目“云招商”“云洽谈”“云签约”。基于企业用工紧缺的现状，针对疫情管控期间减少大规模人员集聚要求，开启“云招聘”模式，并出台高含金量的人才新政，吸引各类优质人才。各城市还积极推进“不见面审批”服务模式，以“零接触”优化政务服务、“云审批”助力项目提速，多措并举助企帮企。

（一）招商引资“云签约”

面对疫情，各地通过微信、电话、视频会议等“点对点”“线连线”“屏对屏”的方式，推动招商引资签约落地。2020 年 2 月 20 日，上海市闵行区首次尝试重点招商项目“云签约”，举办“2020 年重点招商项目在线签约仪式”，22 家企业代表分别在上海、深圳、广州、苏州、合肥、南京、美国加州等地完成在线签约。2 月 21 日，江苏省南京市 2020 年重点招商项目签约仪式在“云端”拉开帷幕。1 个小时内，67 个项目完成签约，签约金额高达 1 039 亿元。此外，江苏苏州、无锡、徐州、泰州，上海浦东，浙江嘉兴等地都先后开展了云签约，推动重点项目落地。

表 4　长三角城市疫后重大项目“云签约”情况

区　域	日　期	签　约　项　目
上海闵行	2020 年 2 月 20 日	闵行区与交通通信信息、信达生物、科大讯飞等 22 家意向企业举办了在线集中签约仪式，总投资合计 175.02 亿元。
江苏无锡	2020 年 2 月 20 日	江阴举办线上重大项目签约，总投资 50 亿元的航天交通物联网产业基地项目和总投资 30 亿元的御霖国际智慧康养项目双双落户江阴国家高新区。
江苏南京	2020 年 2 月 21 日	正式签约项目 67 个，投资总额 1 039 亿元，其中，内资项目 56 个，投资总额 909.5 亿元，外资项目 11 个，投资总额 18.46 亿美元。先进制造业项目主要集中在高端装备制造、生物医药、新能源汽车等领域，现代服务业项目主要涵盖软件和信息服务、金融、高端商贸物流等领域。
上海浦东	2020 年 2 月 25 日	与 21 个外资重点项目“云签约”，总投资超过 17 亿美元，涉及汽车服务、医疗器械、资产管理等领域，多数为所在细分行业的头部企业。包括全球建筑机械龙头瑞士利勃海尔的总部项目，医疗器械巨头德国西门子的创新研发项目，资产管理公司英国法通集团的商务咨询项目等。

续表

区　域	日　期	签　约　项　目
安徽合肥	2020年2月25日	8个重点项目进行签约,总投资达1 020亿元,聚焦新能源汽车、集成电路、医疗大健康、工业互联网、装备制造等高端前沿行业。
浙江嘉兴	—	疫情以来,已经签约51个项目,总投资240亿元,项目内容主要聚焦高端装备制造、生物医药、人工智能、新能源、新材料、总部经济等领域。
江苏扬州	2020年2月26日	2020年春季产业项目视频签约仪式,共33个项目线上签约,总投资达625.385亿元。总投资超10亿元的项目23个,其中100亿元以上的项目2个,江都区总投资200亿元的扬州邵伯中格万象产城融合项目拔得头筹。项目中,内资项目25个、总投资578.1亿元,外资项目8个、总投资6.755亿美元。
上海张江科学城	2020年2月27日	集中签约项目30个,集中开工启动项目20个,涉及创新研发平台、集成电路、生物医药、人工智能及城市功能提升等多个领域,50个项目共投资达364亿元。

(二) 招才引智"云招聘"

经济发展需要各类人才。各地充分发挥互联网作用,实现"无接触高效招聘",并落实重磅人才支持政策,引进优质人才。浙江省嘉兴市率全国之先发起城市网络招聘节活动,组织万家企业,推出百万岗位,发动200家人力资源机构为企业提供用工服务,嘉兴市还遴选优质人才项目,在对接"不见面"的情况下,搭建人才、资本、产业多向沟通平台,进一步拓展引才渠道,足不出户实现资智对接。浙江省杭州市1 000余家上市公司、知名企业,以及浙江大学、中国美院、西湖大学、之江实验室、国科大杭高院等在杭高校、科研院所齐聚线上"云招聘",推出高层次人才岗位2.8万余个,涵盖数字经济、生物制药、智能制造、金融服务等重点行业,高学历、高级职称和企业高管人才岗位更是超过了5 000个,为历年来浙江省规模最大、层次最高、覆盖面最广的网络人才招聘盛会。杭州还专门出台服务保障"抓防控、促发展",落实"人才生态37条"的有关补充意见,通过重磅政策招才引智。如对全球本科以上所有应届大学生,在一次性生活补助基础上,再给予每年1万元租房补贴,最多可享受6年。"人才新政"还提出加强抗疫人才重点招引、对境内外高层次人才实施专项奖励等高含金量的政策举措。杭州还将推出"人才e卡(码)通",开发金融支持、子女教育、医疗健康、文体休闲等功能,为人才提供集成式、智慧化、全流程的优质服务。

（三）审批服务“不见面”

各地积极落实“不见面审批”制度，优化项目审批和企业服务。江苏省所有项目审批全部在网上办理，加快办理材料齐备的项目审批核准工作，一般项目办结时间由原来承诺的15个工作日压缩至10个工作日，为疫情防控形势有所改善后尽快实现项目的开工创造条件。浙江省杭州市推行不见面审批、不见面发证，重点工程如期推进，全市规划审批窗口构建了电话预约、钉钉收发材料、线上申报、电子扫描送达等一整套“不见面审批”服务模式。此项政策推进了杭州地铁、铁路杭州西站等重大工程和亚运会配套重点项目复工建设。江苏省江阴市发改委（信用办）启动企业信用网上申请、在线核查渠道，开展企业信用“在线查”服务；江阴海关指导企业利用单一窗口无纸化申报渠道办理减免税业务，确保企业尽快顺利通关。

四、新字诀：把握危中之机，打造经济新增长点

疫情发生，居家隔离成为必须程序，旅游、餐饮等传统线下经济受到剧烈冲击，而“宅经济”却顺势而生，一时之间成为热词。生病就医催生“在线医疗”增长，吃饭穿衣刺激网络购物、餐饮外卖爆发，居家娱乐带动网络游戏逆势大涨，同时治疗疫情、生物医药产业以及智能制造更是如火如荼。长三角各省市明确提出，大力发展网络诊疗、在线办公、在线教育、数字生活等新业态。

（一）生物医药

生物医药产业作为快速增长的朝阳产业，在疫情下更受关注，长三角各地大力支持相关疫苗和药物研发。上海市科委发布《关于强化科技应急响应机制实现科技支撑疫情防控的通知》，对快速检测、临床诊治、疫苗和药物研发等技术需求给予奖励。浙江省科技厅先后在病毒溯源、病毒传播、综合救治体系、快速检测、对症药物、疫苗研制、中医药治疗等方面，启动了两批共六大类新型冠状病毒肺炎应急攻关项目和四个应急自然科学基金三项，第一批疫苗已产生抗体进入动物试验阶段。江苏省在《关于应对新型冠状病毒肺炎疫情影响　推动经济循环畅通和稳定持续发展的若干政策措施》中提出：支持新型冠状病毒检测试剂、疫苗和救治装备研发及产业化项目，省战略性新兴产业发展专项资金给予定额补助。

（二）互联网医疗服务

继国家卫生健康委办公厅发布《关于在疫情防控中做好互联网诊疗咨询服务工作的通知》，明确提出大力开展互联网诊疗服务之后，长三角三省一市积极响应。上海推出“医保 12 条”措施，明确将互联网 + 医疗服务纳入医保，支持“互联网 + ”医疗服务发展。上海还明确提出大力发展网络诊疗等健康产业。浙江在“互联网 + 医疗健康”领域早已处于领跑地位，2019 年 1 月正式上线了“服务 + 监管”一体化共享的浙江省互联网医院平台，该平台以用户健康为中心，通过支付宝等入口，为浙江省居民提供在线咨询、慢病网上复诊、家庭医师网上签约等各项互联网医院服务。全省可提供互联网医疗服务的机构共 389 家，高峰期在线医务人员达 3.9 万人，有效促进了病人分流。疫情期间，浙江省再次强调将“发展网络诊疗”作为“培育数字经济新热点”。

（三）在线服务

2020 年 1 月 29 日，教育部有关负责人表示，鼓励各地教育部门和学校整合网络教育资源，积极利用网络平台，向学生提供线上课程，力争做到“停课不停教、不停学”。在此背景下，长三角各城市均依托现有智慧教育云平台，进一步强化各类数字教育资源整合，在大中小学积极开展线上教学。在线教育只是疫情下一个新兴业态的缩影。三省一市近期发布的支持服务企业平稳发展的若干政策措施中，均明确提出加快培育网络购物、在线教育、在线办公、在线服务、数字娱乐、数字生活、智能配送等新业态新模式，支持一批高成长创新型中小企业。

（四）智能制造

疫情下人员返岗复工成为难题，不少企业趁势加快“机器换人”步伐，实现生产环节智能化。上海提出加快推动“企业上云”，鼓励制造企业在云平台部署设计、研发、生产、销售、运维等信息系统，提升快捷化、服务化、智能化水平。对符合条件的各类企业，在“企业上云”专项政策中给予支持。浙江在《关于坚决打赢新冠肺炎疫情防控阻击战　全力稳企业稳经济稳发展的若干意见》中提出，统筹安排工业与信息化专项资金、制造业高质量发展示范县创建激励资金等，发挥政府产业基金作用，加大机器人、大数据、人工智能等产业支持力度，推进产业数字化、智能化改造。江苏、安徽均提出对因疫情防控需要而扩大产能或实施技术改造的企业给予一定比例财政补贴，同时，安徽黄山进一步扩大补贴范围，提出：对其他企业总投资500万元以上技术改造项目，按设备投资额的20%补助，最高不超过200万元。

五、联字诀：一体化一盘棋，长三角联动两手抓

围绕新冠肺炎疫情防控和经济社会发展，长三角三省一市牢固树立“一盘棋”思想，持续深化一体化的合作机制，加强协同布局、相互赋能，充分发挥了“3+1>4”的效应。2020年2月7日长三角三省一市建立联防联控机制，按照七项合作事项落实具体举措、推进重要合作，在疫情防控中发挥了重要作用，取得阶段性成效。2月27日，长三角三省一市再次召开视频会议，围绕统筹疫情防控和经济社会发展，进一步合作建立长三角健康码互认通用机制、产业链复工复产协同互助机制、企业复工复产复市就业招工协调合作机制等五项工作机制。

表5　长三角合作建立5项工作机制统筹疫情防控和经济社会发展

工作机制	主要内容
长三角健康码互认通用机制	按照“有码认码、无码认单”的原则，为三省一市复工复产和群众正常生活提供便利
产业链复工复产协同互助机制	全面梳理形成打通跨区域产业链的企业清单，强化供需匹配和原材料、零部件生产供应，落实通关、物流一体化等协同举措保障物资运输畅通
企业复工复产复市就业招工协调合作机制	联合搭建企业用工对接服务平台，组织开展线上对接活动和招聘会，精准匹配缺工企业和就业重点群体供需，共同开辟员工返岗绿色通道
跨区域交通等基础设施加快落地协同会商机制	对已开工建设的项目，加强用工、物资运输等合作，抢抓项目建设进度；对处在前期工作阶段的项目，协同做好规划落地、方案稳定、项目报批、要素保障等相关工作，力争尽早开工建设；对纳入长三角一体化发展国家规划纲要、三年行动计划的项目，抓紧规划研究和项目储备
疫情防控特殊时期区域经济政策协调通报机制	加强政策协同，扎实做好“六稳”工作，在支持复工复产复市、扶实体稳产业保就业等方面加强沟通衔接

（一）长三角一体化示范区建设不停歇

地跨沪苏浙两省一市行政范围，门户特征强，产业、人才、资金跨域流动需求大，疫情联防联控和经济社会协同发展需求更加明显。一体化示范区在长三角防疫联防联控大框架下进行了有效的探索和实践，如早在2020年1月29

日,一体化示范区内的主要道路卡口就实现了"站点合并,一站两检";2 月 20 日,示范区做到了"一证互认",实现了两区一县跨域通勤人员和物资运输车辆的畅通。在企业复产打通产业链上下游方面,示范区经过多方协调,为企业有效解决供应链问题。截至 2020 年 2 月 26 日,一体化示范区规上工业企业已复工 3 099 家,复工率达到了 96.1%。

(二) 协扶协助　破解企业复工难题

疫情防控状态下,企业复工将面临上下游配套、办事审批、资金配套等多方面问题,长三角各城市之间发挥一体化协同优势,加强协调,综合施策,全面助力企业共渡难关。一是推动上下游配套协调。上海松江、浙江湖州、浙江金华等发挥产业链一体化布局优势,加强无纺布、鼻梁条、耳带等上下游材料协同供给,并制作双向运输绿色通行证,保障口罩等重点防疫物资稳定生产。二是保障办事审批便利。长三角各城市协同推进"一网通办"专窗停窗不停工,有效利用政务服务"网上办""掌上办""异地办""加急办"等方式,线上帮助企业足不出户办成事。三是促进区域运输畅通。沪苏浙皖警方建立疫情防控重大举措通报等 7 项警务合作机制,上海交通部门发布"货通证",一证在手,符合防疫条件的货运车辆在长三角区域内可便捷通行。

(三) 加强统筹协调　做好企业服务

长三角 G60 科创走廊联席办发挥统筹协调作用,在各城市出台支持企业发展政策措施基础上,抓紧梳理汇编、宣传解读,开展线上调研,及时掌握企业面临的新困难、新问题。同时,还牵头银行等金融机构全力做好金融服务,工农中建交邮等 12 家银行通过 G60 综合金融服务平台,推出 22 款专项贷款产品和相关优惠政策,通过"极速审批、审毕即放"绿色通道,放款超过 2 000 万元。这些措施有力保障和促进了长三角地区复工复产进度,截至 2020 年 2 月 22 日,沪苏浙皖规模以上工业企业复工率分别达到 77.7%、85%、96.9%、76.8%,显著高于全国平均水平。

结　语

当前,统筹抓好疫情防控和经济社会发展工作,需要长三角三省一市进一步协同发力、深化合作,在继续严格落实疫情防控措施的前提下,更好推进复工复产复市。2020 年是编制“十四五”规划纲要的关键之年，在坚持疫情防控和经济社会发展“两手抓”的同时，各地还应克难而上，精心谋划好未来五年的发展蓝图。我们相信，在党中央的坚强领导和正确部署下，在全国人民的共同努力下，一定能够早日的打赢这场疫情防控攻坚战！

作者：高　平、唐丽珠、李光辉、张舒恺、许倩茹、韩　庆

参考文献：

①《首发！南京派专车接企业员工返岗》，中国江苏网，2020 年 2 月 17 日，https://baijiahao.baidu.com/s?id=1658789647842701808&wfr=spider&for=pc。

②《“花式复工”来袭！包车、发补助、“共享员工”……这些操作超硬核》，上观新闻，2020 年 2 月 27 日，https://www.jfdaily.com/news/detail?id=217105。

③《苏州出台十条政策帮中小企业共渡疫情难关，获商务部点赞》，澎湃新闻，2020 年 2 月 3 日，https://www.thepaper.cn/newsDetail_forward_5756812。

④《浙江宁波：出台 12 条措施防控疫情帮扶企业促进发展》，宁波市住房和城乡建设局，2020 年 2 月 17 日，http://www.chinajsb.cn/html/202002/17/8034.html。

⑤《多地发布重点建设项目清单　上万亿元投资在路上》，中国财经，2020 年 2 月 24 日，http://finance.china.com.cn/news/20200224/5202182.shtml。

⑥《防疫招商两手抓　南京“云签约”喜迎千亿开门红》，新华网，2020 年 2 月 21 日，http://www.xinhuanet.com/local/2020-02/21/c_1125608294.htm。

⑦《充分发挥“3+1>4”效应！长三角合作建立统筹疫情防控和经济社会发展工作机制》，文汇网，2020 年 2 月 28 日，https://www.whb.cn/zhuzhan/cs/20200228/328908.html。

⑧《上海科委出台 16 条举措，支持科技企业渡难关稳发展促转型》，人民网，2020 年 2 月 11 日，http://sh.people.com.cn/n2/2020/0210/c134768-33783077.html。

“无畏风雨　破浪前行”：解读上半年长三角经济发展“成绩单”

引　言

2020年以来，面对新冠肺炎疫情带来的严峻挑战，在以习近平为核心的党中央坚强领导下，长三角三省一市认真贯彻落实党中央、国务院决策部署，统筹推进疫情防控和经济社会发展，疫情防控形势不断向好，复工复产、复商复市有序推进，宏观政策效应持续显现，整体经济稳步复苏态势明显，二季度经济增长实现由负转正，新产业、新基建和新消费保持强劲支撑，稳外资、稳外贸和稳就业取得明显成效，上半年交出了一份来之不易、好于预期的经济运行“成绩单”。

2020年下半年，国际疫情仍在蔓延，世界经济陷入深度衰退边缘，国际投资和贸易环境持续恶化，我国经济发展面临的不稳定性、不确定性依然较大。长三角作为我国经济发展的强劲活跃增长极，三省一市把构建以国内大循环为主、国内国际双循环相互促进新发展格局作为经济工作重心，充分发挥区位优势、产业优势、创新优势和开放优势，全力打好阻击战、攻坚战和持久战，确保高水平全面建成小康社会和“十三五”规划顺利收官，努力夺取疫情防控和经济社会发展“双胜利”。

2020年以来，长三角三省一市认真贯彻落实党中央、国务院决策部署，科学统筹疫情防控和经济社会发展，扎实做好“六稳”“六保”工作任务，复工复产复商复市加快推进。上半年，三省一市经济运行逐步回暖的势头加速显现，主要指标呈现恢复性增长。**从GDP增速看**，上半年苏浙皖三省增速均已“由负转正”（分别同比增长0.9%、0.5%和0.7%）且高于全国平均增速，上海虽然下降2.6%，但二季度GDP当季增速也已转正。长三角城市群26城市中，21个城市GDP实现正增长，其中南京同比增长2.2%，首次跻身全国城市十强，位居国内副省级城市之首。**从财政收入看**，上半年受经济下行、减税降费、疫情冲击等多重因素影响，三省一市一般公共预算收入仍处于下降区间，其中上海同比下降12.2%，降幅较一季度扩大0.9个百分点；江苏、浙江、安徽分别下降2.8%、5.1%和7.4%，但降幅分别较一季度收窄6.2、2.6和5.6个百分点。综合分析，上半年长三角经济运行呈现“三新、三稳”六大特点。

一、新产业逆势增长，危中寻机加快培育新动能

2020年以来，长三角各省市大力推动工业企业早复工早复产，整体产业复苏步伐快于全国。上半年，苏浙皖三省规上工业增加值同比增速已由负转正（江苏省1.1%、浙江省0.3%、安徽省2%），均高于全国平均水平（-1.3%）；上海工业总产值同比下降6.3%，但二季度以来已连续3个月实现当月增长，累计降幅逐月收窄。长三角城市群26个城市中有19个城市规上工业增加值增速同比转正，其中苏州工业总产值突破1.55万亿元，成为中国工业第一城市。服务业更加突显韧性和潜力，上半年沪苏浙皖服务业增加值增速分别为-0.6%、1.8%、2.5%和0.4%，增幅均高于全国平均水平（全国同比下降1.6%）。除安徽以外，上海、浙江、江苏服务业增加值增速均高于同期GDP和工业增速。

2020年上半年，长三角传统产业受疫情影响较为明显，例如上海汽车制造业产值下降12.3%、石油化工及精细化工下降6%，杭州汽车制造业增加值下降17.2%、纺织业下降29.3%；批发零售、交通运输、住宿餐饮等行业同比下降，其中苏浙皖住宿餐饮业降幅均超过15%。但与此同时，战略性新兴产业和新兴服务业实现逆势增长，成为上半年产业发展的亮点。**一方面，战略新兴产业成为工业稳增长的关键支撑**。上半年，上海战略性新兴产业制造业产值同比增长5.5%；浙江省数字经济核心产业制造业增加值增长9.5%，战略性新兴产业增长6%；江苏省医药制造业、高技术制造业、装备制造业等增长较快，其中南京集成电路增加值增长近50%，苏州生物药品制造产值同比增长6倍。**另一方面，以互联网、信息技术为代表的新兴服务业表现突出**。在云办公、在线教育、远程诊疗等各领域数字化转型带动下，上半年三省一市信息传输、软件和信息技术服务业增加值增速均超过10%；浙江省1—5月高技术服务业、科技服务业、数字经济核心产业服务业营业收入分别增长12.5%、11.9%和11.5%。

表 1　部分城市战略性新兴产业增长亮点

城　市	战略性新兴产业增长亮点
上　海	新能源汽车产值增长 95.7%；新能源产值增长 22.8%；新一代信息技术产值增长 10.5%。智能手机、笔记本电脑和集成电路产量分别增长 32.7%、29.5%和 20.2%。
杭　州	高新技术产业、装备制造业、战略性新兴产业增加值分别增长 4.7%、5.3%和 8.8%，增速均高于规上工业。
宁　波	高技术制造业、健康产业制造业快速增长，增加值分别同比增长 10.8%和 10.6%。
嘉　兴	人工智能产业、高技术制造业、数字经济核心制造业、装备制造业和文化产业增加值分别增长 37.7%、26.0%、15.7%、9.0%和 6.4%。
南　京	集成电路、新能源汽车、智能电网、轨道交通等行业增加值分别增长 49.8%、33.4%、22.5%、36.1%。
苏　州	全市高技术产品产量增长较快，集成电路产量增长 27.8%；医疗仪器设备及器械产量增长 12.8%；碳纤维及其复合材料产量增长 181.8%。
无　锡	医药制造业产值增长 9.7%；微型计算机设备、电子元件、集成电路、发动机产量分别同比增长 50.7%、42.4%、20.4%、14.5%。
合　肥	平板显示及电子信息产业增长 22.9%，连续 3 个月增速超 20%；光伏及新能源产业增长 13.2%，同比加快 11.2 个百分点。
芜　湖	高端装备制造产业、生物产业、新能源产业分别增长 18.7%、83.2%、12.6%。

资料来源：长三角主要城市统计局。

二、新消费快速崛起，线上线下融合开辟新场景

2020 年以来，长三角地区纷纷出台促消费政策，对疫情后消费回补和潜力释放发挥了重要作用。上半年，中国城市消费能力十强中，上海高局榜首，苏州、南京、杭州分列第七到第九位。从消费复苏情况看，上海通过“五五购物节”“六六夜生活节”等重大活动有力带动消费市场复苏，上半年社会消费品零售总额同比下降 11.2%，降幅较一季度收窄 9.2 个百分点。浙江以“浙里来消费”为主线，高水平推进“浙里来消费双万工程”；江苏提出扩消费六大专项行动；安徽大力推动夜间消费、电子商务发展，上半年社会消费品零售总额降幅均小于全国。

上半年，在线消费和夜间消费成为长三角消费市场复苏的一抹亮色。**一方面，线上消费热度持续提升**。疫情中以直播带货为代表，宅经济、云消费等新消费平台日趋活跃，以生鲜电商、即时配送为代表的新零售乘势快速发展。上半年杭州市限额以上单位通过互联网实现零售额增长 12.8%；宁波市限额以上单位通过公共网络实现商品零售额 120.1 亿元，同比增长 27%；苏州市互

联网零售业销售额同比增长 37.6%，增速比一季度提升 18.2 个百分点。**另一方面，夜间消费潜力加快释放**。如上海市 6 月份举办“夜生活节”，通过“夜购”“夜食”“夜游”“夜娱”“夜展”“夜秀”等特色活动，一举点亮了上海夜间经济。苏州市于 4 月底重磅推出夜经济品牌“姑苏八点半”，精心策划一系列主题活动和特色项目，预计到年底将拉动消费超过 30 亿元。浙江省组织开展一批“浙夜好”促消费活动，杭州、宁波、湖州、嘉兴纷纷打响夜品牌。

三、 新基建加快布局，赋能实体经济高质量发展

2020 年以来，三省一市积极推动重大项目布局和建设，充分发挥了逆周期调节作用，为固定资产投资领域注入了强劲的增长潜力。上半年，上海、浙江、安徽全社会固定资产投资保持正增长，其中上海同比增长 6.7%，而江苏省整体增速仍处于低位，同比下降 7.2%。长三角城市群 26 个城市中，有 20 个城市固定资产投资增速较一季度止跌回升。从投资领域来看，除上海外，三省基础设施投资增速均高于固定资产投资总额增速，其中新基建的加速布局成为上半年投资企稳的重要支撑。2020 年以来，长三角坚持落实国家工作部署和立足自身发展实际，陆续发布了新基建发展方案或指导意见，将推动新型基础设施作为扩大有效投资、赋能新经济发展的重要手段。

表 2　长三角三省一市新基建相关政策

地　区	政策名称	主　要　内　容
上　海	《上海市推进新型基础设施建设行动方案(2020—2022)》	到 2022 年，全市新型基础设施建设规模和创新能级迈向国际一流水平，高速、泛在、融合、智敏的高水平发展格局基本形成，5G、人工智能、工业互联网、物联网、数字孪生等新技术全面融入城市生产生活，新型基础设施成为上海经济高质量发展和城市高效治理的重要支撑。
江　苏	《关于加快新型信息基础设施建设扩大信息消费的若干政策措施》	包括加快推动 5G 网络设施延伸覆盖，实施“5G + 工业互联网”512 工程，优化新一代数据中心布局等共 5 条政策措施。促进智能终端设备升级换代，加快超高清视频推广应用，扩大智能家居场景化应用，加快智能网联汽车研发制造等共 13 条政策措施。推进软件产业高质量发展，加快发展互联网经济，加快发展大数据和云计算等共 7 条政策措施。
浙　江	《浙江省新型基础设施建设三年行动计划(2020—2022 年)》	启动新型基础设施建设 NI10000 计划(“NI”：新基建英文 New Infrastructure的首字母；“10000”：三年投资近万亿元)，奋力建设新型基础设施投资领先的标杆省份，建成领先的新一代数字基础设施网络，打造领先的基础设施智慧化融合应用，创建领先的新型基础设施产业链生态。

续表

地　区	政策名称	主　要　内　容
安　徽	《2020 年安徽省 5G 发展工作要点》	年内全省完成 5G 基站建设 2 万个，力争达到 2.5 万个，实现 5G 网络深度覆盖 5 个以上开发园区；促进 5G 产业发展，推动 5G 联合创新中心、5G 体验中心建设；深化 5G 产业领域应用，遴选 10 个“5G＋工业互联网”优秀解决方案。积极争取国家“5G＋工业互联网”试点示范；拓展 5G 社会领域应用示范；强化 5G 安全体系建设。

资料来源：长三角三省一市政府网站。

同时，长三角一体化重大项目建设加快推进。随着三省一市落实长三角一体化发展规划纲要的实施方案陆续出台，长三角一体化发展进入“密集施工期”。2020 年 6 月在浙江湖州召开的长三角地区主要领导座谈会上，三省一市共签约重大合作事项 19 项，涉及产业合作、科技创新、生态环保、交通互联等多个领域，预计全年将实施一体化重大项目 1 390 项，总投资达 7.81 万亿元。

表 3　上半年长三角一体化部分重大投资项目一览

重大投资项目分类	项　目　名　称
基础设施互联互通	沪苏湖铁路、高铁上海至合肥段、通苏嘉和沪嘉甬铁路、扬州—马鞍山城际铁路马鞍山枢纽工程、扬州—镇江—南京—马鞍山铁路、上海机场与南通新机场合作共建协议。
科技创新和产业协同	长三角国际影视中心、浙江长三角生命健康产业园、永鼎智慧科技产业园、长三角未来邨（同济数字经济）项目、京东方柔性智慧显示终端项目、华为研发中心项目、国家先进功能纤维创新中心项目。
生态环保联防联控	京杭大运河等跨界河湖生态联合治理、环元荡生态景观岸线工程、生态廊道项目（青浦）、美丽乡村风景线（嘉善）、嘉善县河湖水系综合提升工程（北部区域）。
公共服务共建共享	示范区职业教育一体化建设、“中国・江村”特色田园乡村项目（吴江）、“上海之窗・智慧科学城”枫惠学校、上海民办兰生复旦学校青浦分校、复旦大学附属妇产科医院青浦分院、苏州大学未来校区。

资料来源：根据互联网资料整理。

四、优化环境稳外资，利用外资保持增长

2020 年以来，长三角三省一市坚持“稳存量、促增量”，大力优化外商投资环境，努力提振外商在华长期投资经营的信心。上半年，三省一市实际利用外资均实现逆势增长，增速明显高于全国水平（同比下降 4％）。其中，上海实际利用外资 102.8 亿美元，同比增长 5.4％；江苏实际利用外资 124.6 亿美元，同

比增长 0.2%，利用外资规模保持全国首位；浙江实际利用外资 75 亿美元，同比增长 7.9%；安徽实际利用外资 102.5 亿美元，同比增长 3.2%。从具体城市来看，长三角多数城市实际利用外资实现正增长，其中苏州、杭州等核心城市表现亮眼，上半年苏州实际利用外资 78.3 亿美元，同比增长 151.6%，总量已超 2019 年全年水平，规模及增幅均创同期最高纪录；杭州实际利用外资 33.3 亿美元，总量稳居浙江全省首位，同比增长 26.8%。

长三角实际利用外资规模逆势增长，很大程度上得益于各地“稳外资”措施的保驾护航。2020 年上半年，上海发布了《本市贯彻〈国务院关于进一步做好利用外资工作的意见〉若干措施》；江苏印发《促进利用外资稳中提质做好招商安商稳商工作的若干意见》；浙江发布《浙江省人民政府关于做好稳外资工作的若干意见》，安徽省也通过实施“外资千企帮扶”活动等举措，千方百计稳住外资基本盘。

尽管上半年长三角吸收外资总体表现亮眼，但仍面临不少“近忧”和“远虑”，特别是在疫情冲击下全球跨国投资大幅萎缩，一些国家加快吸引产业回流，国际招商引资竞争加剧，国内产业向外转移压力加大，下半年长三角利用外资仍将面临严峻挑战。

表 4　长三角三省一市“稳外资”政策举措

地　区	政策名称	主　要　内　容
上　海	《本市贯彻〈国务院关于进一步做好利用外资工作的意见〉若干措施》	涵盖落实国家扩大开放政策、加强外商投资促进工作、提升投资便利化水平、强化外商投资保护等 4 方面共 24 条。具体包括建立招商引资奖励激励机制；加快推进金融业、新能源汽车等领域开放；加大知识产权侵权违法行为和知识产权犯罪惩治力度；支持外商投资企业依法平等参与标准制定和政府采购等。
江　苏	《促进利用外资稳中提质做好招商安商稳商工作的若干意见》	涉及落实国家对外开放政策、强化外商投资促进和服务、提高外商投资便利化程度、保护外商投资合法权益、提高利用外资质量效益 5 方面 23 条举措。
浙　江	《浙江省人民政府关于做好稳外资工作的若干意见》	包括扩大对外开放、强化要素保障、加大投资促进、优化营商环境、完善机制保障等 5 方面 21 项，即进一步放宽外资市场准入、聚焦特色产业、加快建设高能级开放平台、加强外资企业要素保障、支持外资企业研发创新、提高外商来浙工作便利度、加大投资促进工作力度、优化外商投资营商环境、加强外资企业知识产权保护等。
安　徽	《安徽省深入贯彻落实中央政治局会议精神扎实做好“六稳”工作全面落实“六保”任务政策措施》	实施“外资千企帮扶”活动。加大对存量外资企业支持力度，全年存量外资企业再投资占全省到资额的 50%以上。创新招商引资模式机制。完善省级层面招商引资工作机制。主动承接中国国际进口博览会溢出效应，借助国家平台开展境内外投资促进活动。积极应对疫情影响，开展网上洽谈、视频会议等“不见面”招商活动。

资料来源：长三角三省一市政府网站。

五、多措并举稳外贸，进出口企稳态势继续巩固

当前疫情阴霾笼罩全球,世界经济陷入衰退边缘,国际贸易和投资大幅萎缩,在严峻复杂的外部环境下,我国 2020 年上半年外贸进出口却逆势反弹。出口自 4 月份起连续 3 个月实现正增长,进口 6 月份实现正增长,上半年进出口、出口和进口降幅分别收窄至 3.2%、3%和 3.3%。长三角作为我国外向型经济发展高地,外贸进出口在变局中也表现出极强韧性。其中,安徽上半年进出口增速达 9%,排名全国第四;浙江进出口也实现正增长,增速为 4.2%;上海、江苏虽然下降 0.7%和 2.8%,但降幅分别较一季度收窄 3.3 个百分点和 6.6 个百分点。

表 5　2020 年上半年长三角三省一市外贸进出口数据

	进出口总额		出口总额		进口总额	
	绝对额(亿元)	同比增长(%)	绝对额(亿元)	同比增长(%)	绝对额(亿元)	同比增长(%)
全　国	142 379.1	−3.2	77 134.1	−3.0	65 245.0	−3.3
上　海	15 813.91	−0.7	6 442.72	0.7	9 391.19	−1.7
江　苏	20 061.7	−2.8	12 170.9	−5.6	7 890.8	1.9
浙　江	14 724	4.2	10 858	3.3	3 866	6.8
安　徽	2 441.6	9.0	1 390.6	6.7	1 051	12.2

资料来源:国家和长三角三省一市统计局等。

从出口商品类别来看,防疫物资出口成为拉动长三角出口增长的主要力量。2020 年上半年浙江医药品出口同比增长 46.8%;江苏医药材及药品、医疗仪器及器械出口增长 41.8%;安徽医疗物资出口增长 5.8 倍。在口罩等拉动下,上半年上海纺织纱线、织物及制品出口增长 61.6%。此外,“宅经济”相关产品出口迅速增长,江苏上半年笔记本电脑、手机出口分别同比增长 2.8%和 16.8%;安徽笔记本电脑出口增长 9.4%。

上半年长三角外贸进出口的复苏同样与政策扶持密不可分。上海 2020 年 3 月中旬就出台了 11 条支持举措,从税收、金融、海关等多路并进联合发力纾困外贸企业,稳住外贸“生命线”。江苏省专门出台 10 条硬核措施,提出积极拓展线上展会,用在线直播等创新洽谈形式争取订单,加大出口信贷支持、强化出口信保风险保障、稳定外贸外资产业链供应链等举措。浙江省商务厅

出台了稳外贸稳外资促消费 18 条举措。安徽省先后出台“外贸高质量发展若干措施”15 条、“稳外贸”11 条等，及时优化外贸政策支持方向，全力保订单，大力拓市场。2020 年下半年，我国外贸发展面临的不确定、不稳定因素依然较多，但我国外贸发展韧性足、回旋余地大，随着一系列稳外贸政策效应的持续释放，以及出口产品转内销等稳企措施的深入实施，长三角将有望稳住外贸基本盘，为全国稳外贸作出更加积极的贡献。

六、 精准施策稳就业，城镇失业率处于较低水平

2020 年以来，由于经济下行和新冠肺炎疫情的叠加影响，长三角企业生产经营受到前所未有冲击，整体就业压力明显加大，特别是交通运输、住宿餐饮、文体娱乐、旅游等行业受影响尤为突出。在此背景下，三省一市大力推动援企稳岗工作，全力帮扶重点群体就业，积极防范化解规模性失业风险，上半年就业形势总体保持稳定。二季度上海和浙江的城镇调查失业率分别为 4.4%和 4.7%，较一季度微升 0.1 和 0.2 个百分点，明显低于全国水平(5.7%)；江苏和安徽的登记失业率分别为 3.1%和 2.8%，与一季度基本持平，同样低于全国水平(3.8%)。

根据中国人民大学中国就业研究所与智联招聘联合发布的 CIER 指数(反映就业市场景气程度的指标，CIER 指数 = 市场招聘需求人数/市场求职申请人数)，长三角地区就业形势相对好于京津冀和珠三角。从环比数据来看，二季度长三角地区招聘需求人数增加 25.7%，大于求职申请人数增幅。其中，常州、徐州、镇江和嘉兴等城市招聘需求人数增幅较大，就业形势较年初明显好转。

但与此同时，也要注意到疫情期间我国在职未上班人员比重有所增加，部分重点群体就业压力依然较大。特别是 2020 年高校毕业生招聘需求下降，求职面试都受到一定限制。根据智联招聘公布的应届毕业大学生 CIER 指数，长三角地区指数同比下降较为明显。在招聘需求端，二季度京津冀地区同比上升了 8.6%，但长三角和珠三角分别下降了 25.6%和 24.9%；在求职供给端，长三角、珠三角增幅均在五成以上，分别高达 56.3%和 55.9%，京津冀则为 17.6%。下一步，如何更好解决高校毕业生就业问题仍然需要政府、高校和企业形成合力。

七、聚焦“双循环”、打赢“收官战”、夺取“双胜利”

2020年7月30日召开的中央政治局会议指出，当前经济形势仍然复杂严峻，不稳定性不确定性较大，我们遇到的很多问题是中长期的，必须从持久战的角度加以认识，加快形成以国内大循环为主体、国内国际双循环相互促进的新发展格局，建立疫情防控和经济社会发展工作中长期协调机制，坚持结构调整的战略方向，更多依靠科技创新，完善宏观调控跨周期设计和调节，实现稳增长和防风险长期均衡。长三角作为我国经济发展的强劲活跃增长极，应当把构建以国内大循环为主、国内国际双循环相互促进新发展格局作为经济工作重心，充分发挥区位、创新、产业和功能优势，确保打赢高水平全面建成小康社会和“十三五”规划收官战、夺取疫情防控和经济社会发展“双胜利”。

（一）打好产业基础高级化、产业链现代化攻坚战

当前，国内外疫情防控和经济形势正在发生新的重大变化，全球产业链供应链在疫情扰动下断裂失序，但同时也倒逼我国加快调整产业发展思路。长三角一方面要加快建立产业链复工复产协同互助机制，为全国供应链稳定提供支撑；另一方面还应努力实现接链、补链和强链，合力共建以集群为牵引的区域全产业链生态体系。**一是加强顶层设计，实现规划统筹协同**。三省一市要围绕打造世界级产业集群加强顶层设计，从产业链协同角度出发联合编制长远规划，不仅要考虑辖区内部的产业链分布，更要将眼光放在整个长三角范围中统筹考虑重点产业布局，统筹协调各个园区的产业定位，统筹安排产业链条上的所处环节，共同构建最经济和最有效率的产业生态。**二是打通资源通道，强化产业创新协同**。长三角应着力消除区域间产业技术创新合作与交流的政策壁垒，共同搭建产业创新平台、推进主导产业“卡脖子”问题的联合攻关，协同推进科技成果转移转化、强化协同创新政策支撑，构建区域创新共同体，实现创新要素在更广范围和更深层次上的链接与聚合。**三是搭建合作平台，推进资源共享协同**。长三角应聚焦重点产业链发展的关键环节和共性需求，积极推动共建特色合作园区、高新产业联盟、信息共享平台、产业投资平台、人才流动平台和金融服务平台，推动产业高起点、多层次、全方位的交流与合作，推动全产业链整体跃升。

(二) 聚焦“两新一重”加快推动重大战略项目建设

李克强总理在2020年的政府工作报告中提出，要重点支持既促消费惠民生又调结构增后劲的“两新一重”(新型基础设施建设、新型城镇化建设、交通水利等重大工程)建设。下半年，三省一市应当全面落实党中央、国务院的决策部署，以长三角一体化发展为契机，以“两新一重”为抓手，更好发挥有效投资的关键作用。**一是加快推动面向未来的新型基础设施建设**。加快落实三省一市《共同推进长三角数字经济一体化发展战略合作协议》，聚焦推进数字经济重大创新平台建设、超前部署“新基建”、深化“长三角工业互联网一体化发展示范区”建设等方面开展深入合作。**二是加快推动高质量发展的新型城镇化建设**。着力增强中心城市和城市群综合承载、资源优化配置能力，推进以县城为重要载体的新型城镇化建设，规范发展特色小镇和特色小城镇，形成大中小城市和小城镇协调发展，提升城市治理水平，推进城乡融合发展。**三是加快推动具有显示度的一体化重大项目建设**。聚焦长三角生态绿色一体化发展示范区，加快推动生态保护、互联互通、创新产业、公共服务等重点项目建设，力争早日出形象出功能；加快推动省际毗邻区域的重大项目、重点园区和重要平台等共建共享，探索省际毗邻区域协同发展新机制；加快推动沪苏湖铁路、北沿江高铁、沪通铁路二期、通苏嘉甬等高铁项目建设，着力打通沿海、沿江和省际通道。

(三) 率先推动要素市场化改革构建区域统一市场

2020年4月9日，中共中央、国务院印发《关于构建更加完善的要素市场化配置体制机制的意见》，分类提出了土地、劳动力、资本、技术、数据五个要素领域改革的方向。要素市场化配置改革的目标是要形成全国统一的大市场，而其中最大的瓶颈在于跨行政区的要素流动。长三角应当率先开展要素市场化配置改革试点，着力打破制约要素流动的行政壁垒，为建立全国统一要素大市场进行先行探索。**一是推动数据要素市场一体化**。借鉴欧盟数字化单一市场的理念和经验，加快建立长三角公共数据开放平台，推动企业登记、公共信用、交通运输、环境保护等领域公共数据开放和数据资源有效流动；建立长三角大数据交易平台，跨区域数据资产交易市场。**二是完善跨区域技术交易市场**。加快推动建立长三角技术成果交易市场，实现技术要素自由流动以及市场交易规则、技术服务标准等统一，为长三角地区科技成果转移转化提供集成化服务。**三是共建统一开放人力资源市场**。加强人力资源协作，加强面向高层次人才的协同管理，探索建立户口不迁、关系不转、身份不变、双向选择、能出能进的人才柔性流动机制。**四是加强资本市场分工协作**。依托上海国际金融中心建设的资源优势，充分发挥长三角资本市场服务基地作用，培育和支持更多长三角企业在主板和科创板上市；完善区域性股权市场，依法扩大发行企业等各类债券，推动建立统一的抵押质押制度，共建金融风险监测防控体系。**五是建立城乡统一的土地市场**。推动土地要素市场化配置综合改革，用好跨省补充耕地国家统筹机制，完善城乡建设用地增减挂钩政策，有序推进集体经营性建设用地入市，提高土地集约节约利用水平。

(四) 深化协同开放加快建立开放型经济新体制

2019 年 5 月发布的《长江三角洲区域一体化发展规划纲要》提出长三角要打造新时代改革开放新高地。在当前立足国内大循环、促进国内国际双循环的大背景下，推动长三角在更高层次、更宽领域对外开放，进一步优化营商环境，构建开放型经济新体制，增强国际竞争合作新优势，具有更加突出的战略意义和引领意义。**一是放大“1+3”自贸试验区效应探索扩大开放新路径**。临港新片区重点探索“五大自由”，打造更具国际市场影响力和竞争力的特殊经济功能区；上海、浙江和江苏自贸试验区加强协同联动，继续深化投资管理、贸易监管、金融开放、人才流动等制度创新，推动相关政策向海关特殊监管区域、经济技术开发区复制推广，放大自贸试验区辐射带动效应。**二是转变政府职能合力打造国际一流营商环境**。统筹推动“一网通办”“最多跑一次”“不见面审批”等改革事项，加快建立事项全口径、内容全方位、服务全渠道的长三角“一网通办”平台，实现企业线上线下服务事项的协同服务、全域通办。开展统一的企业开办服务试点，推动“一照多址”等企业登记制度改革，建立企业自由迁移服务机制，实施覆盖企业全生命周期的无差别、便利化服务。**三是依托重要载体积极搭建更高水平开放平台**。继续高水平办好中国国际进口博览会，加强长三角地区各类品牌展会和相关贸易投资活动协调联动，提升整体效果和影响力。推动虹桥地区加快建设中央商务区和国际贸易中心新平台，进一步增强服务长三角、联通国际的枢纽功能。加快上海、南京、杭州、合肥、宁波、苏州、无锡、义乌跨境电子商务综合试验区建设，共同构建数字化贸易平台，打造全球数字贸易高地。

作者：高　平、唐丽珠、李光辉、张舒恺、许倩茹、韩　庆、刘梦琳、王　珏参考文献：

①《今年上半年上海经济运行特点解读：稳步复苏，韧性活力彰显》，澎湃新闻，2020 年 7 月 23 日，https://www.thepaper.cn/newsDetail_forward_8399147。

②《聚焦十大重点消费，浙江实施"浙里来消费双万工程"》，中国新闻网，2020 年 4 月 3 日，http://news.china.com.cn/live/2020-04/03/content_774090.htm。

③《一季度签亿元项目 192 个，湖州缘何成为智能制造"新乐土"》，第一财经，2020 年 5 月 29 日，https://www.yicai.com/news/100648755.html。

④《上半年安徽省外贸显出强大韧性　进出口增速全国第四》，安徽网，2020 年 7 月 25 日，http://www.ahwang.cn/anhui/20200725/2128666.html。

⑤《安徽：多措并举，稳住外资基本盘》，安徽学习网，2020 年 6 月 18 日，http://www.xxahapp.com/html/2020-06-18/77_55247.html。

⑥《江苏开展"六大专项行动"促流通扩消费》，新华网，2020 年 8 月 2 日，http://www.xinhuanet.com/2020-08/02/c_1126315267.htm。

⑦《大力发展夜经济！苏州将推出并打响"姑苏八点半"品牌》，苏州新闻，2020 年 3 月 10 日，http://news.2500sz.com/doc/2020/03/10/555098.shtml?from=groupmessage。

附表 1　长三角城市群 26 城市上半年主要经济数据

省(市)	GDP		第三产业增加值		规上工业增加值增速(%)	固投增速(%)	社零增速(%)	一般公共预算收入		进出口		出　口	
	总　额	同比(%)	总　额	同比(%)				总　额	同比(%)	总　额	同比(%)	总　额	同比(%)
上　海	17 356.8	−2.6	13 066.08	−0.6	—	6.7	−11.2	3 935.6	−12.2	15 813.9	−0.7	6 422.7	0.7
江　苏	46 722.9	0.9	25 140.73	1.8	1.1	−7.2	−9.4	4 741.2	−2.8	20 061.7	−7.1	12 990.6	−5.6
南　京	6 612.4	2.2	4 251.17	2.9	1.8	4.8	−7.3	897.1	0.5	2 298.9	6.9	1 393.7	8.5
苏　州	9 050.2	0.8	4 946.26	1.3	1.6	5.4	−9.2	1 212.7	0.5	10 101.4	−6.6	5 769.3	−11.4
常　州	3 471	1.3	1 782.5	2.1	2	—	−8.8	314.3	0.4	1 094.9	−3	812.7	−3.7
无　锡	5 516.3	0.8	2 967.56	1	1.8	4.8	−8.9	545.1	−2.0	2 851.7	−11.6	1 661.2	−12.7
南　通	4 664.4	2	2 287.1	3.3	3.2	4	−8.9	344.2	−2.6	1 185.5	−1.6	789.2	−3.8
盐　城	2 686	0.4	1 376.82	2.8	—	—	−9.4	208.1	−4.0	292.9	8.2	202.0	10.9
泰　州	2 401.7	0.2	1 157.63	1.7	10	−23.4	−10.6	199.1	−6.1	432.2	−14.2	284.0	—
扬　州	2 653.8	1.1	1 391.09	2	2.2	−14.4	−9.8	164.9	−9.7	298.8	−5	226.1	−2.1
镇　江	2 026.6	0.5	—	—	0.8	−3.5	−9.1	158.3	−8.5	345.0	—	237.8	—
浙　江	29 087	0.5	16 553	2.5	0.3	3.8	−6.3	4 253.0	−2.6	14 724.2	4.2	10 858.1	3.3
杭　州	7 388.4	1.5	5 102	3.2	0.1	3.7	−6.8	1 276.3	1.2	2 108.1	−0.9	1 315.2	−3.7
宁　波	5 487.3	−0.6	2 844.1	1	−1	3.5	−5.7	870.4	−2.0	4 307.5	−0.6	2 789.2	0.3
嘉　兴	2 497.8	0.6	1 172.5	3.8	−0.6	3.2	−6.9	379.1	−0.4	1 282.2	−3.9	949.2	−2.5
湖　州	1 453	0.5	688	2.9	0.3	3.5	−4.8	221.3	1.1	507.0	16.8	453.5	17.9

续表

省（市）	GDP		第三产业增加值		规上工业增加值增速（%）	固投增速（%）	社零增速（%）	一般公共预算收入		进出口		出　口	
	总　额	同比（%）	总　额	同比（%）				总　额	同比（%）	总　额	同比（%）	总　额	同比（%）
金　华	2 101.3	-1	1 244.34	2	—	3.5	-5.7	260.9	-1.9	1 488.8	-7.5	1 414.1	-8.7
台　州	2 352.5	-0.4	1 224.85	2.7	-3	—	-8.1	244.8	-9.2	604.4	-10.7	552.0	-11.7
绍　兴	2 661.2	0.7	1 376	3.1	1.2	4.1	-6.7	294.4	0.3	1 051.3	-4.2	965.0	-3.5
舟　山	678	11.9	—	0.9	72.1	—	-10.8	95.7	0.1	834.2	55.3	292.1	45.7
安　徽	17 551.1	0.7	9 272.6	0.4	2.0	1	-3.5	1 658.2	-7.0	2 441.6	9	1 390.5	6.7
合　肥	4 419.7	0.2	2 813.4	1.1	1.2	-2.5	-3.2	404.8	-6.8	1 183.8	15.8	687.8	4.5
铜　陵	457.9	1.7	227	0.8	2.8	-5.5	-5.4	40.5	-6.9	196.8	-15.2	16.2	-43.4
马鞍山	1 007.3	1.7	473.84	-0.6	4.4	-	-2.8	152.4	-7.8	170.9	-7.2	80.6	-9.6
滁　州	1 413.7	3.1	614.6	1.3	6.5	8.2	-0.7	117.8	8.0	111.8	-27.9	82.5	19
池　州	395.7	1	189	-1.1	5.9	4.4	-4.5	33.8	-1.2	29.4	22.4	7.8	26.2
安　庆	1 118.1	-1.2	—	—	-1.5	—	-3.1	165.8	-9.3	59.6	14.6	47.3	21.7
芜　湖	1 706.8	1.2	843.97	1.4	2.1	0.1	-3.3	150.7	-10.6	301.6	16.6	171.5	-0.3
宣　城	736.1	0.7	331.5	-1.2	3.5	-0.6	-3.9	83.5	-10.8	58.0	-9.2	54.0	-10

注：1. 总额单位均为亿元人民币。
2. 一般公共预测收益中安徽城市（除滁州外）为财政收入。
3. 数据来源为各省市统计局。

第七章

抗疫与建设疫后新世界

疫情当下，中国用行动诠释人类命运共同体理念

2013 年 3 月 23 日，习近平总书记在俄罗斯莫斯科国际关系学院演讲时指出，这个世界越来越成为你中有我、我中有你的命运共同体。2019 年爆发的新冠肺炎疫情，中国用实际行动展现了负责任的大国担当，为世界防控疫情争取了时间、共享了经验、提供了必要的物资援助。2020 年 3 月 26 日召开的 G20 领导人应对新冠肺炎特别峰会上，习近平总书记倡议，各国应加强信息分享，开展药物、疫苗研发、防疫合作，有效防止疫情跨境传播，携手拉起最严密的联防联控网络。

一、负责任的大国

当今世界，负责任已经成为国家治理和国际交往中非常稀缺、可贵的品质。在防控新冠疫情的过程中，中国政府做到了对人民负责、对世界负责。

对人民负责。新冠肺炎疫情爆发后，习近平总书记多次做出重要指示，要求把人民群众生命安全和身体健康放在第一位。在明确得知存在人传人现象后，中央政府采取果断措施，武汉封城、全国启动一级响应、以社区为单位进行隔离、延长春节假期，从全国各地调集医疗人员驰援湖北，动用一切力量救治受感染的病人，疫情防控工作不力的领导干部受到严厉处罚。相比之下，部分标榜自由人权的欧美国家，政客为了选票和政党利益，不惜以谎言误导民众，甚至“甩锅”给中国，有些国家至今还在为要不要扩大检测范围犹豫不决。2020 年 3 月 18 日，不含港澳台地区，我国大陆地区新增确诊病例首次为零，新增病例均为境外输入。此时，新冠肺炎疫情还在全球快速蔓延，且确诊病例还在不断快速增加。

对世界负责。2020 年 1 月 19 日，我国政府第一时间向世界卫生组织共享新冠病毒基因序列，为全球研究机构开展疫苗研制争取了时间，同时也为全球疫情防控提出了预警。包括总干事谭德塞在内的世卫组织多名官员指出，中

方防控疫情的做法不仅是在保护中国人民，也是在保护世界人民。在中国抗击新冠疫情最艰难、最关键的时刻，世界上很多国家给予了关心和支持，疫情稳定后的中国开始向世界伸出援手，伊朗、伊拉克、意大利、塞维利亚……中国不仅提供防疫物资援助，甚至还派遣医疗专家团队。习近平总书记发出打造“健康丝绸之路”的总动员令，中国正在用实际行动打造“人类命运共同体”。塞尔维亚总统武契奇在电视讲话中直言不讳地表示：“你能意识到伟大的国际团结是不存在的，欧洲团结是不存在的，写在纸上的不过是童话罢了。今天我寄了一封特殊的信，我们对于在困境中唯一能提供帮助的人期望很高，那就是中国。”

二、 中国模式

世卫组织总干事谭德塞指出，中国有制度优势，中国“抗疫”模式值得各国学习借鉴。意大利学者法比奥认为，这场疫情过后，西方所倡导的所谓“新自由主义”可能会成为过去时，有一点可以肯定的是，西方的政治和经济模式将受到广泛的质疑，而中国模式将成为越来越多的国家政治体制改革的参考。法国总统马克龙甚至在一次内部讲话中直言不讳的指出，国际秩序正在以前所未有的方式动摇，毫无疑问，我们正在经历世界上西方霸权主义的终结。

对于中国“抗疫”模式，世界上越来越多的国家从不解、到曲解、再到认同，因为国情不同，很难用“一刀切”的方式来解决所有国家的疫情问题，但在中国抗击疫情的菜单栏里，各国应该能够找到适合自己的经验和做法。此外，中国模式的价值还在于，西方国家并非不知道隔离是防控传染病最好的办法，但隔离带来的经济代价确实比较高，加上医疗成本高昂、金融市场风险等因素，各国政府很难下决心来做，从某种意义上说，中国“抗疫”成功，客观上帮助很多国家下决心采取隔离模式，欧美国家越来越多的媒体也在呼吁借鉴中国模式。

防控端：隔离是控制疫情最好的办法。在武汉封城、我国实施最严厉隔离措施的时候，大部分国家还没有意识到疫情的严重性，由于缺少来自政府及时正确的引导，很多人对于新冠病毒甚至可以说是“无知无畏”，各国王室和政要感染者也不在少数，确诊过的就有如英国查尔斯王储、英国首相、法国文化部长、澳大利亚内政部长等。越来越多的国家借鉴中国模式，印度 21 天的全国封锁，意大利、西班牙、法国、德国等多国“封城”，对入境者或与病患接触者要求隔离 14 天。很多国家建造自己的“火神山”医院、方舱医院。在中国专家指导下，塞尔维亚将贝尔格莱德会展中心改造成为 6 000 张床位的方舱医院。俄罗斯也在效仿火神山医院模式，在莫斯科新城区兴建收治新冠肺炎患者的专业医院。

民生端：保持信息透明、保障基本需求。信息透明是最好的稳定剂，通过电视媒体、微信、微博等多种渠道，实时通报确诊病例、疑似病例情况，医疗救援人员和物资调度情况，抗病疫苗和药物研发进展情况，一线疫情防控进展情况等，最大限度杜绝谣言传播空间，减轻群众恐慌情绪。在这方面，很多国家呈现出两种极端状态，一种是恐慌并抢购物资；另一种是对新冠病毒的无知无畏。打击恶意炒作、保障物资供应，是稳定社会民生的重要且必要的方式，本次疫情期间，国内很少有报道基本生活物资被哄抢的情况，绝大多数时间、绝大部分地区都能够保持生活物资的充足有效供应。

生产端：加快复工复产、加强企业支持。如果因疫情导致企业大面积倒闭，对经济和民生的影响无疑将是巨大且长期的，这也是很多国家迟迟下不了强制隔离措施的重要因素。中国政府在抓疫情防控的同时，也在积极推动经济恢复工作，在 2020 年 2 月初疫情得到有效控制后，中央政府就开始部署有序恢复正常生产，从中央到地方各级政府出台了一系列旨在减轻企业负担、帮助企业恢复生产的支持政策。根据工信部公布的数据，截至 2020 年 3 月 24 日，全国中小企业复工率达到 71.4%。根据商务部的消息，截至 3 月 25 日，全国生活服务企业复工率也超过 60%。

三、 中国制造

时至今日，“Made in China”已经逐渐成为一种现象，即使看似普普通通的口罩，也考验着一个国家的工业制造能力。在联合国产业分类中，中国是全世界唯一拥有全部工业门类的国家，包括防疫物资在内，只要市场有需求，我们的企业就能迅速填补市场空白。

疫情防控背后折射的是工业能力。没有强大的工业制造能力为后盾，我们控制疫情进展不会如此顺利。作为疫情期间建设的首个拥有千张床位的高标准传染病医院，火神山医院从开工建设到投入使用，前后仅用了 10 天时间，方舱医院的建设的速度基本也在 2—3 天，基建狂魔的速度再次让全世界为之惊叹，更为重症病人与死神赛跑赢得了时间。在短短 2 个月时间，我国口罩产量从疫情前的日均 1 300 多万支，激增 10 倍以上、达到日产近 2 亿支，背后折射出的是中国对整个产业链的整合与动员能力。

健康丝绸之路也离不开中国制造。没有强大的工业制造能力作为后盾,再多的心怀天下也只是纸上谈兵。中国制造是铺就健康丝绸之路的坚实底座,疫情爆发前,我国仅口罩产量就占到全球半数以上,疫情爆发后全世界都把目光投向中国企业,口罩、防护服、检测试剂盒等重要防疫物资的需求订单纷至沓来。截至 2020 年 3 月 26 日,我国已经向 89 个国家及世界卫生组织和非洲联盟实施抗疫援助。

四、 中国创造

自工业革命以来,欧美都是人类社会科技进步和新兴产业发展的引路人和推动者。但在互联网领域,我国凭借电子商务的崛起,带动"互联网 + "大爆发,首次在新兴产业领域实现对欧美的反超。我国在新型基础设施领域加快布局,将极大推动新技术的创新与应用,未来我们还将看到中国在更多科技和新兴产业等领域站到世界之巅。

新基建加快布局,智能时代正式来临。尽管疫情对线下实体经济带来明显冲击,但数字经济快速发展,线上消费习惯得到深化,在线购物、在线教育、在线医疗、在线办公、在线招商等模式被广泛使用,在互联网消费领域,我国无疑已大幅领先于世界。2020 年 3 月初召开的中央政治局常委会会议再次强调,加快 5G、数据中心等新型基础设施建设进度,这是自工业革命以来,首次由非西方国家全面吹响新型基础设施建设的号角。凭借新型基础设施率先布局,以及在互联网领域打下的良好基础,未来我们有理由期待中国能够在人工智能时代发挥更多的引领作用。

此外,**我们的生物科技也在加速追赶,疫苗研发和检测试剂研发不遑多让**。我国新冠疫苗研发进展总体上处于国际先进行列,近期已有新冠疫苗开始进行首批人体注射实验。国家药监局已先后审批了 16 个新冠肺炎检测试剂,包括 10 个核酸检测试剂、6 个抗体检测试剂,华大基因、安科生物、华科生物、乐普医疗等多家生物技术公司研发的检测试剂盒获得欧盟认证以及市场准入资格。

五、 疫情防控仍在路上

当前,国内疫情得到了有效控制,但全球新冠疫情仍在肆虐,我国面临的疫情“倒灌”风险依然严峻。钟南山院士、李兰娟院士等就曾建议，为防止第二波高峰，仍应保持现有的防控措施，同时严格外防输入。世卫组织权威专家艾尔沃德近期也指出，目前我国的疫情防控仍存在漏洞，如入境筛查隔离还不够严格、健康码互认存在隐患，尤其是过早鼓励摘口罩、外出聚餐，使得群体性爆发风险增加。前期的防疫成果来之不易，在新冠疫苗正式投入使用前，我们没有理由松懈。

作者：芮晔平、刘梦琳

参考文献：

① 吴刚：《中国已对 89 个国家和 4 个国际组织实施抗疫援助》，《人民日报》2020 年 3 月 27 日第 2 版。

② 尹世杰：《工业和信息化部：中小企业复工率达 71.7%》，新华网客户端，2020 年 3 月 26 日，http://www.xinhuanet.com/politics/2020-03/26/c_1125768257.htm。

③ 王雨萧、陈炜伟：《商务部：全国生活服务企业复工率超过 60%》，中国政府网，2020 年 3 月 19 日，http://www.gov.cn/xinwen/2020-03/19/content_5493316.htm。

④ 严远、韩庆：《国家药监局：已审批 16 个新冠肺炎检测试剂》，人民网—北京频道，2020 年 3 月 13 日，http://bj.people.com.cn/n2/2020/0313/c14540-33872580.html。

⑤《重磅！政治局会议要求加快 5G、数据中心等新基建速度》，健康界，2020 年 3 月 5 日，https://www.cn-healthcare.com/article/20200305/content-532074.html。

海外疫情蔓延对全球产业供应链的冲击

2020年，全球央行"高度一致"陆续放水，体现了对疫情扩散后全球经济走向衰退的担忧。当"经济全球化"遭遇"疫情全球化"，无疑会对全球产业链带来冲击，这种影响由此前中国（重疫情区域）作为世界工厂对全球产业链的"单中心传导"演变为全球产业链之间的"密交叉影响"。对于中国乃至上海而言，都需要深刻认识"这一重大变量"，未雨绸缪、积极应对、危中寻机。

一、全球央行大"放水"：疫情扩散引发全球经济衰退担忧

继2020年2月最后一周美国三大股指、欧洲三大指数出现超过10%的暴跌之后，全球金融市场再度"巨震"，仅3月12日当天，美国、加拿大、巴西、泰国、菲律宾、韩国、巴基斯坦、印度尼西亚、墨西哥等全球多个国家股市出现"熔断"，为历史罕见。各国央行也纷纷出台降息举措，以稳定金融市场（表1）。

表1　2020年3月主要国家/地区央行降息举措

各国央行	日　期	措　　施
澳大利亚储备银行	3.3	降息25个基点至0.5%
马来西亚央行	3.3	下调25个基点至2.5%
美联储	3.3	降息50个基点
阿联酋央行	3.4	降息50个基点
沙特央行	3.4	降息50个基点
加拿大	3.4	降息50个基点至1.25%
中国香港金管局	3.4	降息50个基点至1.5%
中国澳门金管局	3.4	降息50个基点至1.5%
英国央行	3.11	紧急降息50个基点至0.25%
美联储	3.12	宣布当日进行5 000亿美元3个月期回购操作，计划下月共开展10次同样规模的回购操作，拟向市场投放的流动性总额高达5万亿美元。

续表

各国央行	日　期	措　　施
美联储	3.15	紧急宣布将联邦基金利率的目标区间降至0—0.25个百分点，并启动规模达7 000亿美元新一轮量化宽松。
欧洲央行	—	购买1 200欧元资产规模，目前维持利率不变。
日本央行	—	将通过资产收购、市场操作为市场提供充足流动性，面临降息压力。
韩国央行	—	将使用所有可能措施来寻求金融稳定性。

全球降息潮的背后体现了各国对世界经济走向衰退的悲观预期，多家权威机构纷纷下调对2020年全球经济增速的预测。

表2　权威机构对世界经济增长的预测

机构或专家	经　济　预　测
IMF	预计将低于2.9%(2020年1月份预测为3.3%)。
经合组织(OECD)	由此前的2.9%下调至2.4%，为2009年以来的最低增幅。同时强调，如果公共卫生事件持续时间更长并在亚洲、欧洲和美国蔓延，全球增长仅为1.5%。
美国银行经济学家	由此前预测的3.1%调整为2.8%，这一水平将是2009年以来的最低水平。
高　盛	全球经济可能会缩水约四分之一。
英国牛津经济研究院	受新冠病毒疫情影响，2020年世界经济增速降低可能超过0.2个百分点，年增速跌至2.3%。

二、全球产业链冲击：演变为“中国单中心传导”到“全球密交叉影响”

疫情在全球的快速蔓延无疑是压垮世界经济的“最后一根稻草”。截至北京时间2020年3月16日9时，海外病例累计超过8万例，已经波及蔓延除中国外的151个国家和地区，其中意大利累计确诊24 747例，伊朗13 938例，韩国8 236例，西班牙、德国和法国分别达到7 753例、5 813例和5 423例，美国确诊3 777病例。世界卫生组织近日宣布新冠肺炎疫情“已具有全球大流行特征”。多国因此采取口岸限制、工厂关闭、学校停课、活动取消等措施，全球旅游活动、商务活动、生产经营活动、交流活动、人员流动出现“紧急刹车、局部停摆”。

表 3　部分国家应对疫情紧急措施及其国际限制情况

国　家	措　施
韩　国	对大邱市和庆尚北道采取"最大程度封锁"；全球对韩国采取入境限制措施的国家和地区已经达到 80 多个；多个体育赛事取消。
日　本	北海道政府进入紧急状态；全国中小学停课；日本职业足球联赛取消比赛；自民党党大会延期；取消天皇生日庆典等；美国和中国台湾地区对民众前往日本发出警告；多个国家宣布限制民众前往日本。
意大利	全国所有教学出行、游学等活动暂停；取消往返中国的所有航班；意甲比赛推迟；暂时关闭博物馆；北部 11 个城镇已被封锁。
法　国	巴黎漫画展、国际书展、农业博览会等大型活动相继取消，卢浮宫暂时关门。政府禁止 1 000 人以上的会议，并要求人民不要造访养老院。
德　国	取消一切 1 000 人以上的活动，部分地区学校和日托中心将关闭至 2020 年 3 月 27 日。
西班牙	全国中小学、大学停课，公共活动暂停。
美　国	宣布进入"国家紧急状态"，对除英国外欧洲国家公民赴美的旅行进行限制。
伊　朗	将全国 14 个省的大中小学暂时关闭；叫停所有艺术演出等活动。

基于经济全球化建立起来的世界各国的密切联系，使得疫情影响呈现"放大效应"，尤其是全球产业分工细化的背景下，全球产业链、供应链的影响呈现出"链式传导、网式交织"的特征。这其中的关系可以通过不同国家的进出口商品品类、不同产品在全球市场中的份额、对不同国家供应商依赖程度等来体现。

如果以中国作为全球供应链中心的地位出发，这种传导机制可以概括为"中国企业停工停产影响原材料出口和供应—导致国外上游企业停产—国外疫情扩散导致对国内原材料供应需求减少，中国所需的设备、材料出现断供—影响中国下游企业产品供应"。根据这种闭环传导关系，**从短期来看**，疫情对全球产业链的冲击关注点在于一些国家企业停工停产对全球上下游产业链供应的影响；**从长期来看**，尽管疫情不会带来全球产业链格局的根本改变，但是会在某些行业领域引起不同国家力量对比的变化，决定着不同国家在全球产业链、供应链体系中市场份额的增减和地位的升降。分国别来看：

（一）中国占据了全球供应链中心地位，疫情对全球产业链的影响主要集中在服装纺织、高科技零部件等领域的全球供应，以及对上游关键材料和设备的需求

2019 年中国对世界经济增长的贡献高达 39％，占全球经济总量的 16％，

货物贸易进出口额占全球总贸易额的11.6%。中国是全世界唯一拥有联合国产业分类中所列全部工业门类的国家，在世界500多种主要工业产品当中，有200多种工业产品产量世界第一，贡献了全球制造业总产出的35%。在贸易属性极高的轻工制造和劳动密集型产业中，全球高度依赖中国，如纺织和服装的全球份额甚至高达52%；在电子、机械和设备等深度整合的贸易领域，中国产出占全球份额高达38%—42%。

从出口的行业分布来看，中国在家居用品、高科技零部件、纺织服装等行业出口占全球比重超过20%，全球各主要行业对中国大陆供应商具有高度依赖。如在服装纺织领域，此前柬埔寨政府发出警告，由于缺乏原材料，大约200家主要生产服装的工厂不得不完全减慢或停止生产，缅甸、印度等服装加工大国也面临同样的问题。相关数据分析，如将中国的生产停滞对世界各国和地区产生的影响额相加发现，海外整体影响约达67亿美元。在汽车零部件领域，全球80%以上的汽车零部件与中国制造相关。此前，韩国五大整车企业均因中方提供的零部件耗尽而暂停其境外生产。在智能手机领域，全球约七成智能手机在中国生产制造，此次疫情将影响全球智能手机供应链和制造能力。

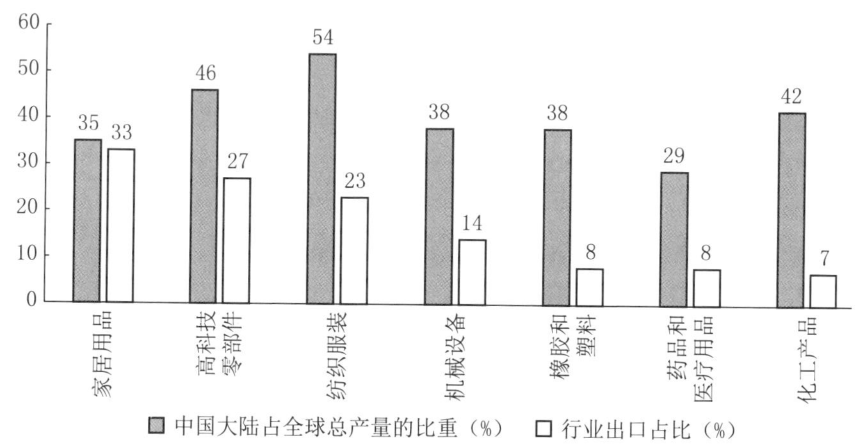

图1 中国大陆主要行业产量全球占比及其出口情况

资料来源：Euromonitor，中信证券。

从进口的行业分布来看，根据WIOD、国泰君安数据显示，中国对全球产品的需求主要集中在：电子计算机、光学设备、机械、汽车领域相关、食品饮料、电气设备、焦炭和成品油等领域。在电子计算机、光学设备领域，中国主要依赖韩国、日本、德国、美国的进口；在机械设备领域，中国主要依赖德国、日本、韩国、美国的进口；在汽车领域，中国主要依赖德国、日本、韩国、澳大利亚的进口，因此，我国疫情引发的企业停工停产将影响对上游材料与设备的相关需求。

伴随着中国疫情的缓和、企业复工复产进程的加快，对我国中间品依赖度普遍较高的新兴市场和发展中国家的供应链危机将有所缓解，但是也要关注我国企业复工复产但来自其他国家的上游材料和设备出现断供，反过来也会影响国内企业复产，形成闭环式的恶性循环。

（二）日韩作为高端制造供应地可能引发半导体材料、设备断供，也将影响全球的汽车产业链

日韩的出口品类中，机电产品、运输工具类占据大头，这与两国半导体、汽车产业在全球的地位密不可分。全球众多半导体材料的研发、生产、制造企业均来自日韩，尤其在上游的IC制备原材料、中下游的存储芯片、面板等领域占据很高的市场份额。韩国存储芯片领域优势突出并垄断过半市场。如在NAND领域，三星和SK海力士两大龙头企业市场份额占比为45.1%；在DRAM领域，三星和SK海力士的占比高达72.7%。在CIS芯片领域，索尼和三星分别以42%和18%的市占率位居全球第一和第二。在硅片领域，日本信越化学占据28%的市场份额、日本三菱住友占据25%的市场份额；在光刻胶领域，日本JSR、东京应化工业、住友化学、富士电子等企业占据了近80%的市场份额；半导体电子化学品方面日本占据60%的市场份额。

表4　日韩在半导体材料及设备部分领域的市场份额情况

重点领域	日　本	韩　国	累计市场份额
晶　圆	53%	10%	63%
光刻胶	80%	20%	100%
湿化学品	20%	20%	40%
抛光垫和抛光液	26%	5%	31%
特种气体	30%	10%	40%
靶　材	32%	—	32%
其　他	46%	13%	59%
半导体生产设备	37%	—	—

表 5 日韩半导体领域龙头企业业界地位与市场份额

龙头企业	国 家	领 域	全球排名	市场份额
三星	韩 国	综合性集成电路企业	top 4(代工)、top 1(存储芯片)、top 2(总营收)	7.2%(代工)、45%(DRAM)、34%(NAND)
SK 海力士	韩 国	内存芯片制造	top 2(存储芯片)、top 4(总营收)	29%(DRAM)、10%(NAND)
铠侠(东芝存储器)	日 本	存储芯片	top 2(NAND)、top 9(总营收)	19%(NAND)
东京电子	日 本	刻蚀设备、薄膜设备、清洗设备	top 3	17.6%
SCREEN	日 本	清洗设备	top 6(top 1)	3.7%(54%)
爱德万测试	日 本	测试设备	top 7(top 2)	3.1%(40%)
日立高科	日 本	过程控制	top 10(top 3)	2.4%
佳能	日 本	光刻设备	top 15(top 3)	(6%)
信越化学	日 本	硅片	top 1	28%
盛高	日 本	硅片	top 2	25%
SK Siltron	韩 国	硅片	top 5	9%
JSR	日 本	光刻胶	top 1	28%
东京应化	日 本	光刻胶	top 2	24%
信越化学	日 本	光刻胶	top 4	13%
Toppan	日 本	光罩	top 1	—

资料来源:根据网络资料整理,括号内为细分领域排名及市占率。

日韩疫情恶化影响了半导体行业、汽车产业的产能输出。疫情严重时期,韩国曾对大邱和庆尚北道地区实施最大程度封锁。庆尚北道作为韩国面积最大的行政区和重要的制造业产地,集聚了三星 SDI、LG 电子、LGD、现代汽车等龙头企业。根据韩国大韩商工会议所的初步统计,三星电子、SK 海力士、现代汽车等大型企业以及近百家中小企业,均出现了因新冠肺炎确诊、疑似患者,或接触相关人员引发的停产、隔离案例。日本方面,东京工商 Research 对本国企业调查发现,有 23%的企业表示疫情对生产造成影响,其中制造业占比最高。两国疫情的发展,加之运输不畅,多少影响了全球半导体供应链和汽车产业的产能。

表6 财富500强中上榜日韩汽车及汽车零部件企业

排名	企 业	国 家	子行业	全球生产布局情况
10	丰田汽车	日本	汽车制造	日本、中国、泰国、印度尼西亚、马来西亚、美国、墨西哥、西班牙和俄罗斯等28个国家和地区
34	本田汽车	日本	汽车制造	日本、中国、泰国、印度、美国、加拿大、英国等15个国家和地区
66	日产汽车	日本	汽车制造	日本、中国、美国、英国、法国、西班牙、俄罗斯等20个国家和地区
94	现代汽车	韩国	汽车制造	韩国、中国、美国、捷克、俄罗斯、印度、土耳其、巴西、墨西哥等国家和地区
227	起亚汽车	韩国	汽车制造	韩国、中国、美国、斯洛伐克等全球9个国家
230	日本电装	日本	汽车零部件	日本、中国、美国、南非、加拿大、泰国、西班牙、巴西、英国、墨西哥等全球30多个国家和地区设有221家关联公司
339	爱信精机	日本	汽车零部件	日本、中国、澳大利亚、南非、巴西、印度尼西亚等20个国家和地区
357	铃木汽车	日本	汽车制造	日本、印度、巴基斯坦、印度尼西亚、泰国、越南、缅甸、匈牙利、巴西、埃及等国家和地区
374	普利司通	日本	汽车零部件	美国、日本、加拿大、墨西哥、波兰、西班牙、中国、印度尼西亚、意大利、泰国等23个国家和地区
389	马自达汽车	日本	汽车制造	日本、中国、墨西哥、泰国、美国等国家和地区
393	现代摩比斯	韩国	汽车零部件	韩国、中国、印度、墨西哥、美国、捷克、斯洛伐克等国家和地区
437	住友电工	日本	汽车零部件	日本、中国、泰国、越南、印度、埃及、摩洛哥、美国、德国等国家和地区
440	斯巴鲁汽车	日本	汽车制造	日本、泰国、美国等国家和地区

资料来源：根据网络资料整理。

(三) 欧洲疫情蔓延对机械制造、汽车和化工行业产业链带来影响，全球高端服务业输出也将受到影响

2020年，欧洲几乎“沦陷”。欧盟整体疫情的恶化，对全球多个产业链造成影响。从德国来看，作为工业强国，德国的工业深嵌全球产业链中，外向型经济明显，从出口的行业分布来看，德国的汽车、机械制造和化工业等占据全球产业链相当重要的位置，2017年这三大产业商品出口额均在1 000亿欧元以上，占据德国出口商品前三。其中出口中国占相当比重。由于这些产业都处

于产业链中上游环节，随着德国疫情扩散，化工、汽车、机械制造等产业的下游领域面临较大波及；从法国来看，出口排名靠前的行业包括其他运输设备制造、机械设备制造、食品，服务业中法律会计咨询、批发贸易、空运等优势明显；从英国来看，出口靠前的行业主要是汽车、拖车制造、金属制造、批发贸易等，法律会计咨询等服务业占比也较高。综合来看，欧盟的汽车、运输设备、机械设备等行业将因疫情对全球造成影响。

（四）美国疫情蔓延可能对全球机电产品、运输设备、矿产品和化工产品产业链带来影响

从美国的贸易结构来看，美国出口到全球产品中，机电产品位列第一。在机电产品中，机械设备出口 2 131.2 亿美元，占最大份额；其次是电机和电气产品出口 1 760.7 亿美元。而美国出口到中国的产品中，运输设备产品位列第一，与全球市场不同。在运输设备中，航空航天器出口 182.2 亿美元，车辆及其零附件出口 94.0 亿美元。另外，美国一直是半导体产业的领导者，占据全球市场份额 45%—50%，从 PC 和 IT 基础设施到消费电子产品的所有最终应用市场中，美国在 32 种半导体产品类别中的 23 种中均处于领先地位。疫情期间，美国多个州宣布进入紧急状态，硅谷的苹果、亚马逊、Facebook、微软等高科技龙头企业开始远程办公，并暂停员工商务出差活动；华尔街的贝莱德、巴克莱银行、摩根士丹利等金融机构在纽约的办公室均出现感染病例，全球高端服务的海外布局或将受到影响。

表 7　2018 年美国对中国及对外出口商品情况

海关分类	HS 编码	商品类别	2018 年美国对外出口		2018 年美国对中国出口	
类	章		金额（亿美元）	占比（%）	金额（亿美元）	占比（%）
第 16 类	84—85	机电产品	3 892	23.4	270	22.5
第 17 类	86—89	运输设备	2 756	16.6	277	23
第 5 类	25—27	矿产品	1 997	12	96	8
第 6 类	28—38	化工产品	1 710	10.3	124	10.3
第 18 类	90—92	光学、钟表、医疗设备	919	5.5	98	8.2
第 7 类	39—40	塑料、橡胶	805	4.8	64	5.3
第 15 类	72—83	贱金属及制品	734	4.4	48	4
第 2 类	06—14	植物产品	660	4	50	4.1

续表

海关分类	HS 编码	商品类别	2018 年美国对外出口		2018 年美国对中国出口	
类	章		金额(亿美元)	占比(%)	金额(亿美元)	占比(%)
第 14 类	71	贵金属及制品	638	3.8	17	1.4
第 4 类	16—24	食品、饮料、烟草	466	2.8	15	1.3
第 10 类	47—49	纤维素浆、纸张	302	1.8	39	3.3
第 1 类	01—05	活动物、动物产品	295	1.8	21	1.8
第 11 类	50—63	纺织品及原料	271	1.6	17	1.4
第 20 类	94—96	家具、玩具、杂项制品	201	1.2	—	—
第 21 类	97	艺术品	146	0.9	—	—
第 9 类	44—46	木及木制品	—	—	29	2.4
第 8 类	41—43	皮革制品、箱包	—	—	9	0.8
其 他			850	5.1	29	2.4
总 值			16 641	100	1 203	100

资料来源:前瞻产业研究院。

当然,关于美国对于全球产业链的影响,还不仅要关注重点行业,更应关注的是美国全球地位对全球经济的影响,当前多家机构认为美国经济下行加速、降息效果不及预期,以及中美贸易争端升级等会引起美国的经济衰退,包括美国对中国实体名单企业实施出口限制,可能影响美国半导体产业的市场份额,将有利于韩国市场份额的上升,以及推动我国半导体产业自给率的提升,等等。

总结来看,根据各国进出口品类的排名、在全球供应链体系与环节中的地位,那些全球化程度比较高、全球产业分工链条较长较细、在各国产业中占比都比较高的行业,成为本次疫情首当其冲的影响对象,包括机械设备、半导体、汽车、化工产品等,并且上下游的影响呈现交织状态,你中有我、我中有你,互为影响。因此,我国要密切关注疫情对全球产业链的冲击,重点要关注日韩集成电路上游材料和设备,欧美新能源汽车核心零部件和高端装备制造可能断供对国内产业链的影响。同时,也要关注产业链外迁的趋势,此前受到中美贸易影响,出口企业如将产能完全放在国内会有风险,因此,已经考虑向东南亚迁移,本次疫情可能会加剧或加速某些行业、环节的转移,当然,大规模的供应链转移不大会发生。

三、 上海也需密切关注疫情影响并及早谋划应对之策

上海与日韩贸易往来比较密切，上海关区出口总额中，日本位列第二，仅次于美国，占比为8%；进口总额中日本位列第一，占比接近12%，向韩国的进出口均位居第四；上海与意大利、德国两国贸易往来也较为密切，上海市外贸进口、出口分别有12%和5%左右来自两国。从商品结构来看，上海自日本、韩国进口的最大类商品均是集成电路，可以看出上海集成电路产业对日韩市场的依赖；从日本企业在华投资布局看，在上海的日资企业位居第一；外商直接投资额，日本是除中国香港之外的第一名，占上海外商直接投资的10%左右。因此，上海也需密切关注疫情下全球产业链的变化趋势和影响，在联防联控的同时，积极应对，并善于挖掘机遇，推动自身的高质量发展和高水平开放。

目前，上海三分之二左右的规模以上工业总产值和进出口，一半左右的规模以上工业企业研发投入，都来自外资企业。外资企业已经成为上海促进经济增长的重要引擎、调整产业结构的重要支撑、推动科技创新的重要主体。从上海外资营收和纳税20强企业列表中可以看出，上海的外资龙头企业主要分布在汽车、电子产品、半导体、能源化工、金融和生物医药等行业。若全球疫情的影响波及到这些企业的海外业务以及产业链条上的供给和需求，则会影响这些企业在上海的投资布局和计划调整等，提出以下几方面建议：

表8 2017年度上海外资营收和纳税20强企业列表

上海外资营业收入20强企业		上海外资纳税总额20强企业	
序号	企 业 名 称	序号	企 业 名 称
1	上海大众汽车有限公司	1	上汽大众汽车有限公司
2	苹果电脑贸易(上海)有限公司	2	保时捷(中国)汽车销售有限公司
3	上汽通用汽车有限公司	3	上汽通用汽车有限公司
4	上海三星半导体有限公司	4	中国石化上海石油化工股份有限公司
5	昌硕科技(上海)有限公司	5	捷豹路虎(中国)投资有限公司
6	达功(上海)有限公司	6	中国东方航空股份有限公司
7	中国石化上海石油化工股份有限公司	7	玛莎拉蒂(中国)汽车贸易有限公司
8	江铜国际贸易有限公司	8	上海银行股份有限公司
9	延锋内饰系统有限公司	9	科思创聚合物(中国)有限公司
10	中国东方航空股份有限公司	10	腾讯科技(上海)有限公司

续表

上海外资营业收入20强企业		上海外资纳税总额20强企业	
序号	企 业 名 称	序号	企 业 名 称
11	益海嘉里食品营销有限公司	11	沃尔沃汽车销售(上海)有限公司
12	托克投资(中国)有限公司	12	腾讯科技(上海)有限公司
13	保时捷(中国)汽车销售有限公司	13	历峰商业有限公司
14	捷豹路虎(中国)投资有限公司	14	延锋汽车内饰系统有限公司
15	工银安盛人寿保险有限公司	15	联合汽车电子有限公司
16	康成投资(中国)有限公司	16	上海罗氏制药有限公司
17	宝洁(中国)营销有限公司	17	上汽通用汽车金融有限责任公司
18	上海银行股份有限公司	18	华硕电脑(上海)有限公司
19	蔻驰贸易(上海)有限公司	19	罗氏诊断产品(上海)有限公司
20	益海嘉里(上海)国际贸易有限公司	20	飞利浦(中国)投资有限公司

资料来源："上海发布"公众号。

(一) 抓住机遇推动产业升级实现国产替代

围绕半导体材料与设备等领域，顺势推动技术升级，支持国产化应用和进口替代，依托中芯国际、华虹(本次疫情期间额温枪芯片的主要供应商)、上海微电子、中微半导体、安集微电子、上海新阳等龙头企业带动供应链本土化，拓展国内供应商，培育可替代的供应链，不断提升在材料、设备领域的生产能力和产品质量，提高集成电路领域的自给率。

(二) 支持龙头企业"走出去"扩大海外市场

危中寻机，支持企业走出去并购一些国内外上游企业；同时，针对国外疫情升级可能引发的存储器、新能源汽车核心零部件、高端装备等领域的全球性供应紧张，支持本地厂商开辟国际市场，扩大市场份额；推动收购一批国外优质资产。

(三) 加快以新基建为引领的新业态新模式布局

发布上海"新基建"建设计划和应用场景计划，加大人工智能、量子计算和5G等先进无线网络的投入。依托龙头企业，加速推进工业互联网，通过工业互联网协调供应商网络、优化物流系统，动态调节产能和库存，率先实践工业4.0，引领我国产业链升级。

（四）落实全市复工复产政策加快全面复产

围绕28条措施，继续出台实施细则，落实对企业的各项扶持政策，推动企业在复工的基础上加快复产。加强对外贸企业、中小微企业以及受到产业链冲击比较大的汽车零部件出口企业的支持。

（五）促进与长三角更深层次的产业链协同

长三角地区是我国产业门类比较齐全、产业链各种配套比较完善的区域，上海需要协助长三角一体化发展契机，深化与长三角之间的产业链协同，在汽车及其零部件配套、机械设备、集成电路设备材料企业、上海本身在长三角布局的生产制造基地之间加强沟通联系，协同应对冲击，巩固上海的产业链、供应链网络。

（六）加大开放和投资促进力度

加大对外资企业支持，帮助外资企业解决复工复产难题。围绕新片区、虹桥开放枢纽、长三角一体化示范区，推出一批重大产业和开放项目，继续抓好标志性重大外资项目落地，扩大金融等服务业对外开放。持续优化营商环境，落实3.0版方案，为国外投资者树立上海扩大开放的决心和优质服务的良好形象。加强与日韩、欧盟的联防联控，提供应急物资支持，加强防疫经验交流和国际协同研发，保持和日韩、欧盟的经贸往来。

作者：丁国杰、唐丽珠、李光辉、张舒恺、许倩茹、韩　庆

参考文献：

①《上海2017年度外资企业百强名单公布，有你所在的公司吗?》，澎湃新闻，2018年11月20日，https://www.thepaper.cn/newsDetail_forward_2653629。

② 朱琳慧：《2018年中国与美国双边贸易全景图》，前瞻经济学人，2019年6月18日，https://www.qianzhan.com/analyst/detail/220/190617-f6a11a64.html。

③ 王合绪：《疫情扩散影响欧洲新能源车市，国内2月数据下滑明显》，新浪财经，2020年3月13日，http://stock.finance.sina.com.cn/stock/go.php/vReport_Show/kind/lastest/rptid/637515953427/index.phtml。

④ 鄢凡：《详解华为芯片供应链，半导体产业机遇挑战并存》，东西智库官网，2019年5月27日，https://www.dx2025.com/archives/204.html。

⑤ 明明：《疫情对于我国贸易和产业链的影响分析》，新财富网，2020年3月11日，http://www.xcf.cn/article/bc6bf247636111eabf3cd4c9efcfdeca.html。

海外疫情扩散，与病毒输入同样棘手的六大冲击

中国的新冠肺炎疫情逐渐得到控制，但是全球扩散的局面却呈失控状态。截至 2020 年 3 月 1 日，全球受病毒感染的国家数量已经超过 60 个。当前，各地正加快推进复工复产复市，力求最大限度减少疫情对经济和民生的影响。但是，海外疫情形势加剧，可能造成我国复产复工后难以有效实现经济复苏复原，与严控疫情“逆输入”同样棘手的是如何预防对经济的“再冲击”。

一、 海外疫情呈加速蔓延态势，防控前景尚不明朗

新冠肺炎疫情在我国迎来拐点，2020 年 2 月 28 日，全国治愈出院病例首次超越现有确诊病例。随着疫情蔓延势头初步得到控制，全国各大城市陆续加快复工复产复市，尽快地恢复了国民经济的正常运转，最大限度地挽回了疫情对经济发展的影响。

世卫组织专家组表示，中国疫情顶峰已过，尚未构成全球性大流行。但在中国之外，疫情的发展却令人揪心，不少周边国家和地区疫情呈现出蔓延势头，东亚、中东、欧洲、北美的形势都在不断恶化。其中，日本、韩国、意大利、伊朗等国的形势尤其严峻，确诊人数都处在爬坡阶段，且确诊患者分布呈现扩散状态。

海外疫情蔓延，让我们尚未来得及告别近两个月来的阴霾，又对未来的发展形势蒙上了一层未知的阴影。在我国疫情防控初步告捷的情况下，疫情从其他国家和地区“逆传播”进入我国的风险激增，多地出现了输入型病例。

二、 若海外疫情持续恶化，将对我国经济造成巨大冲击

在经济全球化背景下，全球产业联系紧密，相互依存度极高，疫情的发生将对本就严峻的中国经济带来更大的挑战。目前，不少出现疫情的国家和地

区都已经采取严格措施应对疫情,但仍有必要对可能存在的恶化情况,提前做好预测分析和预防应对。

(一) 半导体等关键产业链阻断

海外疫情扩散将对与我国合作密切的产业链产生影响。据统计,我国进口的全部中间品中约有7.0%来自日本,特别是半导体、电气设备、机械设备等高端制造以及汽车等产业对上游日本企业依赖程度较高;韩国则在机电产品和化工产品等方面与我国产业链关系紧密;意大利对华出口主要集中在机电产品、化工产品和纺织品上。总体而言,半导体、电气机械、通用设备、化工产品等领域将受到较大冲击。

海外疫情加剧对我国的影响尤为突出,其中半导体、电子电器等行业的冲击首当其冲,日韩两国出品的消费电子品几乎覆盖了全球电子产业链的所有环节,从上游的设备制造、关键原材料提供,到中游的芯片、电子元器件制造,再到下游的终端产品。

日韩企业在半导体产业的多个领域中都占据绝对优势份额。以晶圆厂产能分布为例,2018年日本占据全球17%的产能,具体到存储芯片领域,日本厂商占据全球19%的市场份额;韩国是仅次于美国的全球第二大半导体产品生产国,尤其在存储器领域优势显著,三星电子和SK海力士是全球第一和第三大半导体公司,两家公司合计占全球DRAM存储器市场的72%。

目前,我国半导体领域与日韩的相互依存度较高,例如,华为在受到美国禁令后,将零部件采购方向转向日、韩企业,华为P30 Pro供应链中,日本和韩国零部件占据供应链的87.6%。因此,我国企业必须要充分做好应对潜在冲击的准备。

(二) 部分原材料和中间产品价格上涨

参考东日本大地震等灾害对电子产品价格的影响,震后日系电子产品全线涨价,闪存、DRAM内存以及高端相机、游戏终端等产品普遍涨价在10%—30%左右。目前,日韩部分企业已经宣布停产,不排除两国中央或地方政府在疫情严重地区要求企业停工的可能,而疫情最为严重的大邱、庆北地区集聚了三星、LG等韩国产业巨头,停工及未来产能恢复必然会造成产品价格上涨。

目前,受到国内疫情带来的返工人员隔离和复工推迟影响,国内电子元器件价格已经呈现持续上涨态势,传感器、电阻、电容等元器件的价格出现了明显的上涨，涨幅在20%—30%之间。随着其他国家和地区疫情扩散，海外产能输入也将同样存在困难，对相关领域企业的影响不可忽视。

(三) 航运贸易不确定性风险加强

航运是全球经济发展的大动脉，疫情的持续发展已经对全球航运业造成巨大冲击，波罗的海干散货指数(BDI)大幅下行，继续维持在近4年来的低点水平，此后略有回升，但又马上遭遇到疫情全球性蔓延的风险阻击。

此前，受到我国新冠疫情的影响，日本和韩国航运业已出现航线吞吐量减少、港口货物堆积、船舶和设备修理延误等问题，而海外疫情爆发又使问题更趋复杂。至少可能在以下几个方面对我国产生影响：

一是货物贸易周期进一步延长。由于越来越多的国家施行严格的健康申报和检疫要求，使得船舶在相关港口的停靠操作变得复杂，船舶非生产性停泊时间延长，导致班轮无法按照原定船期表航行。

二是国际航运公司将进一步减少航线船只数量。由于疫情扩散和货物运输量下降，此前，马士基、地中海航运、赫伯罗特等航运巨头已经减少中国内地及香港向北美、西非等的航线船只数量，疫情发展可能进一步加剧这一情况。

三是供需平衡状态更趋复杂可能引发航运成本异动。疫情影响下，中国出口海运运价总体上呈现出下跌的趋势，但如果疫情在日韩、中东及欧洲扩展，航运企业被迫绕航导致的航程费用必然会增加，继而对运价产生影响。

(四) 外商投资可能出现延期或计划调整

中国是日本的第四大投资对象国，是韩国的第二大投资对象国。近年来，日韩两国对于中国市场的投资持续增长，2015—2017年来华外商直接投资稳定维持在前6位，占比维持在2.46%—3.77%之间。据日本贸易振兴机构统计数据，2018年日本企业对华累计投资余额高达1 082亿美元，位居各国之首。2019年第二季度，韩国对外直接投资额为150.1亿美元，创下1981年开始统计以来的最高值的同时，对华投资增幅达到123.7%。

受到我国疫情的影响，已有部分以消费服务为主的外资企业选择暂时退出中国市场，例如，日本大众居酒屋连锁品牌“和民”宣布，由于当前疫情导致其在中国的店铺营业时间缩短，来店顾客数量以及销售业绩都呈大幅下降趋势，加之对疫情平息时间无法预估，决定关闭中国所有直营店。和民成为首家从中国撤退的日本企业。

表 1　2015—2017 年来华外商直接投资前十位国家/地区

2015		2016		2017	
前十位国家/地区	占比	前十位国家/地区	占比	前十位国家/地区	占比
中国香港	68.42	中国香港	64.65	中国香港	72.12
维尔京群岛	5.85	维尔京群岛	5.35	新加坡	3.64
新加坡	5.47	新加坡	4.80	维尔京群岛	3.05
韩　国	3.19	开曼群岛	4.09	韩　国	2.80
日　本	2.53	韩　国	3.77	日　本	2.49
美　国	1.65	日　本	2.46	美　国	2.02
萨摩亚	1.58	德　国	2.15	开曼群岛	1.66
德　国	1.23	美　国	1.89	荷　兰	1.66
中国台湾	1.22	中国台湾	1.56	中国台湾	1.35
开曼群岛	1.14	卢森堡	1.10	德　国	1.18
总占比	92.29		91.82		91.97

数据来源：中国统计年鉴。

不过，和民的情况很大程度上与餐饮业的特殊性相关，疫情的影响终会过去，外资企业对在华投资前景的长期看法不会因此改变。但是，在短期内需要引起重视的是，外资企业可能由于企业应对疫情进行紧急应对，并对投资计划进行一定调整，进而造成在华具体投资项目出现延误或变更的风险。

（五）人员商务活动跨境往来受阻

在华外资企业数量巨大，大批日韩籍企业高管和雇员长期居住在中国，并密切往来。截至 2019 年 10 月底，在华经营的日本企业数量已超过 3.2 万家，在华韩国企业总数也将要突破 3 万家。

2020 年春节期间，受到我国新冠肺炎影响，外资企业也如同千万家中国企业一样，不得不延迟开工，部分在山东、江苏等地的日韩资企业因员工未能全部到岗，出现比较严重的产量不足情况。此后，随着全国范围加速复工复产，外资企业也正处于逐步恢复之中。

但是，由于海外疫情形势严峻，与日、韩、意联系紧密的各大城市逐步升级入境防控措施，对外资企业复工后的人员往来产生影响。同时，考虑到海外疫情防控形势仍然有进一步升级的风险，不少国家和地区已升级对日韩意人士的入境管制措施。与之相应的是，即使我国疫情得到初步控制，中国公民正常的商务往来也将因海外疫情而受到影响。

（六）金融市场可能遭遇全球性冲击

伴随着疫情向全球的扩散，全球金融市场已经出现动荡，并形成连锁反应。2020 年 2 月最后一周，全球股市均出现不同程度的下跌。

美国三大股指周累计跌幅均在 10％以上，道琼斯指数周累计下跌 3 583 点，为美股史上最大周跌点数，当周跌幅为 12.4％，标准普尔 500 指数下跌 11.5％，均出现了自 2008 年金融危机最严重时期以来最大的单周跌幅。

欧洲三大指数跌幅也都超过 10％，英国富时 100 指数周跌约 11％，德国 DAX 30 指数周跌 12.5％，法国 CAC 40 指数周跌近 12％。

亚太市场同样表现惨淡，日经指数周跌幅达 9.6％；韩国 KOSPI 全周跌 8.13％，创 2011 年 7 月底以来最大单周跌幅；澳大利亚 S&P/ASX200 指数全周下跌 9.77％，7 天时间内从历史高点跌至半年新低。

尽管在连续下跌之后各国会采取救市措施，不同股市可能会出现一定的反弹，但因为疫情全球蔓延速度较快、感染国不断增加，各国对全球疫情态势产生悲观预期，进而影响到对经济前景的担忧，而这些不确定性、风险、担忧和恐慌终究会集中反映在全球的金融市场，并会埋下全球金融危机的隐患。

除了全球股市的集体下跌，全球金融市场的动荡还体现在期货市场，最近国际市场原油期货连续下跌，最新价格已经达到 2019 年以来最低点，中国期货市场的能化品跌幅均有较大程度下跌，沥青期货主力跌近 5％，燃油期货主力逾 4％。另外，全球风险资产大跌，十年美债到期收益率降至 1.13％，创下 2016 年以来的新低。

面临全球疫情蔓延的悲观预期和担忧，以及受到其他股市未来持续下跌的影响，A 股此前的反弹或许只是昙花一现，可持续性有待市场检验。

也有经济学家表示，疫情在全球的蔓延将通过对全球供应链的冲击引发全球经济衰退，不排除其带来的负面影响超越 2008 年的全球金融危机；美国银行经济学家的报告调低了对 2020 年全球经济增速的预期，由此前预测的 3.1％调整为 2.8％，而这一水平将是 2009 年以来的最低。

三、应积极应对潜在冲击，深入挖掘发展机遇

经济全球化的背景下，海外疫情扩散对我国经济的影响在所难免。为了

更好地应对疫情，必须加强信息和经验分享和防控合作，尽可能在最短时间内抑制疫情蔓延。同时，半导体、电气设备、化工、机械设备、汽车等潜在影响较大的领域，应及早建立后备方案，加强国际协同，联手应对冲击，降低供应链断裂风险。

当然，危与机永远并存，围绕汽车、半导体、机械设备等行业核心零部件，应顺势推动技术升级和加强国产替代，增强本土产业链和供应链的配套能力。同时，针对海外疫情升级可能引发的显示面板、存储器等领域的全球性供应紧张，应支持国产厂商开辟国际市场，扩大市场份额。

作者：张铠斌、虞阳等

参考文献：

① 任翔、贺华玲：《日本震后成都闪存产品全线上涨　日系家电维持原价》，四川新闻网，2011 年 3 月，http://scnews.newssc.org/system/2011/03/16/013103580.shtml。

② 国泰君安宏观团队：《日本疫情加剧后，国内产业链的“最大风险清单”》，国泰君安证券官网，2020 年 2 月，https://www.gtja.com/content/research/marcoeco/zt_200225.html。

③ 国家统计局：《2020 中国统计年鉴》，中国统计出版社 2020 年版。

疫情中的新消费:如何走得更远?

2019 年年底爆发的新冠肺炎疫情带动了线上消费的爆发式增长,催生了消费的新业态新模式,网络外卖、生鲜电商、在线教育、在线文娱、直播营销、线上云游、无接触配送、线下 mini 店、在线医疗得到快速发展,掀起了一场新商业革命的序幕。

新消费,可以理解为是此前"新零售"的升级版,所谓"新",一是原有平台消费领域的拓展,比如很多高端餐饮、实体书店、旅游等线下为主的消费形式改为线上消费;二是平台营销方式和物流手段的变化,比如直播带货、无接触配送;三是社区商业,"最后一公里"消费服务中出现的新业态,比如线下 mini 店。

新消费是当下热度非常高的"风口",但新消费还需要理性思考,找到痛点和问题,才能够走得更远,持久地促进消费增长和消费升级。

一、 新消费:"风口"中的隐忧和短板

新消费尽管风生水起,也被各界寄予厚望,但理性分析来看,新消费还面临着一些问题和短板。主要表现在:

一是对于网络平台新的营销手段缺乏有效的监管。网络购物平台管理能力有待提升,平台环节外包相当普遍,产品在采购、仓储、物流、分销、送货、售后等环节易呈现监管真空。平台忌惮头部商家的市场势力,带货直播门槛较低,良莠不齐,对高关注度的商家及品牌推介人(主播等)所宣传推广的产品质量问题,偶有采取容忍、放任、合谋方式,如快手某"一姐"卖假货仅被封禁两天。

根据中国消费者协会发布的《直播电商购物消费者满意度在线调查报告》显示,有 37.3%的受访消费者在直播购物中遇到过消费问题,其中 20.7%的消费者认为直播电商购物中假货太多。

二是新晋线上消费的体验度还不够。新消费多数类型为线上消费,各种美化技术的加入以及产品推介人的夸大宣传,使得消费者很难真实感受到产品真实状况。此外疫情期间产生的“云游”等旅游观光方式,只是能满足消费者的猎奇心理,并不能真正满足消费者的体验需要。

三是流量增长与“实惠”不足往往并存。尽管新消费众彩纷呈,但其盈利模式隐忧仍不可忽视。一方面,新消费模式特别是直播销售虽然带来企业产品销量的增加,但产品利润被平台、MCN机构(培养网红的中介公司)、主播等参与方分走相当大一部分,商家甚至陷入“卖得越多,赚得越少”的怪圈。平台仍处于加速分化阶段,盈利模式仍不清晰,淘宝直播、快手、抖音、斗鱼、虎牙、小红书等一众平台,纷纷加大扩张速度,融资量不断上涨,各方“狠斗”导致平台经营成本不断上升,社会资源被浪费。主播头部效应明显,大部分主播很难通过“带货”盈利,难以形成产业发展的良性循环。新消费往往对价格敏感,消费驱动力较为单一,根据中消协报告,影响直播购物的首要因素是商品性价比高,占比近六成,日后直播平台竞争格局稳定,放弃价格策略,很可能会导致大量消费者放弃这种消费方式。

四是数据资产维权成为新消费的又一大痛点。网络消费一直存在维权问题,消费者对维权缺乏信心,从中国消费者协会的《直播电商购物消费者满意度在线调查报告》来看,有37.3%的消费者在直播购物中遇到过消费问题,有23.7%的消费者遇到问题并没有投诉。对遇到问题未投诉的消费者进一步调查后发现,近半数消费者认为“损失比较小,就算了”(46.6%);18.1%的消费者反映投诉处理流程可能会比较复杂或花时间,得不偿失;也有不少消费者认为投诉无用。同时,消费者维权法律保障还不足。另外,当数据成为一种新的资产的时候,消费维权又增加了消费者数据资产维权的新问题,那就是平台、APP、直播等各种业态方式叠加,消费者的个人信息和线上活动产生的各类数据更加透明化,进一步增加了网络消费维权的难度。

五是网红方式更易引发冲动消费,并影响商家品牌打造。根据相关心理学研究网络消费更能激发“格林效应”从而诱发冲动消费,而冲动消费影响消费体验,严重可导致个人乃至家庭的经济紧张和自责心态,甚至造成心理健康问题。根据中国消费者协会发布的《直播电商购物消费者满意度在线调查报告》显示,有超过四成的线上消费者认为自己存在冲动消费。同时,商家发现,网红对销量的带动作用高于产品本身质量及品牌等因素,使得商家对产品品牌塑造缺乏动力,转而更加依赖于网红引流。

二、新消费未来趋势判断与建议

一是要更深度地促进线上与线下融合。线上消费的强化是不可逆转的大趋势。但不同领域也有分化,疫情缓和后,网络外卖需求会出现下降,之前高档餐饮在线下恢复后仍会保留线上外卖,但也会平衡线下配送成本;直播营销后续能否持续保持热度取决于销售产品质量;线上云游在疫情恢复后将回归线下体验,但线上可以作为一种营销和展示手段得以保留;无接触配送在社区智能柜的布局方面仍将保持一定量的需求。

二是增强消费体验和盈利模式是未来平台制胜的核心,而各细分领域的平台均将走向寡头垄断。无论是网络外卖、生鲜电商、直播营销,最终被消费者接受并产生对平台的信任,还是要靠好的消费体验,要对主播的专业性、职业操守以及商品质量给予承诺和保障。同时,平台通过流量融资持续扩张的路径,从根本上说蕴含着风险,谁率先找到盈利模式实现盈利,谁更有可能在未来的竞争中获胜。平台的竞争具有赢家通吃的特点,最终会走向 2—3 家的寡头垄断。

三是新技术将持续应用到新消费之中,将持续改变消费者的消费习惯。未来为进一步增强消费体验和真实感,VR、AR、人工智能等技术将进一步融合到消费场景展示、消费者信息识别、消费者需求识别、消费者行为分析等各个领域,平台也要进一步走向"智能化",如实现外卖点单"一键式"服务、根据消费者消费记录给予精准推送、消费习惯倾向提醒等,进一步培育智能消费。

四是新消费的持久离不开消费环境的持续净化和消费维权的不断完善。一方面,线上服务平台要充分发挥大数据监测的重要作用,对于商品质量或服务得到投诉的商家频次,通过罚款、降低商户星级等方式加大惩罚;加大信息公开,联合消费者行业协会,开展优质商家、可信赖商家的评选。另一方面,要降低消费者维权成本,简化投诉流程,加大消费损失补偿。

作者:丁国杰、任柯柯、张舒恺、许倩茹

参考文献:

① 中国消费者协会:《直播电商购物消费者满意度在线调查报告》,中消协官网,2020年3月2日,http://www.cca.org.cn/jmxf/detail/29533.html。

② 蔡沛婧:《"直播+"模式下电商发展的对策研究》,《电子商务》2020年第2期。

③ 张程:《直播"带货"监管需跟上》,《检察风云》2020年第3期。

④ 苏鸣立:《网红经济概念掀涨停潮　直播带货能走多远》,《计算机与网络》2020年第46期。

疫情背景下对我国完善应急管理体系的十点建议

2019年年底首先爆发于武汉的新型冠状病毒感染的肺炎（简称"新冠肺炎"），是继2003年SARS后又一场影响全球的重大传染性疾病。疫情爆发后，尤其是2020年1月20日以来，中央和地方各级政府采取了果断、强力、周密的防疫措施，对疫情控制起到了决定性作用，世界卫生组织总干事谭德塞称赞中国政府采取了"非常非常强有力的措施"。但同时，由于我国人口众多、流动性大等特殊背景，疫情防控的复杂性和难度大大增加，对现有应急体系提出了新的考验，也暴露出了一些值得反思的问题。2020年2月3日，中央政治局会议明确提出："要针对这次疫情应对中暴露出来的短板和不足，健全国家应急管理体系，提高处理急难险重任务能力。"我们认为，在疫情防控的同时，应及时总结经验和教训，加快优化完善国家应急管理体系，初步考虑从事前、事中、事后三个阶段提出以下10条建议，以供参考。

一、未雨绸缪，事前加强疫情预防监测预警

（一）严控源头

从2003年的SARS、2005年的禽流感、2009年的甲型H1N1流感、2013年的H7N9到2014年西非埃博拉病毒，这些传染病的共性特点，就是病毒的动物源性。科学统计显示，70%以上的新发传染病来自野生动物。①而这次新冠疫情的源头，也很有可能是动物。近期有19名院士学者公开联名呼吁，全国人大紧急修订《中华人民共和国野生动物保护法》，加大野生动物非法利用处罚力度，把非法消费纳入管理和处罚范围，杜绝野生动物非法交易和食用。我们也建议各地政府加强市场监管，通过工商、农林、食药监等多部门协同，严

① 资料来自2020年2月湖北省新冠肺炎疫情防控指挥部召开的第19场新闻发布会。

厉查处野生动物交易、消费等行为，加大对销售主体以及相关市场管理方的惩处力度，从源头抑制传染病散播。

(二) 加强预警

2003 年 SARS 疫情后，国家疾控中心建立了一套覆盖所有医院乃至基层卫生中心的全国疾病预防控制信息系统，并设置了针对不明原因肺炎 PUE 的直报机制。PUE 直报的触发需满足一定的条件，病例通过报告进入疾控信息系统，有赖于首诊医生的医学判断。2019 年 12 月 29 日湖北中西医结合医院呼吸内科主任张继先发现异常并向院方报告，12 月 31 日国家卫健委派出专家组，应该说体现了疾控预警系统的高效率。遗憾的是，直到 2020 年 1 月 20 日国务院派出高级别专家组再次赴汉，钟南山院士给出"有 14 个医务人员被感染，存在人传人情况"的结论，才真正在全国层面拉响疫情警报。根据全国确诊新冠肺炎病例统计数据，新增确诊人数大规模增长出现在 1 月 23 日前后，按照中国疾控中心专家关于病毒潜伏期约为 10 天(最长 14 天)的说法①，较大规模人群感染应该出现在 1 月 10 日前后。不管出于何种原因导致人传人的疫情信息公布不及时，这都使得疫情控制错失了黄金期。为此，建议国家进一步健全分级分类的传染病疫情信息公布制度，积极运用大数据和人工智能手段完善疫情监测防控系统，整合病例上报、接触者排查、手机信令、交通数据和社交信息等大数据，实现疫情防控的早识别、早预警和早处置。

(三) 灾备系统

除了北京在抗击 SARS 时期建设的小汤山医院，以及当前武汉为抗击新冠肺炎按照"小汤山"模式建设的火神山、雷神山两座医院，国内其他超大城市都还没有专门配备用于传染病危机处理的备用系统。时任北京市昌平区小汤山镇副镇长刘长永曾撰文称，小汤山医院高速运转 51 天，收治了全国七分之一的"非典"病人，且病死率世界最低、医院零投诉、医护人员零感染。原全国青联常委、原国家科委研究中心研究员武欣认为，类似武汉等超大城市，都应该建一所"小汤山医院"，作为永久性的城市传染病危机处理的备用系统，"哪怕疫病是二十年、三十年一遇"。

① 资料来自国家卫生健康委员会。

二、多元参与，事中形成抗击疫情强大合力

(一) 形成多部门联防联动合力

中共中央政治局常务委员会会议指出:“疫情防控不只是医药卫生问题，而是全方位的工作，各项工作都要为打赢疫情防控阻击战提供支持。”财政部、国家卫健委要求加强基层疫情防控经费保障，国家发改委下达中央预算内投资支持湖北做好疫情应对工作，交通部要求全面暂停省际客运班线，邮政局要求规范有序做好疫情防控物资运输服务，海关总署要求全力做好疫情防控物资快速通关工作。据不完全统计，截至 2020 年 2 月 4 日，国家卫健委、29 个省(自治区、直辖市)、部队医院等，共派出 70 支医疗队、8329 名医疗队员，支援湖北省疫情防控工作。各地政府积极协调口罩、防护衣、护目镜、检测仪以及试剂等防疫物资生产企业不停产或提前复工，防疫急需物资纷纷从全国各地运抵武汉。为此，建议各地面对疫情等紧急状况，要充分发挥好应急管理部门的统筹协调作用，加快建设统一的应急管理信息平台，强化与卫生健康、粮食和物资储备、交通运输、工信、发改、财政等部门的协调沟通，通过上下联动、横向协同、跨区调配，形成高效联动的整体合力。

(二) 建立应急物资采购管理体系

尽管年前就有多地政府已经意识到防疫物资供应问题，企业加班加点赶工等案例也屡见不鲜，但在此次疫情攻坚战中，口罩、防护服、护目镜、检测仪以及试剂等防疫物资非常短缺，多地甚至出现一线医务人员防疫物资短缺现象。当前我国应急物资采购面临着法律依据不足、采购方式无所适从、供应商数据库缺失、响应速度难以满足疫情需要等问题。专家建议，建立应对重大疫情和灾害的紧急采购制度，解决好特殊时期采购的援助性、强制性、市场性及补偿性“四性”兼顾问题;财政部门出台应急物资、服务的采购管理规定，以解决预算、采购方式、结算等问题;充分发挥网上询价方式的效率优势，将“互联网 + 供应链”上升为政府采购的主要方式;对重要物资可考虑实行政府统一管理、分配，果断的发挥政府有形之手的作用。

(三) 加强“互联网 + ”技术应用

通过微信、微博等各类 APP 平台，实时发布确诊病例、疑似病例情况，医

疗救援人员和物资调度情况，抗病疫苗和药物研发进展情况，一线疫情防控进展情况等，有利于群众了解疫情进展、减少恐慌情绪。当然在疫情发展过程中，我们也看到部分自媒体为了搏眼球或出于其他目的，恶意造谣或传播不实消息，将舆论方向带偏，对民众情绪和社会稳定造成了负面影响，这也是不容忽视的问题。当然，互联网在本次疫情中发挥的更多是积极作用，主要体现在互联网+医疗、教育、物流、办公等应用，如火神山医院开通远程会诊平台，微医互联网总医院开通抗击新冠肺炎实时救助平台，阿里健康增开手机淘宝的义诊咨询入口，学而思网校和学大教育等宣布面向全国中小学生提供免费线上直播课，京东物流的配送机器人被派上“前线”，疫情期间在家通过互联网办公、开视频会议开启了办公新模式等。正所谓危中有机，2003年 SARS 疫情期间，尽管实体经济受到损失，但电子商务乘势而起。新冠肺炎疫情期间，对互联网+、人工智能等消费习惯的培育可能也是一次重要的契机。一方面，可以充分发挥信息基础设施的“硬件”作用，为抗击疫情提供多样化服务；另一方面，发挥互联网的社会服务功能和心理抚慰作用，在医疗物资流通、信息流通查询、在线问诊咨询、保证民生生活的便利等方面提供有力支撑。

（四）动员社会力量有序参与

近年来，国内发生的多次重大灾情事件中，我们都可以看到社会力量尤其是民间组织的身影。习近平总书记农历正月初一主持召开中共中央政治局常务委员会会议时强调，要“加强社会力量组织动员”。在突发传染病疫情期间，常态下准备的医疗资源、公共管理人员等都凸显不足，需要通过社会参与在短时间内获得大量的人力、物资的补充。我们可以看到，疫情爆发后，很多企业、基金会乃至个人都纷纷向武汉等灾情严重地区捐赠或运送物资，通过社会力量从境外采购医疗物资的案例也不在少数，极大缓解了前线物资短缺等问题。此外，本次疫情也再次暴露部分官方救助机构的问题，如网络上针对湖北省、武汉市等红十字会捐赠物资分配不公、捐赠物品积压、分发效率不高等质疑声不断。为此，一方面，建议加快推动红十字会等官方救助机构进行必要的体制机制改革，从完善管理制度、建立公开透明的财务管理机制、完善独立公正的社会监督等方面着手，重塑其公信力；另一方面，建议积极鼓励民间公益的创新实践，组建种类齐全的专业化应急志愿者和志愿服务组织，定期开展培训、演练，提升应急志愿服务能力和专业化水平，实现各种公益慈善实践形式的多元互补与和谐共生。

三、以史为鉴，事后完善疫情防控长效机制

（一）后疫情时期中小企业帮扶机制

疫情影响的不仅是身心健康，还有国计民生，因此控制疫情和恢复生产要两手抓，而且两手都要硬。2020 年 2 月 2 日召开的中央应对新型冠状病毒感染肺炎疫情工作领导小组会议和 2 月 3 日召开的中央政治局常委会都强调了企业复工复产问题。习近平总书记专门指出："要在做好防控工作的前提下，全力支持和组织推动各类生产企业复工复产，要加大金融支持力度，加大企业复产用工保障力度，用好用足援企稳岗政策，加大新投资项目开工力度，积极推进在建项目。"此后，从中央到地方各级政府纷纷密集推出包括金融、税收、就业等一整套的灾后重建政策"工具箱"，这些政策将为企业复工复产起到重要的助推和保驾护航作用。

（二）建立突发传染病防控操作指南

地方政府应对突发性传染病的防控，仅有法律法规层面相对宏观和粗线条的要求是不够的，细节决定成败，在经历了 SARS、新冠肺炎两场重大疫情后，理应总结一套应对重大突发传染病的应对机制和操作指南。在确诊首例患者且明确大概率为高度传染病后，除了按规定向上级政府报告，还需明确地方政府第一时间应该采取哪些必要措施，如对患者接触人群进行排查（包括跨省市通报），对交通枢纽加强防控措施，要求医疗系统人员升级防护，取消当地大规模集会活动等。

（三）加强应对突发疫情的教育宣传

国民对传染病的认知水平还比较低，当疫情出现扩散、政府采取较为严厉的管控措施时，表现出过分恐慌和无知无畏等两种极端行为的人不在少数，如因恐慌逃离疫情重灾区，很多携带者往往成为新的传播源，还有因恐慌囤积物资、听信谣言等，因无知而不采取适当防护措施者，也使得被传染的几率增加，这些行为都给疫情控制增加了难度。建议各级政府加强传染病防控宣传教育，从幼儿园、中小学、大学、社区、企事业单位等多个方面入手，对传染病的发

病机理、传播途径、防控措施等进行教育宣传，提升国民应对各类传染病的综合素质。

作者：芮晔平、朱加乐、蒋英杰、刘梦琳

参考文献：

① 肖文杰、许冰清、陈锐：《疾控中心无辜吗？》，第一财经网，https://www.yicai.com/news/100485171.html，2020 年 2 月 1 日。

② 俞琴：《专家建言：超大都会都应该建“小汤山医院》，财经杂志，2020 年 1 月 27 日，https://m.hexun.com/news/2020-01-27/200107339.html。

③《专家呼吁亟需建立国家应急物资采购管理体系和配套制度》，中国物流与采购联合会官网，2020 年 2 月 6 日，http://www.chinawuliu.com.cn/lhhzq/202002/06/491340.shtml。

④ 郭艳慧：《抗击疫情，互联网可以发挥更大作用》，搜狐网，https://www.sohu.com/a/370257509_118900，2020 年 2 月 3 日。

民生服务如何疫后新生(一):疫情中上海中小学线上教育的反思与未来

一、现状:疫情之下,上海有条不紊开启“云上课”模式

由于教育行业人群集聚的特殊性,新冠病毒疫情发生后,各地学校尤其是中小学面临极大的开学开课压力,社会教育培训机构也受到极大冲击,线下教育全线暂停。另一方面,线上教育则出现爆发性增长:国家和各级政府紧急推出在线授课系统,学校和老师也纷纷开始自发寻求直播平台的帮助,开启“云上课”模式;而那些原本就有线上授课平台的社会教育培训机构,也积极响应国家号召,免费开放多类网课,以此保障受疫情影响而延期开学的考生的学习复习进度。

2020 年 1 月 29 日,教育部有关负责人在接受采访时表示,鼓励各地教育部门和学校整合网络教育资源,积极利用网络平台,向学生提供线上课程,力争做到“停课不停教、不停学”。在此背景下,2 月 18 日,上海市政府举行新闻发布会,宣布自 3 月份起,全市大中小学开展在线教育(中小学在线教育从 3 月 2 日起开始),学生不到校。虽然相对于 2 月 10 日甚至 2 月初很多地方就开始的“网课首日”来说,上海市政府的这一决定并不算最早的,但可以称得上是最稳的。一则上海原本的开学日期就是 2 月 17 日,之后又按照要求统一延长了寒假;二则此次上海并没有选择任何视频平台,也没有让老师们自己去当“网红”主播,而是在市教委的领导下,统一安排全市各学段、各学科 1 000 多名优秀骨干教师,按课程标准录制教学视频,并采取电视播放的方式向同学们提供在线课程,主要是通过东方有线和交互式网络电视(IPTV)以及相关网络播放平台上课,无法收看电视的学生可通过电脑、平板、手机等多种终端听课。

2 月 25 日上午 8:20—9:00,上海中小学在线教育首节试播课《中小学生防疫公开课》开播。在上海市教委、市通信管理局、文广集团等相关单位的有

效协同下和各区教育局、相关企业等的大力支持下,此次首节试播课顺利运行,同时也为3月2日起的全市中小学在线教育积累了宝贵经验。

《中小学生防疫公开课》分为两个部分,第一部分为观看录播视频,约20分钟;第二部分为师生在本校选定的平台上进行15至20分钟的互动交流。录制课程播出期间,全市中小学生按照要求坐在电视机前收看网课,并认真学习;课程播放结束后,各个学校组织老师和学生展开"云班会",运用知识竞赛、问卷统计等形式对同学们的学习情况进行检查和反馈。通过这节公开课体验,无论是学校、老师,还是学生和家长们,都为即将到来的网课学习积累了不少实战经验,做好了充分的准备。

二、 反思:线上教育常态化发展,支撑体系仍有待完善

在网络课程的准备过程中,市教委也强调,其提供的是托底方案,各区教育局和学校如果有更好的信息化教学条件和课程资源,也可以自主选择。同时,随着上海市教育系统逐渐从线下教育向线上教育切换,一些突出问题也暴露出来:

(一) 平台不统一,上课效果打折扣

上海市尚未搭建统一的线上教育平台,本次只能采用有线电视播放的单向传输方式。严格来说,这种通过有线电视播放的方式并不是真正的在线教育,因为虽然可以通过多种终端收看、下载课程,但学生无法与教师进行实时线上互动。根据上海市教委的说法,学生在听课结束后,可以通过多种信息平台与本校老师进行互动交流。这也就是说,老师在讲课时是对着摄像机在讲,无法根据学生的接受情况来及时调整自己的讲课速度;另一方面,学生在听课过程中遇到问题,也需要先自行记录,过后再统一向老师询问。这种单向灌输的上课方式对于中小学阶段来说,学习效果不会太好。

此外,由于缺乏统一的线上教育平台,目前全市很多中小学老师只能各自使用不同的在线播放平台和学生们进行交流学习,比如"小黑板""空中课堂"等。但由于市场上各类播放平台使用规则不同,师生和家长们不能熟练使用软件,直播时经常会出现没声音、画面卡顿等现象,大大降低了上课学习的"仪式感"。这些问题的出现突出反映了加快搭建全市统一中小学线上教育平台的重要性。

(二) 容量不够用，高峰时段难支撑

据多数学生家长反映，目前相关教育信息平台容量不足，难以支撑瞬时高流量访问，平台数量多也增加了家长负担。正如前面提到的，考虑到单向输出的教育效果有限，上海市教委也明确提出，听课后学生可通过多种信息平台，与本校教师进行互动交流。同时，上海市教委也快速推出了"上海微课平台"，有些学校也通过"绿蜻蜓云校园"等方式布置和检查作业。但由于瞬时访问量太大，有些信息平台出现家长无法登陆、登陆后信息无法上传等情况；同时，由于缺乏整合，需要登陆和关注的各类教育信息平台较多，导致家长负担较重。

其实，即使是市场上成熟的商业类在线播放平台，面对疫情期间如此集中的大规模访问使用量，也会感到压力重重。据了解，在刚刚过去寒假期间，学习通、爱奇艺等知名网络播放软件均因为访问量过大出现故障而登上微博热搜。由此可见，加强网络平台基础建设，扩大平台承载量，保障平台运行的平稳也是当前发展线上教育的重要任务之一。

(三) 商业机构+学校的合作模式仍有待商榷

在此次疫情期间，多家市场化机构对学校线上教育给予大力支持，但这种方式缺乏可持续性。比如，在 2020 年 1 月 29 日教育部发文呼吁尽快搭建"空中课堂"后，阿里巴巴率先响应发起"在家上课"计划，推出"钉钉未来校园"，并将钉钉"在线课堂"功能免费向全国大中小学开放。目前全国超过 200 000 所学校，1 200 万学生已经通过钉钉在家上课。而后"腾讯教育"也向全国免费开放了"空中课堂"的业务；腾讯教育还集结多个合作伙伴的力量，成立"不停学"联盟，为全国各地大中小学的学生们提供在线直播课堂、在线课程，并于疫情期间全部免费开放。相关数据显示，疫情期间腾讯教育为全国 20 多个省市数万所学校搭建了在线课堂，目前已有百万教师使用腾讯教育在线课堂助力数千万学生"不停学"。

但是，这种模式也存在一定弊端。一方面阿里、腾讯、网易等互联网商业机构没有责任和义务长期免费为学校提供线上教育解决方案；另一方面，公立学校的教育资源和信息也不能随便交由商业机构负责。因此，"商业机构提供平台和技术支持、学校提供师资和课程"这种合作模式，在面对疫情这类突发性公共事件时，可以在短期内快速缓解学生上课压力，但在长期如何持续，如何将商业机构和学校资源有机结合，仍是一个值得思考的问题。

三、 未来: 全面开启上海互联网教育新时代

线下教育和线上教育相结合是未来教育的方向,尤其是随着5G技术的普及应用,原来线上教育的视频信息传输慢等瓶颈问题将被突破,加上本次疫情对线上教育需求的巨大推升,将推动线上教育模式加速发展,上海应该在其中起引领作用。

(一) 搭平台

建议加快搭建上海市中小学生线上教育系统、研究建立长三角中小学线上教育系统。虽然,对于广大中小学来说,疫情过后线下教育仍然是主要教育模式,但搭建全市统一的线上教育平台仍然是很有必要的。一方面,线上平台可以为线下教育做补充和应急,另一方面,也可以邀请知名教育专家和优秀教师提供线上课业指导和支持,以此提升师资薄弱学校和地区的教育水平。

此次疫情中,上海市采取的通过有线电视统一录播课程方式,在一定程度上免去了网速慢的困扰,并且普及性较强,家家户户都可以收看,大大展现了国有公共传播载体的优势和不可或缺性,也就是兜底属性。因此,在之后线上教育的发展过程中,政府应承担起主导角色,积极建设和完善中小学生线上教育系统;最好是能够搭建一个网络平台,定期上传优质课程和学习资源,以便教育资源薄弱地区的学生学习和使用。

与此同时,在长三角一体化发展中,优质教育资源的共享和教育一体化是一个重要方面。可以结合上海市中小学生线上教育系统的建设,同步研究建立覆盖长三角城市的长三角中小学线上教育系统,将各城市优质教育资源进行线上共享,全面提升师资薄弱城市的教育水平,同时也为下一步长三角教育一体化提供基础支撑。

(二) 做辅导

建议做好线上教育的相关辅导工作,并在上海各类教育体系中全面支持鼓励线上教育发展,积极推动智慧课堂、智慧校园建设。当前教育重点工作是落实好线上教育,减少疫情对教学的影响,争取不让一个孩子落下。尽管在线教育培训已经发展得比较成熟,但是统一开展义务教育在线授课,在上海乃至全国都还是首次。因此,部分学生、家长和老师对在线教育模式的适应和接受

能力可能还存在问题，对学什么、怎么学都还摸不清门路。因此，建议在之后发展线上教育的过程中，教育部门和学校要发挥好辅导、督促等作用，安排老师和学生学习使用在线教学系统。同时要牢记，开展线上教育不等于把学习监督的职责和压力完全转嫁到家长身上，老师仍然是学校义务教育的领导者和主要负责人。据了解，上海市卢湾中学早在2020年2月初就专门对教师和学生进行了在线教学和在线学习相关信息技术能力的培训。这一措施值得其他学校认真学习。

除了直接发展中小学线上教育系统之外，还可以通过一些间接方式尽快提高在线教育在大众心中的接受度。比如，在上海其他各类教育系统中全面支持鼓励线上教育发展。目前，上海经济师系列职称培训中，线上教育比例已经大幅增加，大大减轻了培训者必须利用周末时间到现场听课的负担，效果非常好。建议之后各条线的职业培训、职称培训以及社区里的终身培训等，都可以考虑逐步提升线上教育水平和比例，带动上海加快智慧城市建设。

(三) 促发展

建议大力培育"互联网＋教育"新兴业态，牢牢把握数字经济机遇。随着二胎政策全面开放，80、90后父母教育意识加强，以及人工智能技术的不断提高，我国在线教育市场需求正在逐步扩大。目前，我国在线教育市场有近2 000亿元规模，而且每年还在快速增长，如果算上智能教育设备与装备，整个行业规模将超过万亿元。根据艾媒咨询的预测，2020年中国在线教育用户规模将达2.96亿人，市场规模将达4 330亿元。

上海作为国内一流的创新城市，更应该牢牢把握这一机遇，大力培育互联网教育这一新兴行业。一方面，建议积极引进相关龙头企业(如阿里、腾讯、网易等)和创新企业，重点打造线上教育后台基地、智能教育装备生产基地、智慧校园应用示范基地。另一方面，建议加快布局以5G为引领的新一代互联网基础设施，为线上教育等互联网新兴产业发展营造良好的支撑环境。

作者：杨宏伟、刘梦琳

参考文献：

①《教育部：利用网络平台，"停课不停学"》，中国教育新闻网，2020年1月29日，http://www.moe.gov.cn/jyb_xwfb/gzdt_gzdt/s5987/202001/t20200129_416993.html。

②《3 月起,上海大中小学开展在线教育,学生不到校》,新京报,2020 年 2 月 18 日,http://baijiahao.baidu.com/s?id=1658862624798619808&wfr=spider&for=pc。

③《阿里发起“在家上课”计划　全国上万所学校启用钉钉直播》,浙江日报,2020 年 1 月 31 日,http://baijiahao.baidu.com/s?id=1657213348913503139&wfr=spider&for=pc。

④ 李楠:《疫情期间,腾讯教育在线教学整体解决方案免费开放》,新浪科技,2020 年 2 月 3 日,http://baijiahao.baidu.com/s?id=1657506923301800100&wfr=spider&for=pc。

⑤《2018 中国在线教育行业白皮书》,艾媒咨询,2018 年 12 月 3 日。

民生服务如何疫后新生(二):“互联网+医疗服务”风口中上海如何找准突破口

新冠肺炎疫情发生以来,我国城市医疗卫生体系承受巨大压力。受疫情恐慌影响,加上外出限制和居家隔离的需要,互联网医疗服务突然“火了”,成为疫情当中逆势爆发的“明星”。经此一“疫”,公众对互联网医疗的接受度大大提升,各级政府在政策上也将更加重视和支持互联网医疗行业发展。上海作为国内高端医疗重要集聚地,应当找准突破口,积极应用互联网技术健全医疗卫生公共服务体系,力争在“互联网+医疗服务”行业发展方面继续走在全国前列。

一、疫情防控中“互联网+医疗服务”逆势爆发

在本次疫情防控过程中,各地积极搭建互联网医疗平台,通过“智慧医疗”“远程会诊”提供线上诊疗咨询服务,对有效缓解医院救治压力发挥了重要作用。近期,国家卫健委也先后发布了《关于在疫情防控中做好互联网诊疗咨询服务工作的通知》《关于推进新冠肺炎疫情防控期间开展“互联网+”医保服务的指导意见》,要求各地充分发挥“互联网+”独特优势,拓展线上医疗服务空间。具体的创新应用体现在以下几个方面:

(一) 5G技术助力远程医疗

远程医疗诊断对网络的稳定性和传输率要求较高,目前也只有5G网络能够支持4K/8K的远程高清会诊和医学影像数据的高速传输与共享。在5G商用的加持下,远程医疗诊断在此次疫情防控中大放异彩,摆脱传统时间和空间上的限制,在一定程度上实现医疗资源的共享,缩小各地在防疫期间医疗水平的差异,同时也减少新冠肺炎感染者在转诊、巡诊等过程中产生的交叉感染。

例如,在武汉火神山、雷神山医院“闪电”建成投用的同时,由华为以及三

大运营商提供技术支撑的“远程会诊平台”同步投入使用。在高速率、大带宽、低时延的5G网络支撑下,HIS(医院信息系统)和PACS(医学影像存档与通信系统)里的海量数据,在上海、北京、广州和武汉之间高速传递、交互,实现异地医疗专家通过高清视频分享医学影像档案,集全国专家之力共同应对新冠肺炎。

(二) 在线问诊缓解线下压力

面对传染性极强、表现症状复杂的新型冠状肺炎,各地为减少门诊交叉感染风险,在第一时间依托百度、微信、支付宝等国民级应用纷纷上线在线咨询平台,如“北京市新型冠状病毒感染的肺炎线上医生咨询平台”“上海市发热咨询平台”等,这些平台往往带有很强的应急性质,针对性强。综观这些在线咨询平台,主要在防疫过程中实现三方面功能,第一是信息及时发布功能,如新增确诊病例、确诊病患活动路径、公共交通情况等;第二是科普防疫功能,如新冠肺炎基本知识、防治措施、就诊信息等;第三是在线咨询功能,主要包括医疗问诊和心理干预两大内容。以百度为例,疫情期间,用户通过百度搜索,浏览新型冠状病毒肺炎相关信息日均超10亿人次,每天超过5 000万人查看“抗击肺炎”频道,百度健康“问医生”单日咨询量超过85万人次。

(三) 互联网医院开辟“空中战场”

与在线咨询平台不同,互联网医院平台能够集成在线复诊、远程会诊、开电子处方等多种服务。以浙江省互联网医院平台为例,该平台于2019年1月正式上线,作为全省统一的互联网医院服务入口,开通当年目标是实现50家以上医疗机构入驻或接入。疫情爆发后,浙江省立即在该平台上接入新冠肺炎义诊通道,充分运用原有平台有效对接全省医疗资源,用户可以在平台上使用在线咨询、在线导诊、检查检验报告网上读取、预约检查、家庭医生网上签约、智能缴费、药品配送等服务。据统计,目前该平台已有近400家医院接入,4万多名医师备案开展互联网诊疗服务,由于该平台引导普通患者进行线上咨询问诊使得全省发热门诊从每日最高3万人降低至9 000人。

(四) 互联网医疗企业借势发力

以微医、春雨、丁香园为代表的市场化互联网医疗服务平台也成为在线医疗体系中的重要组成部分,这类企业在此次疫情防治过程中显现出极高的效率和市场敏感性。例如，丁香园在第一时间上线实时疫情地图，同步在学习强国、健康中国等国家级平台公布，确保信息的准确及时，极大程度缓解大众焦虑情绪。

同时，平安好医生、阿里健康、微医、好大夫在线、春雨医生等互联网医疗企业也在第一时间联合其他互联网公司、基金会、保险公司等开展 24 小时线上免费义诊咨询服务。以平安好医生为例，据统计，疫情期间其平台累计访问人次达 11.1 亿，APP 新注册用户量增长 10 倍，APP 新增用户日均问诊量是平时的 9 倍。

二、风口之中“互联网+ 医疗服务”仍需直面痛点

长久以来不温不火的“互联网 + 医疗”行业受到疫情影响再次火热起来，无论是从建立用户行为习惯，还是推动行业生态联动层面来说，此次疫情之于在线诊疗起到了助推作用。长远来看，互联网也必将切入整个医疗服务形态中，成为其不可或缺的一环。但就目前而言，认为“互联网 + 医疗”春天已来恐怕还为时尚早。特别互联网医疗与实体医疗机构在如何打通信息瓶颈、突破制度障碍，真正实现线上与线下资源共享、服务联通等方面还有很多工作要做。具体来看，我们认为目前互联网医疗仍有几个方面痛点需突破：

一是互联网咨询与分级诊疗的通道尚未有效打通。一直以来，我国医疗资源呈现“倒三角”配置结构，基层医疗水平有限，这导致高端医疗机构患者“人满为患”，基层医疗机构患者“门可罗雀”，已经推广了多年的分级诊疗体系并没有很好地发挥应有作用。在疫情初期，部分市民出于对新冠病毒的恐慌，身体一有风吹草动就去三甲医院就诊，医院人满为患导致部分感染患者和其他病患无法得到及时收治，而院内的交叉感染又进一步加速了病毒的传播。以武汉为例，据不完全统计医院的总床位数接近 10 万，虽然并不是所有床位都用来救治新冠肺炎，但在确诊病人不足 1 万人的时候，医疗防线就出现严重混乱，大量新冠肺炎病人无法收治隔离，滞留在社区，加剧了正常人与病人交叉感染。在这种情况下，浙江省通过互联网医院平台引导普通患者进行线上咨询问诊，降低发热门诊就诊人数的做法非常值得各地借鉴。

二是在线咨询向在线诊疗的业务拓展仍面临政策瓶颈。由于线下门诊资源稀缺和交叉感染风险大，居家隔离的疑似患者和非新冠肺炎患者的诊疗需求难以得到满足，导致在线问诊需求激增。但目前在线问诊主要还是起心理

疏导和科普作用,受在线诊疗技术等因素影响,鉴别诊断的准确性难以得到保证。同时,当前针对互联网医疗服务的相关法律法规尚不健全,一方面缺乏专门针对互联网医疗的管理办法,隐私泄露等信息安全问题未能解决,《中华人民共和国药品管理法》禁止网售处方药;另一方面互联网医疗还存在“执业痛点”,部分互联网医疗的商业模式处于法律灰色地带,从电子处方到完成购药的渠道尚不通畅。此外,当前互联网诊疗尚未正式纳入医保,只能自费,造成诸多不便。

三是互联网医疗向居家护理层面的渗透有待加强。当前,大部分医护资源都扑到了疫情防控上,部分困难家庭、独居老人、残疾人士等成为“盲区”,日常的上门护理服务和生活困难救助也面临较大难题,推广“互联网+护理服务”的迫切性进一步凸显。“家人被隔离,湖北17岁脑瘫儿独自在家6天后死亡”的新闻一度引起广泛关注,这虽然是个案,但也一定程度上暴露出居家护理的“盲区”。2019年2月,国家卫健委发布《关于开展“互联网+护理服务”试点工作的通知》及试点方案,明确在北京、天津、上海、江苏、浙江、广东等6地试点“互联网+护理服务”。但通知要求护士应当具备五年以上临床护理工作经验且要有护师以上职称才能从事“互联网+护理服务”。这将相当大一部分护士排除在了上门服务之外,而且符合条件的护士实际上已成为医院护理工作的中坚力量,其在医院尤其是三级医院工作本就繁忙,医院外护理服务供需之间存在较大矛盾。

四是互联网医疗在郊区和农村的应用还不够广泛。相对城市而言,农村在防控体系、防控资源乃至居民防控意识等方面都处于薄弱环节。在此次疫情防控过程中,农村地区一人感染、多人隔离的案例屡见不鲜。我国广阔的农村区公共卫生水平普遍偏低,疫情筛查、医学追踪、预检分诊和转诊等工作也暴露出诸多短板,同时病人感染后也面临不能及时救治问题。近年来,国家和地方层面在实施乡村振兴战略和健康扶贫工作中,也都将互联网医疗服务作为一项重要抓手。但远程医疗仅有网络还不够,没有服务网点和入网医院,远程医疗依然是一纸空谈。同时,如何调动大医院专家为农村远程医疗提供后端诊疗支撑,动员三级医院为远程医疗前端操作提供帮扶指导也需要更多的政策激励。

三、上海加快发展“互联网+医疗服务”的若干建议

上海是我国高级别医疗机构和优质卫生人力资源相对最为丰富和集中的

城市之一，卫生信息化建设水平较高，开展“互联网＋医疗服务”有着良好的基础。同时，上海正在加快建设亚洲医学中心城市，这也要求上海的医疗资源不仅要服务上海市，更要对长三角、全国产生辐射和服务作用。为此，上海在加快发展“互联网＋医疗服务”的过程中，一方面要积极发挥互联网企业等市场力量的作用，另一方面也要立足实际需求，从政府层面加快推动一系列平台建设，为“互联网＋医疗服务”营造良好的发展环境。

一是建设全市统一的互联网医院公共平台。总体来看，上海互联网医院数量依然较少，据公开信息仅 2019 年 8 月批准了一家互联网医院——商赢互联网医院，也尚未建立全市统一的互联网医院平台。而浙江省 2019 年 1 月上线了省级互联网医院平台，该平台由浙江省卫健委授权、阿里健康承建，为患者提供在线咨询、慢病网上复诊、家庭医师网上签约等服务。同时，通过数据接入，平台将对所有提供互联网诊疗服务的机构进行监管，浙江省也成为全国首个上线并全面应用医疗机构、医师、护士电子证照的省份。建议上海借鉴浙江经验，加快建立全市统一的互联网医院公共平台，实现“服务＋监管”一体化，一方面为入驻机构提供互联网医疗服务平台，另一方面对提供互联网诊疗服务的机构进行监管，更大范围内满足群众多层次的卫生健康服务需求。

二是建立智能高效的互联网护理服务平台。根据国家卫健委 2019 年通知要求，上海目前已在长宁、普陀、静安、浦东四个区开展“互联网＋护理服务”试点工作，全市有 1 家三级医院、37 家社区卫生服务中心、2 家社会办医疗机构加入试点。下一步，建议加快将“互联网＋护理服务”试点覆盖到全市，与互联网企业、移动运营商合作建设“互联网＋护理服务”平台，鼓励符合条件的医疗机构在平台上提供多层次护理服务，使居民在线完成评估、预约、出诊、结果评价等全流程服务，在家完成导管维护、各类注射、标本采集等护理服务项目，释放医疗护理资源下沉潜力。

三是完善覆盖广泛的家庭医生在线服务平台。此前，上海全市家庭医生签约居民已超 700 万人，常住居民签约率超过 30％，但在实践中，也面临着全科医生少、签约多履约少、群众感受度低、获得感满意度低等弊病。建议上海在全市层面建立基于社区、家庭医生的在线服务平台，围绕常见病和慢性病提供在线问诊、在线复诊、在线开方、药品配送服务，方便市民有序诊疗、便捷用药，更加有效地推广家庭就医新模式。同时，把社区病人管理和传染病、流行病的防控有效结合起来，通过家庭医生在线服务平台对患者和疑似患者进行分类分层的有效排查和分流，借助可穿戴设备、家庭视频设备，在疫情发生时用于隔离监测,缓解线下门诊压力,降低交叉感染风险。

四是建立共建共享的远程医疗服务平台。雷神山、火神山在建设之时,高标准配置了5G通信设施和远程会诊视频监控等远程医疗相关设施,远方医疗专家可通过5G技术与医院一线医务人员共同对病患进行远程会诊。建议上海加快推进5G基站建设,以优质医疗机构为主体,建设集远程会诊、远程门诊、远程影像、远程查房、远程手术转播等服务集一体的多元化远程医疗服务中心,促进医疗资源有效下沉,帮助郊区、基层和对口支援地区疑难杂症得到有效确诊,助力分级诊疗有效落实。同时,支持人工智能在辅助诊断、影像分析等领域加快应用,助力医疗效率提升。

作者:高　平、李光辉、张舒恺等

参考文献:

① 叶赟:《5G支撑,葛均波、董家鸿、谢灿茂携手为雷神山医院开展重症病例远程会诊》,劳动观察,2020年2月27日,https://www.51ldb.com/shsldb/cj/content/009379a13498c0010fc16c92bf95ed90.html。

② 陈海峰:《百度App用户战疫实录:日均超10亿人次搜索、浏览疫情信息》,中国新闻网,2020年2月20日,https://www.chinanews.com/business/2020/02-20/9098263.shtml。

③ 戴蕾蕾、万文竹:《互联网诊疗的风口来了?》,法治周末,2020年2月27日,https://m.hexun.com/news/2020-02-27/200426911.html。

④ 海声:《浙江:统筹优质医疗资源　着力完善救治网络》,新华社,2020年2月8日,http://news.dhtv.cn/202002/00097559.html。

⑤ 唐闻佳:《以人民为中心建设亚洲医学中心城市》,文汇报,2018年11月6日,http://shzw.eastday.com/shzw/g/20181106/u1a14357315.html。

⑥《浙江上线全国首个“服务　监管”互联网医院平台》,搜狐网,2019年1月23日,https://www.sohu.com/a/290876049_114731。

图书在版编目(CIP)数据

创见 : 大变局与开新局 / 杨宏伟主编 .— 上海 : 上海社会科学院出版社，2021
ISBN 978－7－5520－3546－9

Ⅰ. ①创… Ⅱ. ①杨… Ⅲ. ①城市发展—研究—上海 Ⅳ. ①F299.275.1

中国版本图书馆 CIP 数据核字(2021)第 102128 号

创见:大变局与开新局

主　　编: 杨宏伟
责任编辑: 袁钰超
封面设计: 梁业礼
出版发行: 上海社会科学院出版社
　　　　　上海顺昌路 622 号　邮编 200025
　　　　　电话总机 021－63315947　销售热线 021－53063735
　　　　　http://www.sassp.cn　E-mail:sassp@sassp.cn
照　　排: 南京理工出版信息技术有限公司
印　　刷: 上海颛辉印刷厂有限公司
开　　本: 710 毫米×1010 毫米　1/16
印　　张: 22
字　　数: 369 千字
版　　次: 2021 年 7 月第 1 版　2021 年 7 月第 1 次印刷

ISBN 978－7－5520－3546－9/F・661　　定价:96.00 元